岩 波 文 庫

33-642-3

精神分析入門講義

(下)

フ ロ イ ト 著

高田珠樹・新宮一成
須藤訓任・道籏泰三 訳

岩 波 書 店

Sigmund Freud

VORLESUNGEN ZUR EINFÜHRUNG IN DIE PSYCHOANALYSE

1916–1917

凡例

一　本書は、フィッシャー社（ドイツ、フランクフルト・アム・マイン）から刊行された『フロイト全集』（全十八巻、別巻一）に、第十一巻として収録された『精神分析入門講義』（一九一六年から一七年にかけて執筆）を訳出したものである。翻訳にあたって使用した底本は、以下のとおりである。

Sigmund Freud, *Gesammelte Werke*, XI, Vorlesungen zur Einführung in die Psychoanalyse, herausgegeben von Anna Freud, E. Bibring, W. Hoffer, E. Kris, O. Isakower, Imago Publishing Co., Ltd., London, 1940, Neunte Auflage, S. Fischer, Frankfurt am Main, 1998.

二　本書の本文と訳注は、岩波書店刊『フロイト全集』（全二十二巻、別巻一）第十五巻『精神分析入門講義』（二〇一二年五月刊）を改訂し、必要な修正を加えたものである。文庫化に際しての主な修正点など、留意すべき事項については、以下に順次記す。なお、以下とくにことわりなく「全集」とある場合は、この岩波書店刊行の日本語版全集を指す。

三　本文の下欄に、底本の該当頁をアラビア数字で示し、底本や全集を参照する際の便宜をはかった。

四　著者フロイト自身による「原注」は「＊1」「＊2」の形式で注番号を示し、注本文は各講末に収めた。ただし、全集では原注として示したもののうち、出典を示すなど、ごく短いものについては、本書では（　）に入れて本文中に示した。

五「訳注」は「(1)」「(2)」の形式で注番号を示し、注本文は巻末に一括して収録した。なお訳注には、英語版全集(次項に示すSE)に掲載されている注解を適宜、翻訳引用する形で収録したものと、各訳者が新たに執筆したものが含まれる。両者を区別するため、翻訳引用した注については、注冒頭または引用個所冒頭に[SE]と示した。[SE]のマークが付されていない注は訳者によるものである。詳細は訳注冒頭の注記に示す。なお翻訳引用の注について、全集では、複数の校訂本、注釈本、翻訳本の注解を掲載したが、本書ではSEの注解に一本化した。

六　訳注作成にあたって、引用・参照した各種校訂本、注釈本、翻訳本について、本書で用いた略号と、書誌を以下に示す。

GW Sigmund Freud, *Gesammelte Werke*, 18 Bände und Nachtragsband: Bände I–XVII, Imago Publishing Co., Ltd., London, 1940–52; Band XVIII, S. Fischer, Frankfurt am Main, 1968; Nachtragsband, S. Fischer, Frankfurt am Main, 1987.

SA Sigmund Freud, *Studienausgabe*, 10 Bände und Ergänzungsband, S. Fischer, Frankfurt am Main, 1969–75; Limitierte Sonderausgabe, 2000.

TB Sigmund Freud, *Werke im Taschenbuch*, 28 Bände, Fischer Taschenbuch Verlag, Frankfurt am Main.

SE *The Standard Edition of the Complete Psychological Works of Sigmund Freud*, 24 Volumes, The Hogarth Press, London, 1953–74.

OC Sigmund Freud, *Œuvres Complètes*, 21 Tomes, Presses Universitaires de France, Paris, 1988–.

七　フロイトの著作には、単行本、雑誌掲載論文などの刊行形態を区別することが困難なものが多く、本書では全集を踏襲し、村上仁監訳、J・ラプランシュ、J－B・ポンタリス『精神分析用語辞典』(みすず書房、一九七七年)所収の「フロイト著作年表」において単行本として刊行された旨が記されている著作は『　』を、その他の著作は「　」を付す形で表示した。なお全集第七巻収録の『日常生活の精神病理学にむけて』

については、岩波文庫版(高田珠樹訳、二〇二二年刊)にあわせ、書名を『日常生活の精神病理』として記載した。

八　本文および訳注において、フロイトの他の著作が参照されている個所は、全集の巻数と該当頁番号を示した。なお『日常生活の精神病理』の参照個所については、あわせて岩波文庫版の該当個所も示した。

九　本文および訳注において用いた記号類については、以下のとおりである。

〔　〕　本文ないしSEの翻訳引用注において訳者によって補足された個所

《　》　原文においてイタリック体で表記されたドイツ語以外の術語など

傍点　原文におけるドイツ語の隔字体(ゲシュペルト)の個所

ゴシック体　夢の内容など、本文中にイタリック体で挿入された独立した記述

十　本書で言及されている書名や雑誌名については、日本語に訳して示した。読者の便宜のため、雑誌名の原題を以下に示す(和名五十音順)。

『アメリカ心理学雑誌』 *American Journal of Psychology*
『アメリカン・イマーゴ』 *American Imago*
『アントロポピュテイア』 *Anthropophyteia*
『医学の進歩』 *Fortschritte der Medizin*

『イマーゴ』*Imago*
『国際医学会議』*International Congress of Medicine*
『国際医療精神分析雑誌』*Internationale Zeitschrift für ärztliche Psychoanalyse*
『国際精神分析雑誌』*Internationale Zeitschrift für Psychoanalyse*
『小児医療年報』*Jahrbuch für Kinderheilkunde*
『心理学論集』*Archives de psychologie*
『性科学雑誌』*Zeitschrift für Sexualwissenschaft*
『精神分析・精神病理学研究年報』
Jahrbuch für psychoanalytische und psychopathologische Forschungen
『精神分析中央誌』*Zentralblatt für Psychoanalyse*
『哲学雑誌』*Revue Philosophique*

十一　本書下巻収録の「解説」は、全集第十五巻収録の「解題」を改稿したものである。

十二　本書下巻収録の「索引」は、全集別巻収録の「事項索引」と「人名・神名索引」をもとに作成したものである。

目次

上巻目次

精神分析入門講義（下）

第三部　神経症総論

第一六講　精神分析と精神医学

皆さん、うれしいことに、一年のブランクの後、皆さんに再会して私たちの論究を続けることになりました。前年は失錯行為や夢に関する精神分析の取り扱い方について講義しましたが、今年は神経症事象の了解へ皆さんを誘いたいと思います。これは、やがてお気付きになるように、失錯行為や夢と多くの点で共通するものです。しかしあらかじめ申し上げておきますが、今回は皆さんに、私に対して前年と同じような立場を取ってもらうわけにはゆきません。前回私は、皆さんが私の判断に同意なさらないうちは一歩も進まない、と決めていました。皆さんと多くを議論し、異論を尊重し、皆さんと皆さんの「良識」をそもそも決定的審級として受け入れていました。今回はもはやそうすることはできません。それも、単純な事情のゆえです。失錯行為や夢なら現象として皆さんも知らないことはないものでした。皆さんも私と同じだけの経験を有している、ないし同じだけの経験を簡単に手に入れられる、と言ってよかったのです。神経症という事象領域はしかし、皆さんには未知のものです。医者でもないかぎり、神経症に接近する方途は、私の報告しかありませんし、最良の判断を下そうにも、判定されるべき素材に馴染んでいるのでなかったら、どうしようもありません。

とはいえ、私が独断的な講義を行い、皆さんから無条件の信を得ようとしてこのようなことを布告しているのだと、捉えてもらっても困ります。そのような誤解は大いに迷惑です。私は確信を呼び起こそうとしているのではなく——問題提起をして偏見を揺さぶろうとしているのです。皆さんは素材について無知なために判断不能であるならば、信仰すべきでも棄却すべきでもありません。私が語ることに耳を傾け、ご自身に作用するに任せれば良いのです。確信とは簡単に得られるものではありませんし、もしも手軽に確信に至るとしたら、それは価値も抵抗力もないものであることがやがて判明するでしょう。私のように、同じ素材について多年にわたって取り組みながら、同じ新たな不意打ちを身をもって体験した者だけが、確信への権限を有するのです。一体知的領域で、そうした早急な確信や、電光石火の改心や、瞬時の反発などが何の役に立つのでしょう。「青天の霹靂」、一目惚れといったものは、まったく異なった別の情動的領域から湧いてくることに、皆さんもお気付きでしょう。患者に、精神分析への確信や信心を持てと、私どもが要求することは金輪際ありません。そんなことをすれば、患者は私たちに不信を抱くだけになりかねません。患者が好意的な懐疑の態度をとってくれることが私たちにとって一番望ましいことなのです。ですから皆さんも安んじて、精神分析の考え方が、民間や精神医学の考え方とあい並んで、成長するに任せてほしいのです。いつか機会が到来して、精神分析と他の考え方とが影響し合い、競い合い、意を決して一つに結合することもありうるでしょう。

他方、私が精神分析の考え方として講義するものが思弁的体系であるとは、一瞬たりとも思ってはなりません。それはむしろ経験です、観察の直接的表現であるか、観察のある加工の成果なのです。この加工の作業が正当で十分な仕方でなされたか否かは科学の更なる進展のうちで明らかになるでしょう。それればかりか、ほとんど二十五年が経過し、かなりの年齢となった私は、(1)自慢でなくこう主張できると思っています。すなわち、ことさらに困難で集中的な作業の深化のおかげで、こうした観察はもたらされたのだ、と。しばしば感じてきたことなのですが、私どもの敵は主張のこうした由来にちっとも顧慮を払おうとせず、それは単に主観的な特定の思い付きにすぎないのであって、他人はそれに好き勝手に反応してよいと、考えているようなのです。こうした敵対的な挙措は完全に了解可能というわけにはゆきません。もしかしたら、このようなことになるのは、医者でありながら普段神経質症者とほとんど関わらず、その言うことにもろくに耳を傾けていないので、神経質症者の口にする報告から何か価値あるものを取り出す可能性を、それゆえ症者を立ち入って観察する可能性を、みずから奪っているためかもしれません。この機会に皆さんにお約束しますが、講義の途上私は論争することはまずないでしょう、なにより個々人とそうすることは決してないでしょう。闘いが万物の父であるという命題が真理であるとは、私は確信できたことがありません。この命題は古代ギリシアのソフィストに発するものでしょうが、ソフィスト同様、弁証法〔対話による論証〕の過信のために過失に陥っているのです。私には反対に、いわゆる学術的論争は全体として、ほとんどいつもきわめて個人的なかたちでなされるということを別にしても、たいそう不毛なもののように思われました。数年前までは私も、一回だけですが、一人の研究者(ミュンヒェンのレーヴェンフェルト)と本格的な闘いを交わしたことを誇りにしていました(3)。論争の結果、私どもは友人となり、今日に至るまでそうあり続けています。しかし、同じ結果になる自信が持てなかったので、私は同じ試みを絶えて繰り返すことがありませんでした(4)。

するとと皆さんはきっとこう判断なさることでしょう。文献上の議論のそうした拒否は、異論に対する太刀打ち不能性なり、わがままなり、あるいは愛すべき学術的な俗語で言うなら、「のめり込み」なりが度を超していることを物語っているのだ、と。それに対してはこう答えましょう。かくも困難な作業をへて一度確信が得られたのならば、皆さんにもいくばくか意地を張ってその確信にしがみつくある種の権利があるでしょう、と。私としてはさらにそのうえ、作業の途上私はいくつかの重要な点に関して見解を変更・改変し、新たなものに取り替えてきたし、そのことについてはむろんその度に公的に報告してきた、と申し上げることができます。この率直さの成果はいかがであったか。ある者たちは私の自己訂正に全然注意を払わずに、とっくに同じ意味は持たなくなっている意見表明を理由に、私を今日でも批判しています。他の者たちは、まさにこの変化を盾に、私のことを信頼できないと宣言しています。幾度か見解を替えた者は、そのことによって自分の最新の主張についても誤っている可能性を示唆するという理由で、およそ信用に値しないのでしょうか。しかし、一度なされた意見表明に迷うことなくしがみついたり、それからそうやすやすと離反しない者は、わがままとかのめり込んでいると称されるのです。こうした相反した効果を及ぼす批判を前にするなら、あるがままの自分に留まり、よしと自分で判断する挙動をとる以外に、なにができるでしょうか。私もそうすることに心を決め、経験が進展するにつれて要求されるがままに、ひるむことなく、学説を組み立ててゆき整備してゆくことにしているのです。これまでのところ、基本的な洞察に関してはなにも変更の必要性は認めませんでしたし、今後ともそうであることを期待してもいます(5)。

ですから、私としては皆さんに、神経症事象に関する精神分析の考え方をお示しすれば、それでよいわけです。その際当然のことながら、類比関係からしても対比関係からしても、すでに取り扱われた現象から話を始めることになります。診察時に多くの人物がなすのが見られるある症状行為〔第四講、本書上巻、九八頁〕を取り上げましょう。診療を受けるために私どもを訪れ、十五分間自分の長い人生の悲惨を繰り広げる人々に対しては、分析家は実際大したことができません。分析家はより深い知識を有するがゆえに、他の医者のように、「なんでもありませんよ」と即決で所見を出し――簡単な水治療法を用いてくださいと処方するなど、なかなかできないのです。それで私ども分析家仲間の一人は、自分の診療患者をどうしたのかと問われて、気まぐれを起こした罰として何クローネかの金額を患者に課した、と肩をすくめながら答えたものです。だから、多忙な精神分析家であっても、その診療時間はたいして混んでいないと聞いても、驚く必要はありません。私は、待合室と診察兼治療室の間の一枚扉を二重にし、さらにフェルトで覆って強化しました。このちょっとした備えの意図はまったく明瞭です。ところが、待合室から呼び寄せられた人物が扉を閉め忘れる、それもほとんどいつも二枚とも開けっ放しにするということが、しょっちゅうなのです。私はそれに気づくと、かなり無愛想に、入室した者が優雅な紳士であろうが着飾ったご婦人であろうが、やり残したことを戻ってやり直すように求めます。そんなことをすると、柄にもなく些事に拘泥しているかのようです。ときには赤っ恥もかきました。それを要求した相手というのが、自分では扉のノブを摑みもせず、お付きの者に扉の開閉は任せる御仁だったからです。しかし圧倒的に多くの場合、私のしたことは正しかったのです。というのも、そのような挙動をとり、待合室から診察室への扉を開けっ放しにする人は身分が低く、ぶっきらぼうな接遇にふさわしいからです。どうか、もっと先のことを耳にするまで、お怒りにならないで下さい。患者がこうしただらしないことをするのはただ、待合室に一人でいて空の部屋を後にする時だけなのでして、他に見知らぬ人が一緒に待っていた時には決してそのようなことはないのです。後者の場合には患者は、医者と話しているとき聞き耳を立てられないようにしておかないと自分の利害に関わることを良く心得ており、怠りなく二枚の扉をきっちりと閉じるのです。

このような次第だとすれば、患者の怠慢は偶然でもなければ無意味でも、それどころか無用なものでもありません。というのも、これからみますように、それは入室者と医者との関係に光を当てるものだからです。患者とは、世俗の権威を求め、眼くらまされ畏縮させられたいと願っている大多数の一人です。電話で何時だったら一番都合が良いかと問い合わせを受けた際、患者はもしかしてチェーン雑貨店のユーリウス・マインル(6)の支店前のような、助けを求める人の大群を予期したかもしれません。いざ、空っぽの、そのうえきわめて質素な調度の待合室に入って、愕然としたわけです。医者に対し余計な敬意を支出しようとしたことに関して、患者は仕返しをしないわけにゆかなくなります。それで――待合室と診療室の間の扉を閉めないでおくというわけです。そのようにして、医者に向かって、ええ、ここには誰もいません、私がここにいる間もおそらく誰も来ないでしょう、と言おうとしているのです。患者は診察の間も、その高慢をすぐにでもきつい叱責によって食い止められなかったなら、礼儀を欠いた不躾な挙動をするでしょう。

こうした些細な症状行為の分析に皆さんは、すでにご存じでないようなことはなにも見出さないでしょう。この行為は偶然ではなく、動機や意味・意図があり、それとして述べることが可能な心の繋がりに属しており、些細な徴候としてより重要な心の出来事を告知しています。しかしなかんずく、このように告示された出来事は、それを遂行する者の意識には知られていません。二つの扉を開けっ放しにした患者は誰も、この怠慢によって自分は蔑視をあからさまにしようとしたのだとは認めることができないでしょう。以上のような主張は皆さんにも周知のことです。誰もいない待合室に足を踏み入れた際の失望の蠢(うごめ)きについては、何人かの人はおそらく思いを馳せることでしょうが、この失望の印象とその後の症状行為との繋がりは、その意識には間違いなくそれと知られないままだったのです。

それでは、症状行為に関するこのちょっとした分析に、ある病人についての観察を並べてみましょう。私は鮮明に記憶に残っている観察を選びましたが、それはまた、比較的簡略に描写できるからでもあります。ある程度の詳細さは、このような報告にあってはいずれの場合も不可欠です。

短い休暇を得て帰郷したある若い将校が私に、彼の義母を治療するように願い出ました。義母は、きわめて幸福な境遇にあるのに、無意味な観念のために自分と家族の生活をだいなしにしているというのです。私は、五十三歳の頑健な、親切で裏表のない婦人と知り合いになりました。彼女は反抗することなく次のことを知らせてくれました。彼女は大きな工場を営んでいる夫と、田舎でごく幸せな結婚生活を送っている。夫の愛すべき気配りはいかに褒めても褒め足りない。三十年前に恋愛結婚したが、それ以来夫婦関係に曇りが生じたり、不和や嫉妬のきっかけもない。子供は二人いるが、二人とも良い縁談に恵まれ、夫＝父は義務感からまだ引退する気はない。一年前に信じがたいこと、彼女自身からしてわけの分からないことが起こった。彼女は、このすばらしい夫の若い女との不倫関係を難詰する手紙を受け取り、即座にそれを信じてしまったのである。以来彼女の幸福は壊滅した。より詳しい経緯はだいたい次のようだった。彼女には小間使いがいたが、これと彼女はどうやらあまりにも頻繁に内密なことを話し合っていた。この小間使いは別の女をまさに憎々しげな敵意をもって迫害していた。それというのも、その女がより上等な家の出でもないのに、たいそう出世していたからであった。女は奉公に出ずに、商売の職業教育を受け、工場に入り、職員の召集による人手不足もあったために、良い地位に昇進していた。女は今では工場内に居を構え、あらゆる殿方と交際し、お嬢さんと呼ばれてさえいた。人生に取り残された方はむろん、かつての同窓生に関してありとあらゆる悪い噂を言いふらそうとしていた。ある日私どもの婦人は小間使いと、客として来たある老紳士について談笑していた。紳士は妻とは暮らさず、別の女性と関係を持っているという。どうしてだか分からないが、婦人は突然、夫がそんな関係を持っていると知ったら、それ以上恐ろしいことはないわ、と言った。翌日婦人に一通の匿名の手紙が郵送されて来た。手紙は偽装された書体で、いわば彼女がまじないで呼び出したことを報告していた。彼女は――おそらく正しく――手紙はあの性悪の小間使いのなせる業だと推測した。というのも、夫の愛人として挙げられていたのは、奉公女が憎悪をもって迫害していたあのお嬢さんだったからである。しかしこの企みを即座に見抜き、その種の卑劣な告発がいかに信用ならないか、当地で数々の事例を見聞きしていたにもかかわらず、その手紙は彼女をあっという間に打ちのめしてしまった。彼女は恐ろしい激昂状態に陥って、夫を即座に呼び寄せてこのうえなく激しい非難を浴びせた。夫は嫌疑を笑って撥ね除け、するべき最良のことを行った。家庭医であり工場医であった医者を呼び、不幸な女性を宥めるために尽力させた。夫妻がさらに行ったこともまったく理に適っていた。小間使いは解雇されたが、言うところのライヴァルの女はそうされなかったのである。それ以来婦人は、自分は落ち着きを取り戻しもうあの匿名の手紙の内容を信じていないと何度も言い張ったが、それも徹底してはいないし、長期間でもなかった。お嬢さんの名前を小耳に挟んだり、路上でお嬢さんに出会ったりするだけで、不信と苦痛と非難の新たな発作が生じさせられるのであった。

　これがこのけなげな女性の病歴です。彼女が他の神経質症者とは反対に、自分の症例をむしろあまりに穏やかなものとして描いていたこと、それゆえ、私どもの言い方では、韜晦していたこと、および彼女が匿名の手紙による嫌疑をどんなに信じまいと努めても心の底では信じていたことを理解するためには、大して精神医学的経験は必要でないでしょう。

それでは精神医学者はこのような病例に対しどのような立場を取るのでしょうか。待合室への扉を閉めない患者の症状行為に対する精神医学者の振舞いがどのようであるかは、私たちはすでに知っています。精神医学者はその行為を、心理学的に興味のない偶発事であって自分にはそれ以上関係しないと宣言します。しかしこの態度は嫉妬深い女性の病例にまで継続されることはありません。症状行為は何かどうでもよいことのように思われますが、症状の方は意義深いこととして押し寄せてきます。症状は強度の主観的受苦と結びつき、家族の共同生活を客観的に脅かします。それゆえ症状は精神医学的関心の拒みえないテーマとなります。精神医学者はさしあたり、症状を本質的な特性によって性格付けようと試みます。この婦人が自らを苦しめる観念はそれ自体として無意味なものと言うことはできません。年配の男性配偶者が若い女と性愛関係を保っているというのは実際ありうることです。しかしこの件では何か別のことが無意味で理解不能なことなのです。自分の情愛深く忠実な夫がこの種の、そのものとしては珍しくもない男性配偶者のカテゴリーの一員であると信ずる理由は、患者には匿名の手紙の主張内容以外にはこれっぽちもないのです。彼女はこの書き物には何ら証拠能力がないことが分かっていますし、それが誰からのものなのかもみずから納得できるようなかたちで解き明かすことができます。だから彼女は、自分の嫉妬には何ら根拠がないと思ってよいのですし、またそう思いもするのですが、にもかかわらず、この嫉妬はまったく正当だと認めるかのように、同じく苦しみもするのです。論理的な論拠や現実から汲み取られた論拠を受け付けない、この種の観念は、妄想観念と呼ぶことで合意されています。それゆえご婦人は嫉妬妄想に苦しんでいるわけです。これがおそらくこの病例の本質的性格です。

この第一の性格確定のあとでは、私たちの精神医学的な関心はよりいっそう活発に蠢き出ようとします。現実と関係づけても妄想観念が処理できないとするなら、それはおそらく現実に由来するのでもないでしょう。現実以外のどこにそれは由来するのでしょうか。妄想観念にはさまざまに異なった内容のものがあります。私たちの症例において妄想の内容がまさに嫉妬であるのはなぜでしょうか。どのような人物であるならば妄想観念、特に嫉妬の妄想観念は形成されるのでしょうか。ここで私たちとしては精神医学者の言に耳を傾けたいところですが、精神医学者は取り合ってくれません。精神医学者はおよそ私たちの問いかけのうちただ一つにしか反応しないのです。この女性の家系史を探究し、ひょっとしていて次のような答えをもたらしてくれます。すなわち、類似の、ないし他の心的障害が家族に繰り返し生じたことのある人物のもとで妄想観念は生じるのである、と。換言するなら、この女性が妄想観念を発達させたとするなら、それは遺伝的な転移によってその素因を彼女が有していたからだ、と。これはたしかに重大なことですが、しかし、これが私たちの知りたいことのすべてでしょうか。この病例を惹き起こすにあたって寄与したことのすべてなのでしょうか。他ならぬ嫉妬妄想が発達したのはどうでもよいこと、恣意的なことないし説明不能のことであると仮定して、それで満足すべきなのでしょうか。遺伝的影響の優位を告げる命題を否定的な意味にも理解して、どのような体験がこの心に近寄って来たかはどうでもよいことであり、心はいずれ妄想を産出する定めだったのだと考えて、それでよしとすべきなのでしょうか。どうして科学的精神医学が更なる解説を与えてくれないのか、皆さんはその理由を知りたく思うでしょう。私が答えましょう。知ったかぶりをして大風呂敷を広げるならず者だと思われたくないからです。精神医学者は、このような症例の解明を押し進める道を知らないのです。診断するだけで満足し、また、豊富な経験にもかかわらず、不確かな、その後の経過に関する予後を下すだけで満足せざるを得ないのです。

しかし、精神分析でしたらこの点でより多くのことがなし得るのでしょうか。そのとおりなのです。精神分析なら、とてもアプローチが難しい症例であっても、了解を一歩進めるものを発見できることをお示しできたら、と願っています。さしあたり、目立たない細部に注目して下さるようお願いします。患者の女性は、前の日に企み好きの女に向かってまさに、夫が若い女と性愛関係を持つなんて自分の最大の不幸だと表明し、そのことであの匿名の手紙を挑発し、自分の妄想観念の支えとしたのでした。こう表明することによって初めて、彼女は奉公女に、匿名の手紙を送りつけることを思い付かせたのです。ですから、妄想観念は手紙からある程度独立したものなのです。それはすでにあらかじめ懸念として――あるいは欲望としてでしょうか――彼女のうちに存在していたのです。わずか二回の分析が結実させたさらなる些細な徴候を、それにさらに付け加えてみましょう。患者は、自分に生じた出来事を物語った後それに続く思念や思い付きや想起をさらに報告するよう求められると、たいそう拒否的な態度を取りました。自分にはなにも思い付かない、すでにすべてを語ったと言い立て、実際二回目以降彼女とのセッションは、自分はもう健康になったように感じる、病的な観念が戻ってくることはないだろうと述べられたため、中断を余儀なくされました。そう述べたのはむろん、単に分析の継続に対する抵抗と不安のゆえにすぎません。しかし、その二回の間に彼女はいくつかの言を漏らしており、それはある特定の解釈を許すというか、その解釈を拒みえない類いのものでした。そしてこの解釈のおかげで、彼女の嫉妬妄想の発生に明るい光が射すことになるのです。彼女自身がある若い男性に強烈な恋着(れんちゃく)の念を抱きつつあったのです。その男性とは、彼女をして私のもとに患者として訪れるよう迫ったあの娘婿にほかなりません。この恋着について彼女はなにも知らない、ないし知っているとしてもごくわずかしか知りませんでした。近親関係にあるということもあって、この恋着の好意は容易に、他愛のない情愛に変装することができました。普段のあらゆる経験からして、この上品な女性でありけなげな母親である五十三歳の人物の心の生活に感情移入することは私たちには難しくはありません。このような恋着は何か法外なもの・不可能なものと見なされ意識化されえなかったのです、しかし恋着は存続し、無意識なものとして重篤な圧力を及ぼしていました。何かが彼女には生じざるを得ず、何か軽減策が求められざるを得ませんでした。そして手近な緩和を呈示してくれたのがおそらく、妄想的嫉妬の発生に決まって関与してくる遷移の機制でした。年配の女性である彼女が若い男性に恋着しているだけでなく、彼女の年配の夫も若い女と性愛関係を保っているのなら、彼女は不実という良心の圧力から解放されます。だから夫の不実の空想（ファンタジー）は彼女のうずく傷を鎮める冷湿布だったのです。彼女自身の恋愛は意識的にならず、ただ、彼女にそのような利点をもたらす、恋愛の投影の方は強迫的になり、妄想的となって、意識化されたのです。〔夫の不実という〕投影に反対する論拠はむろんすべて実を結びませんでした。というのも、その論拠はすべて投影像だけに向けられており、原像には向けられていなかったからです。投影像の強さもひとえに原像のおかげなのですが、原像自身は不可侵のままに無意識のうちにかくまわれていたのです。

それでは、この病例の了解に向けて短期ながら困難をきわめた精神分析の尽力が何をもたらしたかを、まとめることにしましょう。むろん、私どもの探査が正しくなされたと仮定しての話ですが、このことについてはここで皆さんに判断を委ねるわけにゆきません。第一に、妄想観念とはもはやなんら無意味なもの・了解不能なものではなく、意味のある、よく動機付けられて、病人の情動的体験の繋がりのうちに組み込まれたものです。第二に、妄想観念は、他の徴候から突き止められる無意識的な心の出来事に対する反応として必然的であり、まさにこうした無意識との関係に、その妄想的性格を、論理的現実的攻撃に対するその耐性を負うているのです。それ自身なにか望ましいもの、一種の慰めとなるものだからです。第三に、妄想がまさしく嫉妬の妄想観念となり、他の何ものともならなかったということは、発症の背後に控える体験によって一義的に決定されています。皆さんはきっと、前日に彼女が企み好きの女に、夫が貞潔でないなら自分にとってこれ以上恐ろしいことはないと表明していたことを想い出すでしょう。また、私たちの分析した症状行為と二つの重要な類比点があることも見逃さないでしょう。その類比点とは、意味ないし意図を解き明かしてくれるという点であり、そのときの情況内の無意識と関わりをもつという点です。

むろんこれでもって、この症例をきっかけに設定され得たあらゆる疑問に答えられたわけではありません。病例はむしろ、さらなる問題で、すなわち、およそまだ解決可能となっていない問題や折悪しく特殊事情に阻まれて解決できなかった問題で、充満しています。たとえば、幸せな結婚生活を送っていたこの女性は、何故娘婿への恋着に屈服するのでしょうか。また、他の仕方でも可能であったはずの緩和はなぜ投影形態で、すなわち、自分の状態の夫への投射という形態で、なされるのでしょうか。このような問題提起はいい加減で勝手なものだなどと思わないでください。これらの問いに答えるための材料はすでに私たちの手もとにある程度出揃っているのです。この女性は、女としての性的欲求が突如望ましからざる上昇を遂げる危機的年齢に達していました。これだけでも十分かもしれません。あるいはそれにさらに、彼女の善良で貞潔な夫は数年来もはや、頑健な妻を満足させるに必要な性遂行能力を所有しなくなっているということが付け加わるのかもしれません。そのような夫であるなら、その貞潔さは自明なものとなりますが、まさにそうした夫は、妻の扱いがことさらに優しく、妻の神経質な苦情にも並ならぬ寛大さをもって遇するものだという点に、経験上私どもは注目するようになりました。あるいはさらに、この病理的な恋着の対象となったのがまさに、娘の若い配偶者であるというのもどうでもよいことではないでしょう。娘への強度の性愛的拘束とは最終的には母親の性的体質に帰着するものですが、この拘束はしばしばそのような形に変化することで継続される道筋をつけるのです。これとの繋がりで皆さんには、義母と娘婿との関係がかねて来人間にとって際立って厄介なものと見なされてきており、原始人のもとでは強力なタブー規定や「回避」のきっかけとなってきたということを、想い出してもらうのがよいかもしれません（『トーテムとタブー』参照）[8]。それはたびたび、積極的面からしても消極的面からしても、文化的に望ましい程度を越えてしまうほどなのです。これら三契機のうちどれが私たちの症例で実効力をもったのか、また出揃っていたのは三契機のうちの二契機なのか、それとも三契機すべてなのか、このことについてはもちろん述べることができませんが、それはひとえに、二回の診察以上に症例の分析を継続することが許されなかったからにすぎません。

今気づいたのですが、私は皆さんに了解の準備ができていないことばかりを話してきたようです。そのようになったのは、精神医学と精神分析の比較を行うためでした。しかしいまや、皆さんに、この二つの間の矛盾になにか気付かれたかと、お尋ねしてよいでしょう。精神医学は精神分析の技法上のやり方を適用することはありませんし、妄想観念の内容を手がかりにことを進めてゆくこともありません。遺伝との関連でたいそう一般的で遠大な病因論を差し出すばかりで、まず第一に特殊的で手近な発病原を呈示することはありません。しかし、それが矛盾であり対立なのでしょうか。むしろ、補完ではないでしょうか。いったい遺伝の契機は体験の意義に矛盾するのでしょうか。むしろ、両者はきわめて効果的に組み合わされるのではないでしょうか。精神医学の作業の本質には、精神分析の探究に逆らったりするものがなにもないことは、皆さんも認めていただけるでしょう。だから、精神分析に反抗するのは精神医学者なのであって、精神医学なのではありません。精神分析と精神医学の関係は組織論と解剖学の関係のようなものです。一方は器官の外的形態を研究し、他方は組織材料や基礎成分からなる器官の成り立ちを研究します。両種の研究は一方が他方を継続するのであって、その間に矛盾があるなどとは考えられません。皆さんもご存じのように、解剖学は今日の私たちにとって、科学的医学の基礎と見なされていますが、屍体を解剖して体の内的構成を知ろうとすることが禁じられていた時代もあるのです。それが今日では、精神分析を行って心の生活の内的営為を探査することが禁句と見なされているというわけです。そんなに遠くない将来、科学的に深化された精神医学は、心の生活の深層に存する無意識的な出来事に関してしっかりとした知識なしでは不可能である、と洞察されるようになるのではないでしょうか。

多くの敵意に見舞われている精神分析ですが、もしかしたら皆さんのなかにも好意的な人がいて、別の、療法的な側面からも是認されてほしいと願っているかもしれません。ご存じのように、私たちの従来の精神医学療法では妄想観念に影響を及ぼすことはできません。もしかして精神分析になら、そうした症状の機制を洞察することによってそうできるでしょうか。いえ、皆さん、そうはできないのです。精神分析も〔妄想観念によ る〕そうした受苦に対して――少なくとも現下のところ――他のあらゆる療法同様、無力です。なるほど私どもは病人のうちで何が生じたのか理解できますが、病人自身にそのことを理解してもらう手だてが何らないのです。たった今お聞きになられたように、私もこの妄想観念の分析を最初の数歩以上先に進めることができませんでした。だからといって皆さんは、そうした症例の分析は、不毛であるがゆえに棄却すべきだと主張しようとなさるでしょうか。私はそう思いません。私どもには、直接的な効用に顧慮することなく研究を推進する権利が、いな、義務があります。最後には――いつ、どこでなのかはわかりませんが――いずれの知識も能力に、療法的能力にも、成り転ずるでしょう。たとえ、精神分析が妄想観念の場合と同様に、他のあらゆる形態の神経質症や心的発症にあっても成果を収められないとしても、それでも科学的研究の不可欠の手段としては十分にその正当性が認められるだろうと思います。もっともその場合には、私たちは精神分析を行使することはできなくなるでしょうし、私たちが学びの素材とする人間、すなわち、私たちと共同作業しようとするにはそのための動機を必要とする、自分の意志をもつ生きた人間も、私たちを拒むことでしょう。ですから、今日のところは、次のような報告で締めくくりとさせて下さい。すなわち、私たちのより良き理解が療法的能力に転ずるということが事実として証明されている神経質障害の広範な一団が存在していますし、また、こうした通常接近困難な発症に対し私どもは、内科療法の領域でなされるいかなる成果にも見劣りすることのない成果を特定の条件下で収めているという、このことです(9)。

第一七講　症状の意味

皆さん、私は前回の講義で、臨床精神医学が個別的症状の事象形態や内容にはあまり関わらないのに対して、精神分析はまさにそこを着手点とし、症状には意味があり病人の体験と繋がっていることをまずはっきりさせた、と論じました。神経症の症状の意味については最初、あるヒステリー症例の研究と回復の成功とを通してJ・ブロイアーによって発見されましたが、以来その症例は有名なものとなりました(一八八〇―八二年)[1]。ただし、P・ジャネがそれとは別に同じことを立証していました。それどころか、このフランスの研究者は文献上先行してもいます。というのもブロイアーは十年以上も後になって初めて(一八九三―九五年)、私との共著という形で自分の観察を公表したからです。とはいえこの際、誰が最初の発見者なのかは私たちにとって大したことではありません。皆さんもご存じのように、どのような発見も一度ならず何度もなされるものでして、いずれも一挙になされるのではなく、発見者としての令名はどのみちその功績とは一致するのではないからです。アメリカはコロンブスにちなんで命名されていません。ブロイアーとジャネの前には偉大な精神医学者リュレ(2)が、精神を病んだ者の錯乱状態ですら、私たちの側でうまく翻訳できさえすれば、意味のあるものとして認識されるに違いないのだ、という意見を表明していました。打ち明けて申し上げますと、私は随分前から、神経症症状の解明に関するP・ジャネの功績を高く評価するつもりでした。なぜなら、彼は症状を、病人を支配する《無意識的観念》の顕現として捉えていたからです(3)。ところがそれ以降のジャネはあまりに控えめな言い方をするようになり、無意識とは彼にとって単なる言葉であり、間に合わせ、《ものの言いよう》にすぎないと認めるかのようなのです(4)。それが現実のものだなどとは思っていない、と言うばかりなのです。それ以来私はジャネの言うことは理解できないでいますが、彼はしなくても良いことをして、その多大の功績を毀損したのだと思います。

ですから、神経症の症状には失錯行為同様、また夢同様、意味があるのであり、これらと同じように、症状を呈する人物の生活と繋がっているのです。それでは、この重要な洞察を二、三の例によってより身近なものにいたしましょう。いついかなる場合も症状には意味があるということを、私は主張できるだけで、証明はできないからです。みずから進んで経験してみれば、そのことは確信していただけるでしょう。私はしかし、ある動機のゆえに、その事例をヒステリーからではなく、他の、最高に奇妙だけれど基本的にはヒステリーとたいそう近しい神経症から取ってくることにします。これについて、いくらか導入の言葉を申し上げます。この、いわゆる強迫神経症は、周知のヒステリーほど人口に膾炙していませんが、こう表現してよいなら、それほど騒々しく厚かましいわけでなく、むしろ、病人のプライヴァシーであるかのような振舞いをし、身体的事象として現れることはほぼ断念し、心の領域でそのあらゆる症状を作り出します。強迫神経症とヒステリーとは、その研究を土台に精神分析が当初築き上げられた神経症の発症形態でして、これらの治療によって私どもの療法は凱歌を収めてもいるのです。しかし強迫神経症は、心なるものから身体的なものへというあの謎めいた跳躍を欠いていることもあり、精神分析の尽力によって、ヒステリー以上に本来、より見通しが利くなじみのものとなっています。私どもは、強迫神経症が神経症群のある種の極端な性格をはるかによりどぎつく事象として現出させていることを、見きわめました。

強迫神経症は、本来なら興味を持っていないことに病人の想念が囚われ、自分でもまったく奇妙な衝迫を自分のうちに感じて、行ってもなんら満足を得ないのにそうしないではおけない行為に促されるという点に現れてきます。想念(強迫表象)はそれ自体としては無意味ないし、少なくとも病人個人としてはどうでもよいことであり、しばしばまったく愚かしいものですが、いついかなる時でもこれが出発点となって気張った思考活動が開始され、この思考活動に病人は全然気乗りしないのに没頭し、そのため精魂尽き果てるのです。病人は意志に反して、人生の最重要課題であるかのように詮索し思弁をめぐらさざるを得なくなるのです。病人が自分のうちに感じる衝迫は子供っぽい無意味なものである印象を与えることもありますが、たいていは、重大な犯罪への誘導などこの上なく驚愕すべき内容をもっているため、病人は自分のものではないと否認するばかりか、恐れをなして逃亡し、禁止や断念、自由の制限によってその衝迫の実行から身を護ります。そうなると、この衝迫は総じて、実際一度として実行に移されることはありません。顛末はいつも、逃亡と用心の勝利ということになります。病人が実際に行う、いわゆる強迫行為は、たいそうたわいのない、確かに些細な事柄で、たいていは、普段の生活活動の反復であったり、儀式ばった装飾なのですが、しかしそのことによって、就寝・手洗い・身支度・散歩といった日常用務が最高に長々とした、ほぼ解決不能の課題となってしまうのです。病的な表象、衝迫、行為は強迫神経症の個別の形態や事例においても同じ割合で混淆されているわけではありません。むしろ、これらの契機のうちのどれかが全体像を支配し、病気に名称を与えているというのが通例ですが、こうした個別の諸形態すべてに共通しているものも見まがいようなくたっぷりあります。

それはなにかといえば、とてつもない受苦のことです。この受苦がどのようなものなのか、それを構想し構築することは自由奔放きわまりない精神医学的空想（ファンタジー）をもってしても成功しないでしょうし、日々目の当たりにしているのでなければ、そんなものがあるとはとても信じる気になれないだろうと思います。ただし、病人に向かって、そんな馬鹿げた想念には関わらずに気を逸らし、お遊びめいたことの代わりになにか筋の通ったことをするよう説得したら、それでたいそうなことをしてあげたなどとは思わないで下さい。病人だってそうしたいのは山々なのです。病人の頭は完璧に明晰であり、強迫症状に関して皆さんと同じ判断を共有していますし、それどころかそうした判断を皆さんに向かって呈示しさえするのです。ただ、違ったようにできないだけなのです。強迫神経症において行いとして貫徹されるものは、健常な心の生活とはおそらく比較されえないエネルギーに支えられています。病人にできることは一つのことだけです。すなわち、遷移させ、交換すること、馬鹿げた観念の代わりに別のなにかしら弱体化した観念を据えること、ある用心や禁止から別のそれへと進みゆくこと、ある儀礼の代わりに別の儀礼を執行すること、これです。病人は強迫を遷移することはできますが、廃棄はできません。あらゆる症状の、その元来の形姿からはるか遠くへの遷移可能性はこの病気の主要性格です。それ以外にも目立つこととしては、心の生活につきものの対立関係（両極性）（第一九講、本書下巻、一〇六―一〇七頁参照）の対立項が、病人の状態ではことさら鋭く分離されて表出してくるということがあります。正負の内容をもった強迫に並んで、知的領域においては疑念が威力を発揮するようになり、徐々に、通常は確実なものをも侵食してゆきます。全体としては、優柔不断、エネルギー喪失、自由の制約がどんどん進行してゆくことになります。しかもその場合、強迫神経症者は元来たいそうエネルギッシュな素質をもった人であり、並はずれてわがままなことも珍しくなく、通例平均以上の知的資質の持ち主なのです。たいていの場合悦ぶべき高みにまで倫理的発達を遂げ、過剰に良心的なさまを示し、通常以上に几帳面です。このような矛盾だらけの性格特性や病気の症状の集合をいく分かでもわけの分かるものにするには、生半可な作業では済まないことは、皆さんも察しがつくでしょう。私どもとしてもさしあたり目指すのは、この病気の二、三の症状を理解し、解釈可能にすること以外ではありません。

もしかすると皆さんは、私たちの論じていることに関連して、現在の精神医学が強迫神経症の諸問題に対しどのような取り扱いをするのか、あらかじめ知りたく思うでしょう。それはしかし惨めな一駒です。精神医学はさまざまな強迫を命名しますが、それ以外にはとくになにも言いません。その代わりに、そうした症状の所有者は「変質した者」であると強調します。これではほとんど満足できませんし、本来それは価値判断、断罪であって説明ではありません。種のはみ出し者からはあらゆる可能な特殊性が出てくるなどと、考えるべきなのでしょうか。実際私たちは、そうした症状を繰り広げる人物は他の人間とは本性上別物に違いないと思っています。とはいえ、その人物は他の神経質症者、たとえばヒステリー者や精神病発症者よりも「変質」しているのか、こう問いたいと思います。「変質」という特徴付けはまたどうやらあまりに一般的すぎるようです。そうした症状は優秀な人間たち、すなわち、一般的にも意義のある、非常に高い達成能力を持った人たちにも出てくるということを知ったなら、この特徴付けは正当なものなのかどうかすら、疑わしくなります。通常私たちは、偉人の典型となるような男たちについて、彼ら自身が口を閉ざしたり、伝記作家が欺瞞的であったりするために、その内密なことについてはたいして知りませんが、その一人がエミール・ゾラのような真理の狂信者であったりすると、彼が生涯にわたってどれほどの奇妙な強迫的習慣に悩まされていたかについて、耳にしたりします（E・トゥールーズ『エミール・ゾラ――医学的心理学探求』パリ、一八九六年）。

そこで精神医学は、《優秀変質者》なる逃げ道を作り出しました。結構でしょう――しかし精神分析によって私たちは、この奇妙な強迫症状は他の苦しみ同様、また他の変質者ではない人々の場合と同様、持続的に除去可能であることを経験したのです。私自身もそれに何度も成功しました。

私は皆さんに、強迫症状の分析について事例を二つだけ報告したいと思います。その一つはかなり前の観察になるものですが、それに替わるより見事な事例が見当たりませんし、もう一つはごく最近に得られたものです。これほど少数に限定するのは、この種の報告に当たってはあらゆる細部にまでわたって詳しく述べないわけにゆかないからです。

ある三十歳近い婦人が重篤な強迫事象に苦しんでいましたが、意地悪な偶然が私の作業を台無しにしなかったら――この件についてはまた申し上げることもあるでしょう――ひょっとして助けてあげられたかもしれません。婦人はとくに次のような奇態な強迫行為を日に何度も行っていました。彼女は自分の部屋から隣室に駆け込み、部屋の中央におかれたテーブルわきの特定の場所に立って、小間使いを呼び鈴で呼び寄せ、どうでもよいような仕事を言いつけたり、なにも言いつけることなく退かせ、再度戻ってゆくということをしていました。これは大して重篤な受苦の症状ではありませんでしたが、知識欲をそそってもおかしくありませんでした。このことの解明も医師の側からの助力はなんらなしに、ごく無難で異論の余地のない仕方で行われました。私としたところで、どのようにすればこの強迫行為の意味を推測し、それの解釈を提案できたのか、皆目見当がつきません。どうしてそのようなことをするのか、それにはどんな意味があるのかと病人に尋ねるたびに――彼女は、分かりませんと答えていました。が、ある日、彼女のある大きな原理的懸念を押さえつけることに成功すると、彼女は突如分かるようになり、強迫行為に潜むものについて語り出しました。彼女は十年以上前に、かなり年上の男性と結婚したのですが、結婚の夜、男性は不能であることが判明しました。彼はその夜何度も自分の部屋から彼女の部屋に走りこんでは試みたのですが、その度に成果はありませんでした。翌朝彼は苛立たしげに、こんなことでは寝床を直す小間使いに恥をかくことになる、と言って、たまたま部屋においてあった赤インキの壜を手に取り、その中身をシーツに注いだのですが、染みがあってしかるべき場所には注ぎ損ねました。この想い出が当該の強迫行為とどう関係するのか、何度も部屋を出て別室に走り込むことに、さらにいえば小間使いが登場することに一致点があるだけで、最初私には分かりませんでした。そうすると患者は二番目の部屋のテーブルに私を連れていって、そのテーブル掛けにある大きな染みに気付かせました。彼女はまた、部屋に呼ばれた小間使いの少女がその染みを見逃すことのないような位置でテーブルに向かって立っていた、と説明しました。これで、婚礼の夜の場面と今の彼女の強迫行為との内密な関係についてはもはや疑いえないものとなりましたし、またそこからは多くのことが学びえたのでした。なによりも明らかなことは、患者は夫と同一化していることです。夫が部屋から部屋に走るのをまねることによって彼女は夫を演じています。それから、この同等化に留まるために、彼女がベッドとシーツをテーブルとテーブル掛けによって置き換えていると認めなければならないでしょう。そんなことは勝手だとおっしゃるでしょうか。でも、夢の象徴論を学んだことは無駄ではなかったはずです。夢でも同じく頻繁にテーブルが見られますが、これはベッドとして解釈されるべきものです。テーブルとベッドとは一緒になって結婚を表すものであって、だから一方が簡単に他方の代わりになるのです。

これで、強迫行為に意味があることの証明はなされたことになるでしょう。強迫行為とはあの意義深い場面の描写・反復であるようです。しかし、それに留まらなければならないいわれはありません。強迫行為と場面との関係をより立ち入って探究するなら、さらなることについて、つまり、強迫行為の意図についておそらく解明がなされることになるでしょう。強迫行為の核心は、どうやら小間使いを呼び寄せることにあるようです。小間使いに彼女は、これじゃ小間使いの少女に恥をかいてしまうという夫の言とは逆に、染みに眼を留めさせるのです。夫――彼女はその役割を代行しているのですが――はそれゆえ、少女に恥をかくことはない、染みはしたがってしかるべきところにある、というわけです。ですから、彼女は場面を単純に反復しているのではなく、場面を引き継ぎ訂正し、正しい方へ転換しているのだということが見て取れます。しかしそのことによってまた、あの夜赤インキによるあの逃げ道を必要ならしめたとてもつらかったことをも訂正しているのです。すなわち、不能です。それゆえ強迫行為は、いや、そんなことは本当ではない、彼は小間使いに恥じる必要はなかった、彼は不能ではなかったのだ、と言っているわけです。彼女は一種の夢の流儀で、現在の行為によってこの欲望を成就されたものとして描き、夫を往時の不具合から免れさせようという性向のために尽くしているのです。

それにさらに、この女性について語りうる他のあらゆることが付け加わります。より正確に言うなら、私たちが彼女について知っているその他のあらゆることが、それ自体としては不可解な強迫行為へのこうした解釈に通じる道を指し示しているのです。女性は数年来夫と別居していますが、夫婦関係を法的に清算したものかどうか、呻吟していますます。とはいえ、彼女が夫から自由だという話ではまったくありません。夫に対し貞潔なままであるよう余儀なくされていて、誘惑にはまるまいと世間からはまるで隔絶し、空想（ファンタジー）のなかで夫の人となりを弁明し過大視しています。それどころか、空想によって夫を陰口から護り、彼からの場所的分離を正当化し、夫には快適な独身生活をさせてあげるということこそが彼女の病気の最深の秘密なのです。このようにして、たわいのない強迫行為の分析は病例の最内奥の核心に直進するとともに、強迫神経症一般の秘密のかなりの部分を私たちに漏らしてくれます。皆さんにはこの事例のもとに留まっていただけたら、と思います。この事例は、あらゆる症例から当たり前のように要求できるものではない諸条件を取り揃えているからです。症状の解釈は、この事例では病人によって一気に、分析家の手引きや介入なしに見出されました。解釈は、いつもとは異なり、忘却された幼年時代に属するのではなく、病人の成年時の生活において生じて想い出のなかに消し去られることなく残り続けていた体験と関係付けられることで結実しました。いつもなら私たちの症状解釈を批判すべく持ち出されるあらゆる異論が、この個別事例からは脱落しています。むろん、いつもこれほどうまくゆくわけではありません。(5)

さらにもう一つのことがあります。皆さんには、このささやかな強迫行為が患者の内密な事柄へと私たちを連れて行ったことが、眼につきませんでしたでしょうか。女性にとって、婚礼の夜の物語以上に内密なことは大してないものです。なのに私たちがまさに内密なセックス生活に至りついたということは、偶然であってそれ以上の重要性をもたないのでしょうか。むろんそれは、今回私のなした選抜の結果なのかもしれません。性急な判断は慎み、まったく別種の第二の事例の方に赴くことにしましょう。頻繁に生ずる種類のパターンである、就寝儀礼の事例です。

十九歳の豊満で頭の良い少女なのですが、一人っ子で、両親よりも教養も知的活動もまさっています。子供の頃より乱暴で高慢で、最近数年の間目立った外的要因もないのに神経質症者に変貌しました。母親に対しては特にいらだちやすく、いつも不満を持ち、鬱屈し、ぐずぐずとして疑い深い傾向があり、ついには、広場や大通りを一人では歩けないと告白するようになりました。広場恐怖症と強迫神経症という、少なくとも二つの診断が必要とされるその込み入った病状にはあまり立ち入らずに、この少女が就寝儀礼を発達させ、そのため両親が悩まされているという点にのみ留まることにしましょう。ある意味では、いかなる健常者も自分の就寝儀礼をもつか、ある種の条件の制作にこだわり、その条件を成就しないと入眠が妨げられるものだ、と言ってよいでしょう。健常者も覚醒生活から就寝状態への移行を特定の形態にはめ込み、それを毎夜同じやり方で繰り返すのです。とはいえ、健康な者が要求する就寝条件とはすべて合理的に了解されますし、外的事情によって変更が必要になれば、簡単にそして時間的猶予なしにそれに従います。それに対し、病理的な儀礼は譲歩を知らず、どのような犠牲を払っても貫徹されますが、〔健常者の場合と〕同じように合理的な理由で覆われており、表面的に考察するなら、ただある種の誇張された入念さによって健常者からかけ離れているだけのように見えます。しかしより詳しく見てみると、覆いは不十分であり、合理的な理由付けのはるか埒外にあったり真っ向からそれに反するような決まりを儀礼は包含していることに気付かされます。私たちの患者は、夜ごとの用心の動機として、寝入るには静けさが必要で、あらゆる雑音の元をシャットアウトしなければならないということを盾にしています。このことを意図して彼女は二つのことを行います。部屋の大時計は停止され、他の時計はすべて部屋から遠ざけられ、小型の腕時計すらナイトテーブルに置いてもらえません。植木鉢や花瓶は机の上に、夜間倒れて破砕し眠りの邪魔とならないように、一緒にまとめておかれます。こうした措置は、静けさの厳命によって正当化しようにも、単に見かけ上そうされるにすぎないことは彼女としても分かっています。小さな時計がナイトテーブルの上に置かれたままでも、チックタックという音は聞こえないでしょうし、柱時計の規則的なチックタックが睡眠の邪魔となるどころか、眠りを誘うように働くことは、私たちの誰もが経験していることです。植木鉢や花瓶がもとのままのところに置かれたところで、夜間自然と倒れて破砕するなどということは、およそありえそうもないと彼女も認めています。儀礼の他の規定には、静けさの厳命への依託は抜け落ちています。それどころか、自分の部屋と両親の寝室の間の扉を半分開けたままにしておいてと彼女は要望し、開いた扉にいろいろな物を挟み込んでその要望が確実に成就するようにするのですが、そうしたことは逆に、邪魔になる騒音の元を増やすだけのように思われます。しかし、一番重要な決まりはベッドそのものに関わっています。ベッドの頭側のクッションはベッドの木壁に触れてはならないというのです。小さな枕クッションは、この大きなクッションのうえに菱形をなすように置かれるのでなければなりません。そうなって初めて彼女は菱形の縦の対角線上に正確に自分の頭を載せるのです。羽根布団（オーストリアでいうところの「ドゥーヒェント〔アイダーダウン〕」です）は掛けられる前に大いに振るって、足側がとても厚くなるようにされなくてはなりませんが、そうした後で彼女は厚くなった個所を、怠りなく再度押し込んで均すのです。

この儀礼の他の、たわいないことも多い細部は省かせて下さい。それらはなにも新しいことは教えてくれませんし、私たちの意図からあまりにかけ離れたところに行ってしまうからです。しかし、こうしたことがすべてごくスムーズに行われるわけでないことは見逃さないで下さい。すべてがきちんとなされていないのではないか、としょっちゅう心配されています。すべてが検査され反復されなければならず、確実に行われたことであっても次々と疑いに晒され、そのために一、二時間が費やされて、その間少女自身眠ることができないし、怖じ気づいた両親も眠らせてもらえない顚末となるのです。

この責め苦の分析は、先の患者の強迫行為の場合とは異なり、そう簡単におのずと進捗はしませんでした。私は少女に示唆を与え、解釈を提案せざるを得ませんでしたが、それらはそのつど断固とした彼女の「いいえ」によって拒否されるか、軽蔑口調の疑いをもって受け取られるかのいずれかでした。しかしこの最初の拒否的反応の後、自分に呈示された可能性に彼女は一時期みずから取り組むようになり、それとの関連で思い付かれたことを収集し、想い出を引き出し、繋がりを付け、とうとう独力ですべての解釈を考えつくようになっていました。そのようになってゆくにつれて、彼女は強迫的措置を実行しないようにもなり、治療が終了する以前に儀礼全体を断念するようになっていました。皆さんにも知っておいてもらいたいのですが、私どもが今日実行しているような分析作業は、個別の症状をその究極的な解消に行き着くまで一貫して加工するということは端的に避けています。むしろ、ある一つのテーマから繰り返し離れるということを余儀なくされますが、他の繋がりで新たにそれにまた戻ってくるに違いないのです。それゆえ、私が今皆さんにお伝えしようとしている症状解釈は、いろんな成果を総合したものであって、それらの成果が出てくるまでには、他の作業によって中断させられながら、数週間・数カ月にわたる時間を要するのです。

私たちの患者は徐々に、自分が時計を夜間調度品から追放したのは、それが女性性器の象徴だからだということを理解するようになります。時計にはその他にも別の象徴解釈があることがわかっていますが、[6] この性器的役割をもつようになるのは、周期的出来事や同一間隔と関係付けられるからです。女性は、自分の月経が時計のように規則的であることを自慢したりするものです。それに対し、私たちの患者の不安はとくに、時計のチックタックによって睡眠が妨げられることに向けられていました。時計のチックタックは性的興奮の際のクリトリスの脈動に比定されます。[7] 患者にはいとわしいこの感覚のために彼女は実際何度も眠りから目覚めさせられていましたが、この勃起不安が今となって、動いている時計を夜間近くから遠ざける厳命となって表れ出たわけです。植木鉢や花瓶はあらゆる容器同様、女性の象徴です〔第一〇講、本書上巻、二七三頁〕。それらが夜間ひっくり返って破砕しないようにという用心もそれゆえ、まともな意味がないわけではありません。婚約の際に容器ないし皿が壊される広くゆきわたった習慣を私たちは知っています。出席者は各人、そのかけらを持ち帰りますが、それを私たちは一夫一妻制以前の結婚秩序の立場からする、花嫁に対する各人の要求のなごりとして捉えてよいでしょう。[8] 儀礼のこの部分に関しては、少女は一つの想い出といくつかの思い付きをもたらしました。子供のとき彼女は、ガラスないし陶器の容器をもったまま転倒し、指を切ってひどく出血したことがありました。長じて性交渉の事柄について知るようになると、婚礼の夜出血せず処女であることが証明されないのではないかという観念に取り憑かれ不安になりました。ですから、花瓶の破砕に対する用心とは、処女性と初体験時の出血と繋がっているコンプレクス全体の拒絶を意味しています。出血の不安と、出血しない不安の両方の拒絶です。こうした方策を彼女は騒音の防止のためということにしていますが、これとこれらの方策とはほんのかすかにしか関連していませんでした。

儀礼の中心的意味が何であるか、彼女はある日、クッションがベッドの壁に触れてはならないという規則のことを突如として理解した時に、突き止めました。彼女の言うには、クッションとは彼女にとっていつも女であり、まっすぐにそびえる木壁は男でした。ですから彼女は——呪術的な仕方で、と口を挟んでよいでしょう——男と女を離ればなれにしておく、つまり両親をお互いに離しておいて、婚姻の交渉に至らせまいとしていたのです。この同じ目標を彼女は、儀礼を設立する以前の年月においてより直接的に達成しようとしていました。彼女は不安を装うか、現にある不安傾向をいいことに、両親の寝室と子供部屋を繋ぐ扉を閉じさせまいとしていたのです。実際この厳命は今日の儀礼にも残存していました。そのようにして彼女は、両親のしていることに聞き耳を立てる機会を調達し、しかし、それを利用し尽くしたがために数カ月に及ぶ不眠を引き寄せることにもなったのでした。そのように両親の邪魔をするだけでは満足せず、時には、みずから夫婦のベッドにもぐりこみ父と母の間で眠る許可を得ることさえ成し遂げていました。「クッション」と「木壁」はその場合、実際に一緒になることはできませんでした。成長して、彼女の体がもはやベッドのなかで両親の間に場所を占めることができなくなると、最後には、意識的に不安を装って、母親と睡眠場所を交替し、母親をして父の隣を自分に譲らせたのでした。この情況はたしかに、儀礼にその余波が感じとられる空想(ファンタジー)の出発点となったのです。

クッションが女なら、羽根がすべて下に降りてそこを膨らませるまで、羽根布団を振るということにも意味がありました。それは、女を妊娠させるということでした。けれども彼女は抜かりなく、この妊娠を再度抹消しました。というのも、何年にもわたって、両親の交渉の結果もう一人子供が自分の競争相手として生まれるのではないかと、恐れていたからです。他方、大きなクッションが女、つまり母だとしたら、小さな枕のクッションはその娘を表す以外にないでしょう。どうしてこのクッションは菱形に置かれ、頭は正確にその中央の線に来なければならないのでしょうか。彼女は容易に、菱形とはいたるところの塀に描かれている、開かれた女性性器の秘密記号であることに想起が及びました。そうすると彼女自身は男を、父を演じ、自分の頭部を男性性器の代替としていたのです。（去勢を表す断頭の象徴論を参照。(9)）

皆さんは、こんな下品なものごとがうら若い乙女の頭に出没しているというのか、とおっしゃるでしょう。私もそれは認めます。が、私がそういうものごとを創作したのではなく、ただ解釈しただけであることを忘れないで下さい。このような就寝儀礼は何か奇妙なものでもありますが(10)、それでも儀礼と空想群(ファンタジーエン)との間に呼応関係があり、それが私たちに解釈をもたらしてくれていることを見間違えてはなりません。しかしより重要なことは、この場合儀礼には一つの空想(ファンタジー)だけが沈殿しているのではなく、かなりの数の空想が、ただしどこかの結節点で結びついているいくつもの空想が、沈殿しているのだ、と皆さんに気付いていただくことです。儀礼の規則が性的欲望をあるときは積極的に、またあるときは消極的に再現し、一部はその代行の役目を果たし、一部はそこからの防衛の役目を果たしていることにも気付いていただけると幸いです。

この儀礼の分析からはまた、病人の他の症状と正しく連結するなら、さらに多くのものを取り出すこともできるでしょう。しかし、私たちのたどる道はその方向に向かってはいません。この少女は父への性愛的拘束の手に陥っているのであり、拘束の開始は早期幼年期まで遡るのだという示唆で満足していただかねばなりません。もしかしたら、だからこそ彼女は母親に対してこんなにつれない態度を取るのかもしれません。この症状の分析もまた病人の性生活に私たちを連れて行ったことも、見逃してはなりません。もしかしたらこのことについて、神経症の症状の意味と意図を洞察する機会が増えるにつれて、私たちは怪訝に思わなくなるでしょう。

こうして私は皆さんに二つの事例を選んで、神経症の症状には失錯行為や夢同様に意味があり、患者の体験と内密な関係を持っているということを示しました。とてつもなく意義深いこの命題が、二つの事例にもとづいて皆さんに信じていただけると期待してよいでしょうか。否、です。しかし、皆さんに納得したと公言していただけるまで、私がさらに多数の事例を語るよう、皆さんは要求できるでしょうか。それもできません。というのは、個別の事例が扱われる際の詳細さからして、神経症論のこの一点を片付けるためだけでも、週五時間の講義が一学期費やされるのでなければ、無理だからです。だから、私は皆さんに私の主張のための見本を示したことで満足し、その他については文献に見られる報告の参照を求めたいと思います。たとえば、ブロイアーの第一症例（ヒステリー）[11]における古典的症状解釈や、いわゆる早発性痴呆のまったく不分明な症状のC・G・ユングの手になる驚異的解明です。[12]後者はユングが単に精神分析家であっていまだ予言者になろうとはしていなかった時期のものです。さらに、それ以降私どもの雑誌を満たしているあらゆる仕事もご参照ください。私たちはまさにそのような探究なら こと欠きません。神経症症状の分析、解釈、翻訳は精神分析家をたいそう惹き付け、神経症群の他の問題はそれに比べるとさしあたり蔑ろにされるほどでした。

皆さんのなかでこのような尽力をみずから買って出た人は、証拠素材の充実振りに強い印象を受けるに相違ありません。しかしまた、一つの困難にも遭遇するでしょう。症状の意味とは、私たちも聞き知ったように、病人の体験との関係のうちに存します。症状の形成が個人的であればあるほど、私どもはそれだけいっそう手早くこの繋がりを打ち立てることが期待できます。その場合課題となるのはまさしく、無意味な観念や無目的な行為に、その観念が正当なものでありその行為が目的にかなっていた過去の情況を探し当てることです。テーブルに走りよって小間使いを呼び寄せた私たちの患者の強迫行為は、この種の症状の単刀直入なお手本です。けれども、まったく別の性格をもった症状もあります。それもとても頻繁にあります。そうした症状は病気の「類型的」症状と命名されるべきもので、あらゆる症例においておおかた等しく、個人的な差異はそこでは消え去るか、少なくとも収縮して、病人の個人的体験とひとまとめにして個別の体験情況に関連づけることは困難になります。再度強迫神経症に眼を向けることにしましょう。私たちの第二患者の寝室儀礼にしてからすでに多くの類型的なものを纏っています。ただし個人的特徴も十分に備えており、いわゆる歴史的解釈(13)も可能です。しかしこうした強迫病者はみな、反復する傾向、行事にリズムを付し他の行事から切り離そうとする傾向があります。病人の大多数は過剰に手洗いをします。広場恐怖症（場所恐怖症、空間不安)に苦しむ――それはもはや強迫神経症に数え入れられるのではなく、不安ヒステリーとして表示されるのですが――病人は、その病像においてしばしばうんざりするくらい単調に同じ特徴を反復します。閉じた空間を恐れ、開けた大きな広場を恐れ、長く延びた街路や並木道を恐れます。知人が付き添ってくれたり馬車が後から付いて来てくれると、護られている気になります。しかしながら、この同種の下地を背景に個々の病人は個人的な諸条件を、言ってみれば、気まぐれを繰り出すのですが、それらの条件は個別的な症例同士で直接的に矛盾しています。ある者は狭い街路しか恐れませんが、他の者は広い街路だけを恐れ、一方の者は、街路に少しの人間しかいなければ歩くことができ、他方は多くの人間がいる時だけ歩くことができます。同様に、ヒステリーは個人的な特徴が豊富であるにもかかわらず、共通の類型的症状を有り余るほどもっています。この後者の症状は、簡単な歴史的還元には抵抗するようです。私たちが診断を下すために典拠とするのはたしかにこうした類型的症状であることを、忘れてはなりません。ところがヒステリーの症例において類型的症状を実際ある体験ないし類似の体験の連鎖に還元したとするなら、例えば、ヒステリー性の嘔吐を一連の吐き気の感覚的印象に還元したとするなら、そしてそれにもかかわらず別の嘔吐の症例では分析によって実効的とされる体験のまったく別種の系列が発見される場合には、私たちは迷わざるを得なくなります。そうするとやがて、ヒステリー者が嘔吐せざるを得ないのは未知の根拠からなのであって、分析の呈示した歴史的なきっかけなどは単なる口実にすぎず、たまたま出来（しゅったい）したから、この内的な必然性によって利用されただけなのだというふうに見えることになるのです。

こうしてやがて私たちは憂鬱になるような洞察を得ることになります。すなわち、個人的な神経症症状の意味を私たちは体験と関連づけることによって十分に解明できるが、しかし私たちの技術ははるかに頻繁に生ずる類型的な神経症症状からは見捨てられているのだ、と。そのうえ、歴史的症状解釈を一貫して追跡する際に出てくるあらゆる困難を皆さんに周知していただいたわけでも全然ないのです。私としてはそうするつもりもありません。というのも、取り繕いも隠匿もする意図はありませんが、しかしながら、私たちの共同研究の最初において皆さんを途方に暮れさせ混乱させるわけにはゆかないからです。実際私たちは、症状の意義についてようやく了解し始めたばかりなのです。とはいえ、これまでに獲得されたものを堅持し、まだ理解されていないものを制覇すべく一歩ずつ分け進んでゆきたいと思います。ですから、症状の一方と他方の種類の間には基本的な相違があると仮定する必要はたいしてないのだと考えていただくことで、気を安めていただきたいのです。個人的な症状が間違いなく病人の体験に依存しているとするなら、類型的症状に関しては、それは、それ自体類型的な、あらゆる人間に共通の体験に遡る可能性が残っています。神経症において規則的に回帰してくる他の特徴とは、強迫神経症の反復や疑念などのように、病的変化の本性によって病人に強要される一般的な反応であるのかもしれないわけです。要するに、早まって意気阻喪しなければならない理由はないのです。先に進むとどのようなことになるのか、私たちは見届けることになるでしょう。

夢学説においても私たちはよく似た困難に立ち会います。それを私は、以前の夢に関する論説で取り扱うことはできませんでした。夢の顕在内容は最高に多様で個人によって違うものです。分析によってこの内容から何が得られるのかについては詳しくお示ししました。しかしそれ以外にも、同じく「類型的」と名付けられる、あらゆる人において同じ仕方で生じる夢が存在します。その解釈に同じような困難がつきまとう、同型の内容を持つ夢のことです。それは、落下、飛翔、浮遊、水泳、制止の夢であり、裸体の夢であり、他のある種の不安夢です。これらは個々人において時に応じて違う解釈を結実させますが、そうだからといって、それらの単調さや類型的な生じ方が解明されるわけではありません。しかしこうした夢であっても、ある共通の下地が個人的に変転する添加物によって活性化されていることが観察されるのですし、それもまたおそらく、私どもが他の夢から獲得した夢生活の了解に、無理なく——ただし私どもの洞察が拡大されればの話ですが——はめ込まれるであろうものなのです。[14]

第一八講　トラウマへの固着、無意識

皆さん、前回〔の冒頭〕私は、疑わしいことではなく発見されたことにつなげて私たちの仕事を継続して行きましょう、と言いました。二つの見本となる分析から派生する最も興味深い帰結のうち、二つについてはまだまったく述べられていませんでした。

第一に、私たちの二人の患者は、自分らの特定の過去に固着していてそれから自由になることができず、そのため現在と未来とから疎外されているような印象があります。昔なら修道院に引きこもって、そこでつらい人生の運命に耐え忍んだものですが、それと同じように、彼女らは自らの過去に立てこもっています。第一の患者にこの宿命をもたらしたのは、現実的には破棄された夫との結婚です。症状によって彼女は、夫との〔結婚生活の〕プロセスを継続しています。私たちは、夫を弁護し、夫のことを釈明し持ち上げ、彼を失ったと嘆くあの声を理解することを学びました。彼女は若く他の男性に慾せられるに値するにもかかわらず、あらゆる現実の、そして想像上の（呪術的な）用心を張り巡らせて、夫に対し貞潔であり続けようとします。我が身を他人の目にさらさず、身なりに頓着しませんが、一度椅子に座り込むと素早く立ち上がることもできず[1]、サインを拒否し、誰も自分からものをもらってはならないと理由付けて、誰にもプレゼントすることができません。

第二の患者であるうら若い少女の場合には、思春期以前の年月に打ち立てられていた、父親への性愛の拘束が彼女の人生に同じことをなしています。こんな病気である間は結婚できないと、自分でも結論を下していました。私たちとしては、結婚しないまま父のもとに留まることができるようにと、彼女はこんな病気になったのだ、と推測してよいでしょう。

いかにして、どのような道を通って、いかなる動機のゆえに、人生に対してこんなに奇妙で不利益な態度を取るようになるのだろうかという問いを、避けてはなりません。もしも、こうした振舞いが神経症の一般的な性格であって、これら二人の病人だけの特有性でないとするならば。それは実際、それぞれの神経症の一般的で実地上大変重要な特性なのです。ブロイアーの最初のヒステリー患者〔第一七講、本書下巻、三九頁〕も同じように、重病の父の看護をしていた時代に固着していました。彼女は回復したにもかかわらず、それ以降ある意味で人生を店じまいし、健康で実務能力もあり続けたのに、健常な女性の運命から身をかわしました。(2) 私どもの病人のいずれの人であっても、(3) 分析を通してみられるのは、その病気症状およびそれからの帰結によって、過去の特定の時期に戻っているということです。大多数の症例では、ずいぶん初期の人生段階が選ばれてさえいます。それは幼年期の一時代、いや滑稽に聞こえるかもしれませんが、乳児であったときの一時代です。

私たちの神経質症者のこの振舞いにさしあたり類比しているのは、まさに現今の戦争が特別頻繁に発生させている、いわゆる外傷性神経症という発症例です。もちろん戦争以前にも、鉄道の衝突事故や人生の驚愕的な他の危機のあとにはそうした症例が見られました。外傷性神経症は、私どもが常々精神分析によって探究し治療している、おのずと発生してくる神経症と根本的には同じではありません。私どもの観点の傘下に収めることもいまだに成功していませんが、こうした制限は何によるのか、いつか皆さんに解き明かすことができたらと、願っています。(4) ただし、ある一点では、〔両神経症の間に〕完全な一致があることを指摘できます。外傷性神経症は、その根底に外傷性の災害の瞬間への固着が存している明確な徴候を示しているのです。夢において病人は規則的に外傷性情況を反復しますし、(5) 分析を許容するヒステリー形態の発作が生ずるなら、発作とはこの情況への丸ごとの移入に相当すること[6]が分かります。まるで、病人は外傷性情況を処置できておらず、この情況が克服されざる現実の課題として迫っているかのようなのですが、このことを私どもはきわめてまじめに捉えています。こう捉えることで、心の出来事の、経済論的と私どもの呼ぶ考察法[7]への道が指し示されることになります。それどころか、外傷性との言い方は、そうした経済論的意味以外の意味は有していません。外傷性と名付けられる体験とは、短期の間に心の生活に莫大な刺激増加をもたらし、そのため、刺激の処理や片付けが健常の習慣的なやり方ではできなくなって、エネルギー経営に持続的な障害が出来せざるを得なくなる、そのような体験のことです。

この類比関係からすると、私たちの神経質症者が固着しているように思われるあの体験も外傷性と表示したくなります。そのようにして、神経症発症の一つの単純な条件が見通されてきて、神経症は外傷性の発症と等値され、情動が過大に強調された体験の処理不可能性によって発生するということになるでしょう。実際、ブロイアーと私が一八九三―九五年に私どもの新たな観察を理論的に説明した際の、第一の定式とはそのようなものでした[8]。私たちの第一の患者、夫から離れている若い妻のような症例は、この捉え方に大変良く合います。彼女は結婚生活をやり通せないことに耐えられず、この外傷に取り憑かれていました。ところが、私たちの第二の症例である父に固着した少女は、その定式が十分包括的ではないことを示しています。一方で、小さな少女が父親にそのように恋着（れんちゃく）するということはごく普通のことであるとともに多くの場合乗り越えられることなので、それを「外傷性」と呼ぶなら、その呼び名はまったく無内容になってしまうでしょうし、他方で、病人の経過は、この最初の性愛の固着がさしあたり見たところ無害に通り過ぎており、数年後になって初めて強迫神経症の症状をまとって再出現したことを教えてくれます。ですから、そこには複雑な発症条件が、すなわち〔第一の患者よりも〕内容の詰まった発症条件が見込まれます。だからといって、外傷性の観点は間違いとして放棄されねばならないのではなく、どこか別の個所にはめ込まれ位置づけられるべきなのでしょう。

ここで私たちは、これまで辿って来た道筋を再度中断します。もはや先にはいまのところこの道は進んでゆかず、きちんとさらに継続してゆくためには、ほかにありとあらゆることを知っておかねばなりません。(9) 過去の特定の時期への固着というテーマに関しては、そういうことは神経症以外にも広く生ずるものだ、と述べておきましょう。いずれの神経症にもそうした固着は含まれますが、だからといってどの固着も神経症に通じるわけではないし、神経症とぴったり一致したり神経症の進行途上で作り出されるわけでもありません。何か過去のものに情動的に固着する一番の見本は喪です。それは、現在と未来からの完全な離反を伴いさえします。とはいえ、喪は素人判断からしても神経症とはきっぱり区別されます。それに対し、喪の病理形態として表示可能な神経症が存在します[10]。

人生のこれまでの土台を揺るがす外傷性の事件によって人間は停止状態となり、現在と未来に対するあらゆる関心を放擲し、過去へのこだわりに心が持続的に立てこもるということが生じたりしますが、こうした不運な人が必ずしも神経症となるとは限りません。ですから私たちは、神経症の性格付けにあたってこの一事の特性を、それが他の点でどれほど規則的で重要なものであろうとも、過大評価してはならないのです。

それでは私たちの分析の第二の成果の方に転じましょう。これについては事後的な制限を案ずるには及びません。私たちは、第一の患者がどのような無意味な強迫行為を行っているか、またどのような内密な人生の想い出がそれに属していると彼女が語ったか、報告しました。ついで強迫行為と想い出との関係について探究し、想い出とこのように関連させることによって強迫行為の意図を突き止めました。しかし、私たちの全注目に値するある契機はまるっきり無視していました。どれだけ強迫行為を反復しようと、患者はその行為によってあの体験に接続しているのだということについて、なにも知らなかったのです。体験と強迫行為の繋がりは彼女には隠されたままでした。彼女は真実のところ、どのような衝動に駆られてそうするのかわからない、と答えざるを得なかったのです。その後になって、施療作業の影響下忽然として、彼女はあの繋がりに気が付き、報告することができたのでした。けれども彼女は依然として、強迫行為の実行が奉仕している意図についてはなにも知りませんでした。嫌な過去を訂正して愛する夫を一段高めてやるという意図については。かなり長いことかかって、そして多大の労苦を払ってようやく、彼女は、そのような動機が唯一強迫行為の駆動力であったのかもしれないことを理解し、私に告白したのでした。

失敗した婚礼初夜の場面との繋がりと病人の情愛ある動機とが相俟って、私どもが強迫行為の「意味」と名付けたものが結実します。しかしこの意味は彼女にしてみるなら、強迫行為を実行するその一方で、その「どこから」と「どこへ」という二方向ともが、知られないままでした〔本講、本書下巻、八二頁参照〕。ですから、ある心の出来事が彼女のうちで作動しており、それの結果として強迫行為が出てきたことになります。彼女は健常な心の体制でこの結果〔である強迫行為〕を知覚していましたが、この結果の心の予備条件についてはなにも彼女の意識の知るところとなりませんでした。彼女の挙動は、ベルネームによって催眠術をかけられた人とまったく同じだったのです。その人は、ベルネームから、目覚めて五分後病院のホールで傘を広げるようにと依頼され、実際そうしたのですが、そうする動機についてはなにも釈明することができませんでした(11)〔第六講、本書上巻、一七四頁参照〕。無意識の心の出来事が存在すると私たちが語るとき、眼に留めているのはそうした事態なのです。誰であれこの事態について科学的により正確なやり方で説明できるなら、どうか説明してみせてほしいものです。そうできるなら、よろこんで、無意識の心の出来事という仮定は断念しましょう。それまではしかし、この仮定を堅持しましょう。もし誰かが、無意識とはいまの場合科学的に実在ではなく、間に合わせであり《ものの言いよう》にすぎないと抗弁しても、私たちとしてはそれは異なることとして、しょうがなく肩をすくめて退けざるを得ないでしょう。実在ならざるものから、強迫行為のような、これほど手に取るように実在的な結果が出てくるというのでしょうか〔第一七講、本書下巻、四〇頁参照〕！

基本的に同じことが、私たちの第二の患者にも見られます。彼女は、クッションがベッドの壁に触れてはならないという厳命を作り出し、この厳命に従わないでおれませんが、それでも、この厳命がどこからやって来、何を意味し、その力をどのような動機に負っているのかは知りません。自分でそれをどうでもよいことと見なしているのか、もしくはそれに抗い憤怒し踏みにじろうと企てるのかは、それの実行にとっては無関係です。厳命には従わざるを得ませんし、なぜと問うても無駄なのです。強迫神経症のこうした症状、表象や衝迫はどこからともなくやって来て、それ以外の心の生活がいかに健常であろうと、そのあらゆる影響に対して頑強に耐久的な挙動を示し、病人自身にもまるで異界からの圧倒的な客人、死すべき者の人ごみのなかに混じり込んだ不死身の者であるかのような印象を与えるのですが、そうした症状によっておそらくは他から隔離された心の生活の特別な領域が最も明瞭に指示される、と認めざるを得ないのです。症状からは、心のうちなる無意識の存在を確信させてくれる、間違いのない道が通じており、まさにそれゆえに、意識の心理学しか知らない臨床精神医学は、それら症状を特殊な変質形態の徴候と見なすほか、対処法を知らないのです。もちろん、強迫表象や強迫的衝迫それ自身は無意識的ではありません。それは、強迫行為の実行が意識的知覚を逃れるわけではないのと同じことです。それらは意識まで突き進んでいなかったら、症状となっていなかったでしょう。しかし、分析によって開示されるそれらの心的予備条件、すなわち、それらが解釈によって位置づけられる心の繫がりは少なくとも、分析の作業によって病人に意識化されるまでは、無意識的なのです。

以上にさらに、私たちの二つの症例で確定された事態があらゆる神経症発症のあらゆる症状で確認されるものであって、いつでもどこでも症状の意味は病人には知られておらず、分析は決まって、こうした症状が様々な好条件のもとでなら意識化される無意識的な出来事の蘖であることを示すのだということを追加するなら、精神分析においては無意識の心なるものが不可欠であり、無意識を感覚的に把捉可能なものと同じように取り扱うのが当然視されていることを、皆さんにご理解していただけるでしょう。しかしながらもしかしたら、無意識を概念としてしか知らず、分析を行ったこともなければ、夢解釈の経験もなく、神経症の症状を意味や意図に置換したこともない他のすべての人々がこうした問題に関していかに判断能力がないかということも、分かっていただけるでしょう。このことを私たちの目的のために繰り返しましょう。神経症症状に分析的解釈によって意味が与えられうるからには、無意識の心の出来事の存在——ないし、こう述べた方が良いなら、その仮定の必然性——は揺るぎなく立証されているのです。

しかしこれでお終いではありません。ブロイアーにはもう一つの発見があり、その第二の発見は私には第一のそれより含蓄豊かなように思われ、また彼以外に発見者はいないのですが、その発見のおかげで、私たちは無意識と神経症症状との関係についてさらに多くのことを知ることができます。症状の意味が決まって無意識的であることばかりでなく、こうした無意識性と症状の存在可能性との間には代行関係も存立しています。私が何を言っているのか、やがてお分かりになります。私はブロイアーとともに次のように主張します。すなわち、なにか症状に遭遇する度に私たちは、病人には特定の無意識的出来事が存しており、それがまさしく症状の意味を含み持っている、と推論してよい。とはいえ、症状が成立するためには、この意味が無意識的であることも必要です。意識的出来事から症状は形成されません。当該の無意識的出来事が意識化されたとたん、症状は消えざるを得ません。ここで皆さんは、療法に到達して症状を消失させる道筋に、はっとお気付きになるでしょう。実際ブロイアーはこの道筋で彼のヒステリー患者を回復させ、その症状から解放したのです。彼は、症状の意味を含み持つ無意識的出来事を患者の意識にもたらす技法を見つけ出し、そうすると症状は消え去りました。

ブロイアーのこの発見は思弁の成果ではなく、病人の協力によって可能となった幸運な観察の成果です。[12] いま皆さんはこの発見を何か別の既知の事柄に引き戻して理解しようとするに及びません、そうではなく、この発見は新たな根本的事実であって、この事実によって多くの他のことも説明されることになるのだと、ご認識ください。ですから、どうかお許しいただきたいのですが、このことを違った言い方で繰り返したいと思います。

症状形成とは、なされないでいる別の何かの代替です。ある種の心の出来事は健常的には、意識がそれについて知るようになるまで発達してゆくべきものだったのですが、そうはならずに、代わりに、中途で妨げられて無意識的に留まらざるを得なかった、そういう出来事から症状は発出して来たわけです。ですから、交代に類するものが生じたのです。この交代を撤回できるなら、神経症症状の治療法はその務めを果たしたことになります。

ブロイアーの発見はこんにちでも精神分析の治療法の基礎です。無意識的な予備条件を意識化するなら症状は消え去るという命題は、それを実地に遂行する段になると、予期せざるとてつもなく奇妙に込み入った事態に遭遇するにもかかわらず、研究のあらゆる進展によって確証されてきました。私どもの療法は、無意識的なものを意識的なものに変換することによって作動しますが、それはひとえに、この変換を成し遂げる態勢になったかぎりのことです。

それでは、この療法の作業をあまり容易なものと考えないようにしていただくために、すこしばかりさっと寄り道をすることにします。私たちのこれまでの論述からするなら、神経症とは、一種の無知の帰結、すなわち、知っておくべき心の出来事を知らないことからの帰結でありましょう。これは、悪徳すら無知に基づくという周知のソクラテスの教えに随分近いようです。ところが、分析に精通した医者にしてみるなら、個々の病人にとってどのような心の蠢(うごめ)きが無意識のままだったのかを突き止めることは通例きわめて容易なのです。そうだとすると、医師が病人にその知るところを伝達して無知から解放し、病人を回復させることも大して困難でなくてよいはずです。症状の無意識的意味の少なくとも一部分はこのやり方でたやすく処理されるでしょうが、むろん医師は他の部分である、病人の体験と症状の繋がりについては多くを突き止められません。というのも、医師はこの体験のことを知らないので、病人が想い出して語ってくれるまで、待ち受けなければならないからです。ところが幾多の症例においては、それの代替法も見出されます。近親者に病人の体験のことを問い合わせることができますし、そうすると近親者は外傷として実効的な体験をしばしばそれとして識別し、もしかするとそういう体験を報告してくれさえします。病人はそういう体験については、その人生のたいそう早い年月に起こったことであるので、なにも覚えていません。こうして、これら二つの対処法を組み合わせることによって、病原に関する病人の無知を短期間で労力も大して使わないで除去する見込みが出てくるでしょう。

実際そうであってくれれば良いのですが！　そのとき私どもは、当初思っても見なかった経験をしたのです。知と言ってもいろいろで、さまざまな種類があり、それらは心理学的に等価値では全然ないのです。《薪束といってもさまざまだ[13]》とモリエールでも言われています。医師の知は病人のそれと同じではありませんし、同じ効果を発揮しえません。医師がその知を報告し病人に転移するとしても、それは何らの成果も生みだしません。いえ、こう言うのでは不正確です。それは症状を廃棄する成果ではなく、分析の発動という別の成果を生み出します。抵抗の出現がしばしばその発動の最初の徴候となるのです。そうすると病人はこれまで知らなかったこと、すなわち、自分の症状の意味が分かるようになりますが、それでもやはりこれまで同様それは分かっていないのです。その違いがこうして私たちは、複数の種類の無知が存在することを実感するわけです。その違いが奈辺に存しているのかをはっきりさせるためには、私たちの心理学の知識がある程度深化されなくてはなりません[14]。ところが、症状はその意味が知られると衰微してゆくという私どもの命題はだからこそ依然として正しいのです。ただしそのためには、その知は、特定の目標を目指す心的作業によってのみ呼び起こされうるような、病人の内的変化に基づいていなければならないのです。ここで私たちが前にしているのは、症状形成の力動論として間もなく総括されることになる、問題群です。

皆さん、いまとなると問いかけざるを得ませんが、私の述べていることは皆さんにはあまりに曖昧で込み入っているでしょうか。頻繁に前言撤回しては制限を加え、思考回路を編み上げては放棄して、皆さんを混乱させているでしょうか。もしそうなら、申し訳ないことです。しかし私は、真理への忠誠を犠牲にして単純化に走る気には到底なれませんし、テーマが多面的で入り組んでいると皆さんが心底感じるとしても、そのことに反論いたしません。私が一々にわたって皆さんにとってすぐさま活用可能なこと以上のことを申し上げるとしても、それでなんら損害は生じないでしょう。とはいえ、聴衆や読者とはいずれも提示されたものを頭の中で手加減し短縮し単純化して、自分の保持しておきたいものを抽出するものだということは分かっていますが、それでも、内容量が多ければ多いほど残存するものも多いということもある程度は正しいでしょう。症状の意味や無意識、また両者の関係についてその本質的なところを私の報告のうちから、その夾雑物にもかかわらず、皆さんが明確に把捉して下さっていることを期待しておきましょう。おそらく皆さんには了解いただいていることと思いますが、私たちのこれからの尽力は二方面に向かいます。第一に、どのようにして人間は発症し神経症という生活態度にいたりうるのかを知るという臨床的問題であり、第二に、どのようにして神経症の諸条件から病的症状が発達してくるのかという依然として心の力動論の問題です。この両問題にはどこかしら合流点もあるに違いありません。

今日はこれ以上先に進みませんが、まだ時間が来ていませんので、私たちの二つの分析の別の性格にも注目していただきたいと思います。それの詳細な検討はまたしてももっと後にならないと行われませんが、想起の欠損ないし健忘という性格です。すでにお聞きいただいたように〔本講、本書下巻、七四―七六頁〕、精神分析治療の課題は病原に関する無意識を意識に置換することと定式化できます。もしかするとこう言われて驚かれるかもしれませんが、この定式は、〔治療の課題とは〕病人のあらゆる想起欠損を充塡し健忘を廃棄することという別の定式によって代替することもできます。両定式は結局同じことなのです。したがって、神経症者の健忘は症状発生と重大な関係があるとされるのです。しかし、私たちの第一の分析例を考慮するなら、皆さんは健忘のこうした評価は正当でないと思われるでしょう。病人は強迫行為が結びついている場面を忘れるどころか生き生きと想い出していますし、症状の発生に当たって何か別の忘却されたものが働いているわけでもありません。私たちの第二の患者である、強迫儀礼に取り憑かれた少女に関しても、事態はこれほど明白ではありませんが、全体としては似たようなものです。彼女もまた以前の年月の自分の挙動を本来忘れていません。すなわち、両親の寝室と自分の部屋の間の扉を開けておくことにこだわり、母親を夫婦のベッドから追い出していたという事実を忘れてはいません。ためらいがちで不承不承ではありますが、彼女はそのことをはっきりと想い出しています。ただ目立つこととして観察されるのは、第一の患者は無数に強迫行為を実行していた際、婚礼の夜の体験と強迫行為が似ていることに一度として思いいたらなかったし、強迫行為の動機が何なのか調べてみるよう直接問い質されても、このことが想い出されなかったということです。同じことは、儀礼が――その機縁すらも――夜ごと繰り返される同じ情況〔父母の同衾のこと〕に関係付けられる少女にも言えます。両症例において本来的な健忘、想起脱落は存していませんが、想起の再現、再浮上をもたらすべき繋がりが断たれているのです。強迫神経症にあってはこのような記憶障害で十分です。ヒステリーの場合はそうではありません。後者の神経症はたいてい、きわめて大規模な健忘によって際立っています。通例、個々のヒステリー症状を分析すると、一連の生活印象が引き出されますが、これらが回帰するにあたって、それまでは忘却されていたことが明確に示されます。これらの印象は一方で、人生の最早期の年月にまで遡り、そのため、ヒステリー性健忘とは私たち健常者の心の生活の初期を覆い隠している幼児期健忘〔第一三講、本書上巻、三五一頁参照〕の直接的継続であることが認識されます。他方私たちは、病人のごく最近の体験ですら忘却に陥ることがあり、それもとくに、病気の勃発や重篤化のきっかけとなったものが、健忘に全面的に呑み込まれるのでなくとも、一部侵食されていると知って、驚くのです。このような現今の想起の全体像のうち重要な細部が規則的に衰退したり想起偽造によって代替されたりしているのです。それどころか、またしてもほとんど規則的に生ずることなのですが、分析の終了間際になって初めて、新鮮な体験に関するある種の想い出が浮上してきます。ところが、この想い出は長い間抑止されていて、その繋がりに感知可能な欠損を残していたものなのです。

想起能力のこのような侵害は、すでに述べたように、ヒステリーに特徴的なものです。実際ヒステリーでは、想起にいかなる痕跡も残さずにすむ状態（ヒステリー性発作）が症状として登場するのです。強迫神経症では事情が違うとしたら、そこからは、こうした健忘はヒステリー性変化の心理学的性格の問題であって神経症一般の特性の問題ではないと推論できるでしょう。この差異の意義は次の考察によって制限されることになります。私たちは症状の「意味」ということで二つの事柄をまとめました。症状の「どこから」と、「どこへ」ないし「何のため」（本講、本書下巻、七一頁）、つまり、症状が発出する印象ないし体験と、症状が役立てられる意図です。それゆえ、症状の「どこから」は、外部からやって来て、かつては必然的に意識されていたが、それ以来忘却によって無意識となったのであるらしい印象に解消されます。症状の「何のため」、その性向はしかし、そのつど内―心的な出来事であり、最初は意識されていた可能性もありますが、しかし意識されておらず、かねて来無意識に留まっていたかもしれない出来事でもありえます。ですから、健忘がヒステリーの場合に生ずるように、症状の支えとなる「どこから」、すなわち体験にまで及ぶかどうかは大して重要ではありません。症状の「どこへ」、すなわち性向は最初から無意識であったかもしれず、それゆえに、症状は無意識に依存しているということが理由付けられます。しかも、ヒステリーに劣らず強迫神経症にあっても確固として理由付けられるのです。

しかし、このように、心の生活における無意識を特記すると、精神分析に対する批判の最強の悪霊が呼び出されてしまいます。私どもに対する抵抗がもっぱら無意識の理解困難さや、無意識を証示する経験の相対的不足にもとづけられるとしても、皆さんは異とするにあたりませんが、しかしまたそれをそのまま信じてもなりません。つまり、この抵抗はもっと深いところからやってくるということです。人類は時代の経過のうちで科学によって二度、その素朴な自愛心を大きく傷つけられざるをえませんでした。一回目は、私たちの地球が万有の中心ではなく、ほとんど想像不可能なくらい巨大な宇宙の僅かな一片にすぎないことを知った時でした。この傷心は、私たちにとってはコペルニクスの名前と結びついていますが、〔ヘレニズム時代の〕アレキサンドリアの科学もすでに似たようなことを教示していました。二番目は、生物学の研究が人間のいわゆる創造上の特権を無に帰して、人間も動物界から由来しその本性が抜き差しがたく動物的であることを突きつけた時です。この価値転換は昨今Ch・ダーウィン、ウォレス及びその先駆者によって、同時代の人々の激烈な反抗に会いながら成し遂げられました。しかし、第三の、最も堪える傷心を人間の不遜は今日の心理学研究によって思い知らされる破目となっています。この研究によって、人間の自我はその家政の家長ですらなく、心の生活における無意識的な成り行きについて乏しい便りを頼みとするばかりであることが証明されるのです。この自省への警告も、私ども精神分析家が初めて、それも唯一の者として述べ立てているわけではありませんが、しかし最もきつく警告を代行し、誰にも思い当たる経験素材によって強化する役割はどうやら私どもに振り当てられているようです。だから私どもの科学は大多数の人から反旗を翻され、お上品な学界からは無視され、反対者は公平な論理の手綱をことごとく振り払ってしまうのですが(15)、それに加えて、私どもの方にも、この世の平和を違ったやり方でさらに妨げざるを得なかったという事情もあります。これについては皆さんもやがて耳にすることでしょう。

第一九講　抵抗と抑圧[1]

皆さん、神経症の了解をさらに進展させるためには、私たちは新たなことを経験する必要がありますが、そのうち二つを挙げましょう。両方ともたいそう奇妙で当時大いにびっくりしたものでした。皆さんはむろん前年の論究によって両方に準備ができています[2]。

第一。私どもが病人を回復させその受苦の症状から解放しようと企てると、病人は私どもに治療の全期間にわたって持続的にしつこく激しい抵抗を差し示します。これは事実としてたいそう特殊なので、そう簡単に信じてもらえることは期待できません。病人の近親者には、このことについては何も言わないのが一番良いでしょう。というのも、病人近親者はこれを、治療の遅延や失敗を釈明する言い逃れのように考えるからです。病人もまた、抵抗をそれと知ることなく、そのあらゆる現象を産出するのでして、病人にこのことを把捉してもらい、考慮してもらえるようになるなら、それはすでに大進歩なのです。どうかよく考えてほしいのですが、症状に苦しみ、近しい者をも一緒に苦しませる病人は、症状から解放されるためとあらば、多大の時間・費用・労苦・我慢を引き受けながら、なんと、自分が病気である利得を護るために、援助者に反抗するのです。この主張はどんなにありそうもないことのように聞こえることでしょう！　ところがそうなのです。こんなことあるはずないじゃないかと言われるなら、私どもは、それには似たことがないわけではないと答えさえすればよいのでして、耐えられない歯痛のために歯医者を訪れながら、歯医者が鉗子を手に病んだ歯に近付くと、誰でも待ったをかけるじゃないですか、と言えばよいのです。

病人の抵抗はたいそう多様で、最高に洗練され、見極めがたいことも多く、〔変幻自在な〕プロテウスのように現出形態を変えます。ということは、病人は医師に対し不信感を抱き、警戒しているということです。それというのも、私どもは精神分析療法にあたって、夢解釈このかた皆さんにも周知の技法を適用するからです。病人に対し、あれこれ考えないで物静かな自己観察状態に身を置き、そうして内的に気付かれることをすべて報告するよう、課します。感情、想念、想起を浮かび上がってくる順序のままに、報告してもらいます。その際私どもは病者に明確に警告するのですが、思い付くことを何か選別したり排除する動機に従ってはなりません。たとえば、この思い付きは、口に出して言うにはあまりに不愉快ないし不謹慎であるとか、あるいはあまりにくだらないとか、この際関係ないとか、無意味で言うにあたらないといった動機です。病人には、いつもただ意識の表面にのみ追随するよう言い聞かせ、そこで見出されるものに対してはどのような種類の批判もやめさせて、治療の成功、なによりその長さは、患者その人がどれだけ良心的に分析技法のこの根本規則を遵守するかにかかっていると打ち明けます。(3)私たちには夢解釈の技法からして分かっているように、いま数え上げたような懸念や異議が持ち上がる、まさにそのような思い付きこそ決まって、無意識の発見に通じる素材を含んでいるものなのです〔第七講、本書上巻、一九九頁参照〕。

技法上のこの根本規則を打ち立てることによって私どもはさしあたり、この規則が抵抗に対する攻撃地点になるようにします。病人はなんとかしてこの規則の決まりから身をもぎ離そうとします。ある時は、なにも思い付かないと言い張り、他の時には、あまりに多くのものごとが押し寄せ、なにも捉えることができない、と言います。それからまた私どもは、病人がある時はこの、他の時には別の批判的異議に屈したことに気が付いて、驚かされ不満を抱きます。異議への屈服は、病人がその話の間に長い休止を入れることでばれてしまうのです。そうした時には、本当にそれは言うことができない、恥ずかしいことなのだ、と告白し、この動機を盾に〔何でも言うという〕約束を反古にするのです。さもなければ、思い付いたことがあるが、それは自分とは別人のことで、だから報告からは省く、と言うのです。あるいは、いま自分が思い付いたことは本当に下らなくて馬鹿げて無意味で、そのような想念に立ち入るように、私〔フロイト〕が求めているはずがない、と言います。ことほど然様に無数に変奏されますが、それに対して、すべてを言うというのは本当にすべてを言うということなのだと宣言しなければならない始末です。

施療を寄せ付けない何らかの領域を確保しようとしない病人にはほとんど出会いません。私に言わせるなら最高に知的なある男性だったのですが、その人ですら、数週間にわたって内密の愛人関係を秘匿し、聖なる規則に違反したとして釈明を求められると、この一件はプライヴァシーだと思っていたという論拠で自衛したものです。むろん、分析的施療はそのような庇護権とは相容れません。たとえば、ウィーンのような都市でホーエ・マルクトのような広場やシュテファン大聖堂を、いかなる逮捕も行われない特区に指定し、そののち、特定の悪人を捕らえようと努力してみるがよい。悪人は間違いなくその庇護区で見つかるでしょう。私はかつて、傍目に見て実行力の申し分のない男に、そうした特権を認める決心をしたことがあります。というのも彼は、特定の事柄について他人に教えない旨の宣誓を行っていたからです。その結果はどうだったか。確かに彼は満足していましたが、私はそうではありません。そういう条件付けの試みは二度と繰り返すまいと心に誓った次第です。

強迫神経症者は、良心的に技法規則を護ろうとするあまりそれに疑いをかけるようになり、そのことによって技法規則をほとんど使い物にならなくするすべに長けています。(4)不安ヒステリー症者は折に触れて、求められているものとはあまりにかけ離れたことばかりを思い付いて、分析になんら益をもたらさず、そのことによって、技法規則を無意味に帰してしまいます。とはいえ私は皆さんに、こうした技法上の困難の扱いに通じていただくことを意図しているわけではありません。断固として譲らないことによって、技法上の根本規則に対するある程度の従属を抵抗から勝ち得ることに最終的に成功するなら、それで十分なのでして、そうなると抵抗は別の領域に身を転ずるのです。抵抗は知的なそれとして登場し、論拠を挙げて闘い、健常のしかし事情に通じていない考え方が分析学説に見出す困難でありそうもないことを制圧して味方につけます。そうなると私どもは、学術文献において合唱となって吹き荒れる、あらゆる批判と異論を一人の口から聞かされる破目となります。したがって、外から私どもに何が叫ばれようと、それはなにも想定外のことではありません。それは正確にコップのなかの嵐にすぎません。

とはいえ患者は話が通じる方で、私どもから情報を入手し、教えを垂れられ、反駁され、文献を示されてさらに教養を増してゆけるようにしむけたがります。精神分析が自分を個人として大事にしてくれるという条件付きながら、患者は喜んで精神分析の信奉者になろうとします。しかしながら、この知識慾が抵抗であり、私どもをその特殊な課題から逸脱させるものであることが分かって、私どもはそれを拒絶します。強迫神経症にあっては、私どもは抵抗特有の策略を覚悟しなければなりません。強迫神経症者は行く手を阻むことなく分析を進行させることも多く、そのため分析は病例の謎について明るみをどんどん増してゆくこともできるのですが、最終的には、この解明にいかなる実践的な改善も、つまり症状のいかなる弱体化も伴わず、どうしてなのかと訝しむことになるのです。そのとき私どもは、抵抗が強迫神経症固有の疑念に引きこもり、この態勢のうちで成功裏にその切先を私どもに差し向けていることを発見するのです。病人はだいたいのところ、これはまったく見事だ、面白い、と思っています。もう少しついていってやろう、これが本当なら、自分の病気もだいぶ変わるだろう、だが本当だとは信じないし、そう信じないのだから、病気にも無関係だ、というわけです。長いことこんなふうに進んでゆくでしょうが、ついには、内にこもったこの立場自体もつかまえられ、そこで決定的な闘争が勃発します(5)。

知的抵抗は最悪のものではありません。この抵抗に対して〔精神分析は〕いつでも優位に立っています。しかし患者は、分析の枠内に留まりながら、抵抗を立て直すことも心得ており、この抵抗を克服することは技法上最困難の課題の一つです。患者は想起する代わりに、いわゆる「転移」(6)によって医師や施療に対する抵抗として利用可能な態度や感情の蠢き(うごめき)を自分の生活から取り出し反復するのです。こうした素材は男性の場合、通例父との関係から取り出されますが、いまは父の代わりに医師を据えるわけです。そのようにして人格と判断の自立への奮闘から、父と匹敵するか乗り越えることに最初の目標を見出していた野心から、感謝の重荷を人生において二度担うことになるのはごめんだという気持ちから、抵抗をくみ出してきます。まるで病人にあっては、医師を不正に陥れて無力感を噛み締めさせ、凱歌を上げるという意図が、病気を終了させるというより良き意図にまるごと取って代わったかのような印象が、しばしの間感じられます。ご婦人たちは、医師に対する、情愛に満ち性愛の強調された転移を抵抗の目的で利用するのに巧みです。この好意がある程度高まると、施療の現実的な情況に対する関心も、施療を受けるために覚悟した義務感の一々も、ことごとく消え失せ、起こらないですまない嫉妬や、いかに丁重であろうと不可避的な医師の拒絶に対する憤激が、医師との個人的な同意を帳消しにし、そのことによって分析の最も強力な駆動力のスイッチを切らせることに寄与するだけとなります。

この種の抵抗は一方的に断罪されてはなりません。それは病人の過去のきわめて重要な素材を多数含み、それらをきわめて説得的な仕方で再度持ち出してくるので、巧妙な技法によって正しい方向を与えられるなら、分析の最良の支柱となります。ただ注意しないといけませんが、そうした素材はさしあたり常に抵抗に仕えており、治療に対して敵対的な側面を表立てています。目指される変化を打倒するために自我の性格特性や態度が動員される、そのように言うこともできます。その際には、こうした性格特性が神経症の諸条件との繋がりや、それらの条件が突きつける諸要求に対する反動によってどのようにして形成されたのかが知られますし、また、このような性格の特徴が普段は出現しないか、あるいはこれほどの規模では出現できないものであって、潜在的特徴として表示されうるものであることも分かります。こうした抵抗の登場を、分析による影響の予期されなかった危険であるかのように印象付けられないようにして下さい。そうではなく、私どもの知るところでは、抵抗は表面化しなくてはならないのです。私どもが不満に陥るのはただ、十分はっきりと抵抗を呼び起こし、病人に明らかにしてやることができないときだけなのです。[7]最後に実際私どもの理解していることとして、こうした抵抗の克服が分析の本質的な営為であり、病人になにがしかのことを成し遂げたと唯一保証してくれる部分の作業なのです。

それぱかりではありません。病人は治療の最中に生ずるあらゆる偶発事を治療の邪魔立てのために利用します。外部の逸脱的事件の一々、分析に敵対する仲間内の権威筋の発言の一々、偶発的発症ないし神経症を複雑化する器質的発症、それどころか、状態の改善すらみずからの尽力を蔑ろにするための動機として活用するのです。こうしたことを、前段で述べたことに付け加えるなら、分析の進展が打ち勝たねばならない抵抗の形態や手段というものがどのようなものか、まだ不完全であるとはいえ大体の姿かたちが得られます。(8) この点を私が詳細に取り扱ったのは、症状の除去に対する神経症者の抵抗に関する私どものこうした経験が神経症の力動論的な捉え方の基礎となったことを、皆さんに伝えたいからです。ブロイアーと私自身は当初催眠術を手段として精神療法を営んでいました。ブロイアーの最初の患者はもっぱら催眠術による影響下の状態で治療されました。私もその点でさしあたり彼に従いました。告白しますが、当時作業はより容易に快適に、時間的にもはるかに短く進行しました。しかし成果は気まぐれで長続きしませんでした。だからとうとう私は催眠術を捨てたのです。(9) そのとき、催眠術を使用しているかぎり、こうした疾患の力動論は洞察されえなかったということも理解しました。(10) 催眠状態によってまさに抵抗の存在が医師の知覚から引き離されてしまったのです。催眠状態は抵抗を後退させて分析作業の一定の領域を確保し、抵抗をその領域の端の方に引き止めておくため、抵抗は、強迫神経症の際の疑念と同じく、見通しの利かないものとなったのです。本来の精神分析は催眠術の助力への断念とともに始まった、と述べる[(11)]ことができたのはそのゆえです。

しかし、抵抗の確定がそれほど重要だったとするなら、〔逆に〕抵抗の仮定もあまりに安易だったのではないか、と用心深く疑ってみてもよいでしょう。連想が〔抵抗とは〕別の理由で拒まれる神経症の症例も事実あるかもしれませんし、私どもの前提に反対する論拠も事実、内容的に検討に値するのであって、被分析者の知的な批判を私どもは手軽に抵抗として片付けるという不正を犯しているのかもしれません。いいえ、皆さん、私どもは簡単にこの判断に達したわけではありません。抵抗の浮上した際の、また抵抗の衰退後のそのような批判的な患者を一人ひとり私どもは観察する機会をもちました。そうすると、抵抗は治療の経過につれて絶えずその強度を変えます。ある新たなテーマに近付くと、抵抗はいつも上昇し、テーマの加工が頂点を迎えると最強となり、その処理が終わると再度沈下します。よほど技法上の不手際を犯さないかぎり、患者が繰り出しうるかぎりの全勢力の抵抗を相手にするということは決してありません。ですから、同じ男が分析の途上何度となく批判的態度を放擲してはまた取り戻すのだ、と納得できたわけです。彼にとって特に気まずい新たな無意識的素材の一片を意識化させようという段になると、彼はとてつもなく批判的になります。以前には多くのことを理解し受け入れたのに、この収益はいまや無に帰したかのようです。闇雲に反対しようとするために、すっかり情動的になって精神薄弱の姿を呈することもあります。なんとかこの新たな抵抗の克服にもってゆくことに成功すると、彼はその洞察力・理解力を取り戻します。したがって、彼の批判は、それとして尊重される機能として自立した批判ではないのであって、情動的態度の手先にすぎず、抵抗に操られているのです。何か具合が悪いことがあると、彼はそれを頑強に阻み、たいそう批判的な様子を示します。しかし、自分にとって都合の良いことであるなら、おおいに軽信することもあります。私たちもみな、もしかしたらそれほど違わないのでしょう。被分析者が情動生活への知性のこうした依存をこれほどはっきり示すのはひとえに、私どもが被分析者を分析中に大きな困惑状態に追い込むからなのです。

それでは、病人が症状の除去と心の出来事の健常な経過の回復とをこれほど懸命に阻もうとするという観察については、どのように考えたらよいのでしょうか。そこには状態の変化に抗う強い力が感じ取られると思います。それは、かつて当の状態を無理矢理もたらしたのと同じ力に違いありません。症状形成の際に生じていたに違いないことを、私どもは症状解消の経験から再構築することができます。すでにブロイアーの観察から知られていることですが、症状の存在には、何らかの心の出来事が健常な仕方で最後まで導かれて意識化されるようにはなりえなかったということが前提になります。症状はそのときなされなかったことの代替物なのです〔第一八講、本書下巻、七四―七六頁参照〕。さて、推定された力の働きがどの場所に置かれるべきなのかは、分かっていることです。当該の心の出来事が意識にまで突き進むことに対して、激しい反抗が持ち上がったに違いないのです。だからそれは無意識のままだった。無意識的なものとして、その出来事は症状を形成する力があった。その同じ反抗が分析施療の間、無意識を意識に引き移す努力にあらためて抗います。これを私どもは抵抗として感知するのです。抵抗の証示する、病原となる出来事を抑圧と命名しましょう。

この抑圧のプロセスに関しては、よりはっきりとしたイメージを持つようにしなくてはなりません。このプロセスは症状形成の予備条件ですが、しかしまた、これと類似したものはなにも知られていません。衝迫を、すなわち、行為化されようと奮闘する心の出来事を手本としてみるなら、衝迫は棄却とか断罪と呼ばれる拒絶に屈しうることが分かります。その際、衝迫からは自由にできるエネルギーが引き離されて、衝迫は無力となりますが、想い出としては存続することができます。衝迫に関することの次第を決する過程全体は自我の知るところで進行します。しかし、この同じ衝迫が抑圧に服属すると考えるなら、ことはまったく異なります。その場合には、衝迫はそのエネルギーを保持し、それの想い出はなんら残存せず、抑圧の過程は自我に気付かれることなく遂行されるでしょう。だからといって、このように対比してみたところで、抑圧の本質に近付くわけではありません。

抑圧概念をより明確な形へと拘束し絞り込むためには唯一どのような理論的表象が役立つと分かったのかを論じたいと思います。そのために何より必要なのは、「無意識」なる語の純粋に記述的な意味から「系」の意味へと進んでゆくことです(12)。つまり、敢えて述べますと、心的出来事の意識的か無意識的かはその出来事の特有性の一つにすぎず、それも必ずしも一義的な特有性ではないのです。そのような出来事が無意識のままだとしたら、このような意識からの防御はもしかしたら、出来事が経験した運命の一徴候にすぎないのであって、運命そのものではないのかもしれません。この運命を具象化してみるために、いずれの心の出来事も――そこには、後に言及する例外があることも認めねばなりませんが(13)――最初は無意識の段階にあり、この段階から初めて意識の段階に移行するのであって、それはたとえば、写真が最初ネガでありついでポジ化によって絵になるようなものです。とはいえ、ネガが全部ポジにならねばならないわけではありませんし、同様に無意識的な心の出来事がすべて意識的な出来事に変換されねばならない必然性もありません。こう表現すると好都合だと思いますが、個々の出来事は最初無意識の心的系に属するのだが、そののち事情によっては意識系にまで移り歩むのです。

これらの系については、おおざっぱに空間的にイメージしてみるのが一番よいでしょう。ですから、無意識系を、心の蠢きが個々の存在として動き回っている大きな控えの間のようなものだと考えてみましょう。この控えの間には第二の、より狭い、意識も滞在している一種の客間が続きます。けれども、両部屋の敷居のところには役目を負わされた番人が見張っていて、個々の心の蠢きを品定めし検閲し、不興を買った者は客間に通しません。皆さんもすぐお分かりのように、番人が個々の蠢きを敷居のところですでに拒絶するのか、それともいったん客間に入った後から再度敷居の外に撤去させるのかは、この際大した違いではありません。問題となるのは、番人の警戒の程度とその早期の認識だけです。この形象を堅持することで、私たちの術語はさらなる発展を遂げます。無意識という控えの間にいる蠢きは別の空間に存立する意識の眼差しを逃れています。蠢きはさしあたり無意識のままに留まらざるを得ません。いったん敷居にまで押し寄せても番人によって押し返されるなら、蠢きは意識化され得ません。そうした蠢きを私どもは**抑圧**されたと言います。とはいえ、番人が敷居を通過させた蠢きも、それだからといって必ずしも意識化されているわけではありません。意識化されうるのは、蠢きが意識の眼差しを引き寄せることに成功する場合だけです。したがって、この第二の空間を前意識系と呼ぶのは大いに正当なことです。その場合意識化されるとは純粋に記述的な意味を保持しています。ただし、抑圧の運命とは個々の蠢きにとっては、番人によって無意識系から前意識系に入れてもらえないということに存しています。その番人とは、私たちが分析治療によって抑圧を破棄しようと試みるとき抵抗として経験することになるのと同じ番人です。

こうした着想は、粗雑でもあれば空想じみてもおり、科学的叙述にはまったく耐えない、と皆さんがおっしゃるだろうということは、私もわかっています。確かに、粗雑です。いや、それ以上です。これは不正確であることも私どもは分かっていますし、大きな勘違いをしていないなら、それよりよい代替物もすでに用意できています。[14] そのときでも皆さんにこの着想が空想じみて見えるかどうかは分かりません。さしあたりそれは、電流圏を泳ぐアンペール[15]の「小僧」のような補助的着想ですが、観察されたものの了解に役立つとあらば、蔑視されてはなりません。二つの部屋、およびその間の敷居上の番人、さらに第二の部屋であるホールの端に陣取る観客としての意識、というこの粗雑な仮定は実際の事態に広範にわたって近しいところがあるに違いない、と皆さんに請け合いたいと思います。また、認めていただきたいのですが、無意識、前意識、意識という私どもの表示は、下意識、付帯意識、内部意識等々と提案され使用されている他の表示よりも、害が少なく、より容易に是認できるものであります[16]。

それゆえ、私がここで神経症症状の説明のために仮定しているような心の装置の工夫とは、もっぱら一般的に妥当なもののはずであって、したがって健常の機能についても情報をもたらしてくれるのでなければならないと、皆さんが注意を促してくれるなら、その方がより重要なことでしょう。そのような注意喚起は当然正しいことです。ただ今はその帰結に追随してゆくことができませんが、病理的事態の研究によって、かくも覆い隠された健常の心の生起について解明が見込まれるなら、症状形成の心理学に対する私たちの関心は特段上昇するに違いありません。

ところで、二つの系、そしてその系同士及び意識との関係という配置関係は何を支えとしているか、お分かりになりませんでしょうか。無意識と前意識との間の番人とは検閲にほかならず、これに顕在夢の形態化が服していることを私たちは見出しました〔第九講、本書上巻、二四二―二四三頁参照〕。夢を刺激すると分かった日中残渣（ざんさ）は前意識的な素材でしたが、それは夜間睡眠状態で無意識的な抑圧された欲望の蠢きの影響を受け、その蠢きと協同し蠢きからエネルギーを得て、潜在夢を形成することができていたのでした。無意識系の支配のもと、この素材は加工――縮合および遷移――されていましたが、この加工とは健常な心の生活においては、つまり前意識系では、見当たらないかあるいはただ例外的にのみ許容されるものです。作業法のこの違いは私どもにとって両方の系を性格付けるものとなりました。意識とは前意識に付随しているのであって、意識との関係はひたすら両系の一方〔前意識系〕への所属の徴と見なされました〔第一三講、本書上巻、三七三頁、および第一四講、本書上巻、四〇二頁参照〕。また、夢はまさに今ひとつの病理的現象なのではなく、睡眠状態の条件下であらゆる健康な者に登場しうるものです。したがって、夢形成と神経症症状の形成とを両方一気に理解させてくれる、心の装置の構造に関するあの仮定は、健常な心の生活に対しても考慮されてよい、拒みがたい権限を持っています。

いまのところ抑圧については以上を申し上げておきたいと思います。とはいえ抑圧は症状形成の予備条件にすぎません。症状とは抑圧によって妨げられたものの代替物であることを私たちは知っています。しかしながら、抑圧からこの代替形成の了解まで道はまだはるかです。問題の他の面では次のような問いが抑圧の確定に伴って浮上してきます。すなわち、いかなる種類の心の蠢きが抑圧に屈し、抑圧はいかなる力、いかなる動機に基づいてやり遂げられるのか。これに関しては、いままでのところ私たちには一つのことしか与えられていません。抵抗について探究した際耳にしたように、抵抗は自我の力から発していますが、この力とは周知の潜在的性格特性のことです。抑圧を世話したのもこの性格特性です。少なくともその特性は抑圧に絡んでいます。それ以上のことはすべていまだ未知です。

そこで、私が予告しておいた第二の経験がさらなる手助けをしてくれます〔本講、本書下巻、八五頁〕。私たちは分析に基づいて、神経症症状の意図がなんであるかをごく一般的に述べることができます。このことも皆さんにはなにも目新しいことではないでしょう。二つの神経症例で私はそのことをすでに皆さんに示しました〔第一七講、本書下巻、四六頁以下〕。とはいえむろん、二症例が何だというのでしょう。二百回、いや無数にそのことを示せと要求する権利が皆さんにはあります。ただ残念なことに、私はそれに応じることができません。そのため皆さんご自身の経験が、またしてもその代わりとなるのでなければなりません。そうでなければ、この点に関しては、あらゆる精神分析家が一致して述べていることを引き合いに出し、精神分析を信頼していただくほかありません。

想い出していただけるでしょうが、私たちが症状を突っ込んで探究した二症例においては、分析は病人の性生活の最も内密のところにまで私たちを精通させました。第一の症例ではその上さらに、探究された症状の意図ないし性向も特にはっきりそれとして認識しました。もしかしたらこの意図は、第二の症例では後に言及する契機〔本講、本書下巻、一〇六頁〕のためにいくらか覆い隠されていたかもしれません。さて、これら二症例で見られたことと同じことを、他のあらゆる症例も、分析してみるなら、示すことでしょう。その都度私たちは分析によって、病人の性的体験や欲望へ導き入れられ、その都度、その症状は同じ意図に仕えていることを確認せざるをえないでしょう。この意図が何であるかと言えば、それは性的欲望の満足であると認識されます。症状は、病人の性的満足のために仕えているのであって、病人が生活のうちで欠いているそのような満足の代替物となっているのです。

私たちの第一の患者の強迫行為のことを考えて下さい。その婦人は彼女が強く愛している夫を失っています。夫の欠陥と弱点のために生活を共にすることができないのです。彼女は夫に貞潔であらざるを得ず、別の男を代わりに据えることができません。彼女の強迫的症状は彼女が切望しているものを彼女に与え、夫を持ち上げ、彼の弱点を、何より彼の不能を否認し訂正します。この症状は基本的に欲望成就であり、夢とまったく同じです。それればかりか、夢が毎回毎回そうであるとは限らないもの、つまり性愛の欲望成就です。第二の患者からは、彼女の儀礼は両親の性交渉を妨げ、性交渉から新たな子供が生まれることを延期しようとしていることを、皆さんは少なくとも取り出すことができました。儀礼が根本で追求しているのは、彼女自身を母親に取って代わらせることだとも突き止めたはずです。ですからまたしても、性的満足における障害の除去と自身の性的欲望の成就ということになります。軽く触れておいた込み入った事情については、すぐ話題にします。

皆さん、私としては以上の主張の普遍性について事後になって割引をしないで済むようにしたいと思います。ですから、皆さんも気をつけていただきたいのですが、私がここで抑圧や症状形成や症状の意義について述べていることはすべて、三形態の神経症、すなわち、不安ヒステリー、転換ヒステリー、強迫神経症から獲得されたものであって、さしあたってはただこれらの形態のみに妥当するものです。私どもが「**転移神経症**」（第二七講、本書下巻、三四四頁参照）として習慣的にひとまとめにしている、これらの三疾患は、精神分析療法が効果的な領域の区切りを示すものでもあります。他の神経症は精神分析の研究がはるかに遅れており、そうした神経症のある集団にあっては、精神分析療法によって影響を及ぼすことが不可能であり、そのことが確かに、研究が後回しにされて来たことの一因となっています。忘れてもらっては困りますが、精神分析はまだ随分若い学問であり、その準備には多大の労苦と時間が必要で、ほんの少し前までたった一人の推進者しかいなかったのです。とはいえ、私どもはいたるところで、転移神経症ではないこれら他の疾患の了解に突き進んでいく所存でいます。私どもの仮定や成果がこの新たな素材に応用されることでどのような拡張を見せたのか、また、いかにしてこうしたさらなる研究が矛盾ではなく、より高次の統一性の建設に通じていったのか、このことを皆さんにお示しできるよう願っています[17]。それゆえ、ここで述べたすべてがいま三つの転移神経症に妥当するならば、さしあたり、新たな報告によって症状の有する価値をもう一段高めることにしましょう。つまり、発症機縁の比較研究によってある結果がもたらされるのですが、その結果とは、そうした神経症者は、現実によってその性的欲望の満足が見合わせられる場合の、なんらかの不首尾によって発症するという定式にまとめられるものです〔第二二講、本書下巻、一七二頁以下参照〕。お分かりいただけると思いますが、これら二つの顚末〔神経症と不首尾〕はものの見事に符合します。である以上、症状はますますもって、生活のうちでは逸せられた満足の代替満足として了解されなければなりません。

神経症症状とは性的な代替満足であるという命題に対しては、むろんありとあらゆる異論がいまでも可能でしょう。そのうちの二つについて今日は論究しておきましょう。皆さんがご自身でかなりの数の神経症者を分析的に探究したなら、おそらく頭を振りながら私に対し、一連の症例においてはその命題は全然当てはまらないと、述べ立てることでしょう。症状はむしろ、性的満足の排除ないし廃棄という正反対の意図を有しているように思われる、と。皆さんと解釈の正否を争うつもりはありません。精神分析が施される事態は、そうであってほしい以上に、いくらか複雑になりたがるところがあります。たいそう単純であるなら、事態はもしかしたら、光が当てられるために、精神分析を必要としなかったでしょう。実際、私たちの第二の患者の儀礼の若干の特徴はすでに、性的満足に敵対的なこうした禁欲的性格を認識させます。たとえば、時計を片付けるというのは彼女にとって、夜間の勃起を避ける呪術的な意味を持っていました。あるいは、器が転倒して壊れるのを防ごうとするのもそうです。それは処女性の保護に等しいものです。私の分析できた、ベッド儀礼の他の事例ではこうしたネガティヴな性格がはるかにより多く表明されていました。儀礼は徹頭徹尾、性的想起や誘惑に対する防衛措置によって成り立ちえていたのです。しかしながら、私たちは精神分析においてたいそう頻繁に、反対対立は矛盾を意味しないことを経験していました〔第二一講、本書上巻、三〇八頁以下〕。この主張を拡張するなら、症状は性的満足かそれからの防衛のいずれかを意図しているが、全体としてヒステリーでは陽性の欲望成就的な性格が、強迫神経症では陰性の禁欲的な性格が優勢をしめると言ってよいでしょう。症状は性的満足にもその反対にも役立つことができますが、この二面性ないし両極性は、私たちのこれまで言及しえなかったある症状機制に顕著に基礎付けられているのです。症状とはつまり、やがて私たちの耳にするように、二つの対立する追求の相互干渉から発出した妥協の産物なのであり、抑圧されたものを代行してもいれば、症状発生の際に一緒に作動していた抑圧するものの代行ともなっているのです。その場合代行はどちらか一方の側面に偏ることはあり得ますが、他方の影響が完全に脱落することは稀です。ヒステリーにあってはたいてい、両方の意図が一緒になって同じ症状のなかで達成されます。強迫神経症では、両方の持ち分はしばしばバラバラになります。そうすると症状は二節性となって、二つの行動から成り立ち、一方は他方の後から出てくるようになり、両者は互いに廃棄し合います(18)。

その次に出てくる疑念に関しては、そう簡単には処理できないでしょう。より多数の一連の症状解釈を通覧してみるなら、皆さんは多分さしあたり、性的代替満足の概念がそれらの解釈においては極限まで拡張されていると判断なさるでしょう。これらの症状は現実的な満足はなにも呈示しておらず、性的コンプレクスからするある感覚の活性化やある空想(ファンタジー)の描出に限られていることも多い、と必ずや強調なさるでしょう。さらには、ここで性的満足と呼ばれているものが子供じみて不埒な性格を示すことがたいそう多く、たとえば自慰行動に近いかあるいは、子供に対してならきっと禁止しやめるよう躾ける不潔な悪癖を想い出させると強調なさるでしょう。その上さらに皆さんは、ひょっとすると残酷な、あるいはおぞましい、不自然とさえ言うべき情欲の満足として描かれざるをえないものが性的満足として言い立てられようとしているとして、怪訝の念を表明なさるでしょう。これらの点については、皆さん、私たちは、人間の性生活を徹底的に調査し、性的と呼ばれてしかるべきものとは何なのかが確定するまでは、意見の一致を見ることはないでしょう。

第二〇講　人間の性生活(1)

皆さん、「性的」とは何かについては疑問の余地はないと考えられています。性的なものはなにより顰蹙（ひんしゅく）を買うもので、それは口に出してはいけないものです。かつて聞いたことですが、さる高名な精神医学者の弟子たちは、ヒステリー者の症状が頻繁に性的な事柄を表していると師匠に納得してもらうのに随分苦労したとのことです。このことを意図して弟子たちは師匠を、ベッドに横たわって見まがいようもなく分娩過程を模倣する発作を起こしているヒステリー女性のところに連れて行きました。しかるに師匠は、いや、だけれど分娩はなにも性的なことじゃない、と拒絶するように表明しました。たしかに、分娩はいついかなる時も顰蹙を買わなくてならないわけではありません。

こんな真剣なことで私がふざけているとして、皆さんが不愉快に思っていることに気が付きました。しかし、まるっきりふざけてなどいません。真剣に申し上げるのですが、

「性的」という概念の内容が何なのかを述べることは、容易ではありません。両性の相違に関わっていることのすべてというのが多分、唯一正鵠を射た答えでしょうが、けれどもそれでは味気なく広すぎてぼんやりしているとお考えになるでしょう。性行為の事実を中心に据えるなら、こう言えるかもしれません。すなわち、性的とは、快の獲得を意図して異性の身体、ことにその陰部を操り、究極的には性器の結合と性行為の完遂とを目指す事柄のすべてである、と。しかしそうお考えになるとしたら、皆さんは実際のところ、性的なものとは顰蹙を買うものであるという等式から大して離れていないことになり、分娩は実際性的なものに属さないことになります。しかし、生殖機能を性の核心だとすると、生殖を目標としないにもかかわらず確実に性的であるきわめて多数の事柄が排除される危険を冒すことになります。自慰も、いや接吻すら排除されてしまいます。けれども、定義の試みがいつでも困難であるとは、つとに覚悟の上です。いまの場合も、よりうまくやろうなどという気持ちは捨てましょう。どうやら、「性的」という概念を展開しようとしながら、H・ジルベラーのうまい言い方によれば、「重複過失」(2)を結果として伴うような事態が発生したようです。人間が何を性的と呼ぶのかについて、全体としては見当がつかないではありません。

〔性的なものとは〕両性の対立関係やら快の獲得やら生殖機能やら顰蹙を買う秘匿すべ

きものという性格やらを顧慮するところから組み立てられる何かということで、生活上の実践的欲求をすべて満たすには十分でしょうが、科学においてはそうはいきません。というのも、私たちは、犠牲を厭わぬ克己に助けられてようやく可能となる入念な調査を通して、「性生活」が普通の平均像からは飛び抜けて逸脱している人間個体群を知悉するようになったからです。こうした「倒錯者」のある者は、性差をいわばプログラムから抹消しています。同性のみがその性的欲望を興奮させることができます。異性、なかんずくその陰部はそういう者にとってはおよそ性的対象とはならず、甚だしい場合には唾棄すべきものでしかありません。そのことによってそういう者は当然、生殖への関与も一切断ち切っています。同性愛者ないし対象倒錯者とはそういう者のことです。それには男性も女性もいますが、それ以外の点では多くの場合――つねにというわけではないにせよ――申し分のない教育を受け、知的にも倫理的にも高度に発達しており、ただ、この宿命的な逸脱の一点が取り憑いている、というわけです。彼ら・彼女らはその学問的スポークスマンの口を借りて、人間種の特殊的変異であり、両性と同権の「第三の性」であると自称します。私たちは多分、その要求を批判的に検討する機会をもつことでしょう〔本講、本書下巻、一一六－一一七頁参照〕。もちろんその者たちは、好んで自称したがるように、人類の「選良」であるわけではなく、性的に他のあり方をしている者たちと、最低限同数の劣等で役立たずの個人も含んでいます。

この倒錯者はその性的対象に対して少なくともだいたいのところは、健常者と同じことを目論みます。しかし、それに続いて登場する多数の一連の異常者の性的活動は、理性的人間にとって欲するに値すると思われるものからどんどんかけ離れてゆきます。その多様性と異様性においてそうした者たちに比較できるのは、P・ブリューゲルが聖アントニウスの誘惑に描いたグロテスクな畸形ないし、G・フロベールがその敬虔な贖罪者〔聖アントニウスのこと〕の前で長い列をなして行進させた、行方不明の神々と信者たち(3)だけでしょう。その混雑のあまり私たちの感覚が混乱してしまわないためには、ある種の秩序付けが必要となります。私どもはこれらの倒錯者を、同性愛者と同じくその性的対象が変換した者と、その性目標がまずなにより変化した者とに区分します。第一のグループに属するのは、両性の性器の結合を拒否し、性行為にあって相手の性器を別の部分ないし区域の身体で代替する者たちです。その際に出来する有機的結構の欠陥や嘔吐感による抑制などはものともしません。（ヴァギナの代わりに口や肛門が使用されます。）続いて登場する第二グループの者たちは、性器に固執してはいますが、しかしそれはその性的機能のゆえではなく、解剖学的理由や隣接という機縁にもとづいて関与している他の機能のゆえなのです。そういう者の存在から私たちは、排泄機能が子供の教育において顰蹙ものとして捨て置かれながら、十分な性的関心を引き寄せ続けていることが分かります。それからまた、性器一般を対象としては放棄し、その代わりに他の部分の身体、たとえば、乳房や足や髪房を欲求対象に祭り上げる者たちがいます。さらには、フェティシストがいます。それは身体部分を何とも思わず、装身具、たとえば靴や白い下着があらゆる欲望を成就してくれる者たちです。もっと先には、対象を丸ごと要求するが、対象にまったく特定の、奇妙ないしおぞましい要求を突きつける者たちがいます。その要求には、対象は無防備の屍体となっていなければならないという要求もあり、対象を享受するために犯罪的な強迫にかられてそういうことをするのです。この凄惨な方面のことはこれまでとしましょう。

他の一群の倒錯者は、健常的には導入のための準備的行為にすぎないものを性的欲望の目標としている人々です。したがって、他の人物を眺めたり触ったり、あるいは他の人物の内密の行いを覗きたがったり、あるいは自分の隠しておくべき身体部分を露出して相手も同じことを仕返してそれに報いてくれるのではないかとぼんやり期待するような輩です。続いては、謎のサディストたち。サディストたちの情愛の追求は、自分らの対象に、陵辱の示唆から重篤な身体的傷害に至るまでの苦痛と苦悶を与えてやる以外の目標を知りません。そしてサディストの埋め合わせであるかのように、その対照的人物であるマゾヒストたちがいます。その唯一の快は、愛する対象からあらゆる陵辱と苦悶を象徴的形態においても現実的形態においても蒙ることです。さらに別の人々にあっては、以上のような異常な条件の幾つかが合一し交叉しています。最後に私たちが知っておくべきことは、これらのグループのいずれも二重化されて存在しているということです。つまり、その性的満足を現実のうちに求める人々のほかに、そのような満足をただイメージするだけで満足し、本物の対象は全然必要とせず、空想(ファンタジー)によって代替することができる別の人々がいます。

その際、こうした狂乱、特異性、凄惨さによって実際そうした人間たちの性的活動が代替されているということは、ほんの少しの疑いも容れません。その者たち自身そう考えており、その代替関係を感知しているばかりでありません。その代替関係はその者たちの生活においては、私たちの生活における健常な性的満足と同じ役割を果たしているのでして、そのためとあらば彼ら・彼女らは私たちと同じ、しばしば過大な犠牲も厭わないのだ、と考えられねばならないのです。これらの異常性がどこで健常なものに依托しどこでそれから逸脱しているかは、大きなスケールにおいてもまた詳しい細部においても追跡可能です。ここには性的活動につきものの、顰蹙ものという性格が再度見られるということも皆さんは見逃さないでしょう。ただし、その性格はたいていい、恥辱的というところまで上昇しています。

それでは皆さん、この異例な種類の性的満足に対して私たちはどういう立場を取るのでしょうか。憤慨して個人的嫌悪感を表明し、自分はこのような情欲を分かちもたないと断言したところで、多分何にもなりません。私たちが問われているのは、そのようなことではありません。結局のところこれもまた他と同じく一つの事象領域なのです。そんなことは滅多にない珍事だとか言って拒否の逃げを打ったところで、それこそ簡単に否定されるでしょう。反対にこれはごく頻繁に見られる、広く流布した現象なのです。こうした現象によって性生活に関する見解が惑わされてはならないと述べようとする向きもあるでしょう。というのも、それらはことごとく道を踏み外し脱線した性欲動なのだから、というわけです。それに対しては、真剣に答えなければなりません。性欲のこうした病的形態化は了解不能であって、健常の性生活と一緒にはできないというのなら、健常の性欲もまた私たちは了解していません。要するに、上掲の倒錯の可能性について、またそれといわゆる健常な性欲との連関について理論的に十全に説明することは、依然として拒みえない課題となっているのです。

ある洞察と二つの新たな経験がそのための手助けとなるでしょう。前者の洞察を私たちはイーヴァーン・ブロッホ(4)に負うています。その洞察によれば、性目標からのそのような離反、性的対象との関係のそのような弛緩は昔から、私たちに知られているあらゆる時代に、すべての者に、すなわち、原始民族においても最高に文明化した民族においても生じて来たことであって、時によっては甘受され誰からも認可されてきたことが立証されるのでして、そうである以上、こうした倒錯をみな「変質の徴候」として捉える考え方は訂正されねばなりません。二つの経験とは、神経症者に関する精神分析の探究によってなされて来たものです。これらの経験によって性的倒錯に関する私たちの考え方は決定的影響を蒙らざるを得ません。

すでに述べたように〔第一九講、本書下巻、一〇二－一〇三頁〕、神経症症状とは性的な代替満足です。皆さんにも示唆しましたが、症状分析によるこの命題の確証は幾多の困難に遭遇することになります。つまり、この命題の正しさは、「性的満足」にいわゆる倒錯的な性的欲求の充足も含めて初めて示されるのです。というのも、症状をそのように解釈しなければならないことが、びっくりするような頻度で思い知らされるからです。同性愛者すなわち対象倒錯者は例外であるとの主張は、同性愛の蠢きが立証されない神経症者は一人もおらず、多数の症状はこの潜在的対象倒錯を表現していると知れば、即座に崩れさります。同性愛を自称する者は、まさに意識的で顕在的な対象倒錯者にすぎないのでして、その頭数は潜在的同性愛者のそれに比べれば微々たるものです。それにしても私たちは、同性の対象選択とはまさしく性愛生活の規則的な分岐と見なさざるを得ないのでして、そうした対象選択に特別高度な意義を認定することを、ますます学びつつあります。たしかに、だからといって、顕在的同性愛と健常の振舞いとの相違が廃棄されるわけではありません。その相違の実践的な意義は存続します。が、その理論的な価値は並々ならず減少します。もはや転移神経症に数え入れるわけにはゆかない特定の疾患であるパラノイアについては、私たちは、同性愛の過大な蠢きから我が身を防衛しようとするところから、合法則的に出現するのだとすら、仮定しています。[5]ひょっとして皆さんは、私たちの患者の一人がその強迫行為によって、ある男を、つまり自分の見捨てられた夫を、身をもって演じていたことをまだ想い出されることでしょう〔第一七講、本書下巻、四六―四八頁〕。そのように男の身になって症状を産出することは神経症の婦人にとってはごく普通のことです。それ自体は同性愛に帰せられないにしても、同性愛の前提となっていることとそのことは多く関係しています。

おそらく皆さんもご存じのように、ヒステリー性の神経症はあらゆる器官系で症状を発生させることができ、そのことによってあらゆる機能に支障をきたすことができます。分析の示すところでは、その際倒錯的と呼ばれるあらゆる蠢きが発現してきますが、それは性器を他の器官によって代替しようとする蠢きです。そうするとそれらの器官は代替性器のような挙動をします。私どもはまさにヒステリーの症状論として、身体の器官はその機能的役割のほかに性的な――性源的な――意義も認定されねばならず、後者の意義にあまりに占有されてしまうと、器官は機能的役割の課題成就に支障をきたしてしまうのだという見解に達しました。(6) 一見性欲とは関係しない器官においてヒステリーの症状として現出する無数の感覚作用や神経作用は、倒錯的な性的蠢きの成就としてその本性をあらわにしますが、そこにおいては陰部の意義を他の器官が引きさらっているのです。そうすると、まさに栄養摂取器官や排泄器官がどれほどの規模で性的興奮の担い手となりうるかも、見て取られます。したがってそれは、倒錯が示していたものと同じなのであって、ただ倒錯にあっては簡単に間違いなく見られたことなのに、ヒステリーにおいては症状解釈の迂路をまず経ねばならず、その後になって、当該の倒錯的な性的蠢きは個人の意識に帰属されずに、その無意識のうちに置き入れられることになるのです。

強迫神経症の登場に伴う多数の症状像のうち最重要のものは、過大なサディズムの衝撃、つまり目標の倒錯した性的蠢きの衝撃を受けて呼び出されたものであることが分かります。しかも、その症状は、強迫神経症の構造に見合うかたちで、主としてこうした倒錯的欲望からの防衛に役立っているか、あるいは満足と防衛の間の闘争を表現するものです。しかしその場合、満足それ自身も必ずしも損な役回りになっているわけではありません。満足も迂路を経ながら病人の挙動のうちで自己貫徹するすべを心得ており、好んで当事者本人に向かって反転してゆき、その人を自虐的人物に仕立て上げます。他の形態の神経症、すなわち心配性は、見たい、触れたい、知りたいという、さもなければ健常な性的満足の準備としてそこに至る道に組み入れられる行為が過剰に性化されることに対応しています。接触不安や洗浄強迫の大きな意義はここで解明されます。強迫行為のうち思ってもみないくらい大きな部分は、自慰の変装した反復や変容として、自慰に帰着しますが、周知のように自慰は一つだけの同型の行為でありながら、それには多様きわまりない形態の性的空想活動（ファンタジーレン）が随伴します（7）。

　倒錯と神経症の関係についてもっと濃密な論述もしようと思えば、大した苦労なしにできるでしょうが、私たちの意図からするなら先に述べたことで十分でしょう。とはいえ、症状の意義に関する以上の解明をうけて人間の倒錯傾向の頻度と強度を過大評価しないよう、注意しなければなりません。皆さんがお聞きになりましたように、健常の性的満足が不首尾となると神経症が発症するかもしれません〔第一九講、本書下巻、一〇五頁〕。しかしこうした現実の不首尾の目にあうと、欲求は性的興奮の異常な道筋に向かいます。その成り行きがどのようなものかは、皆さんも後に見抜くことができるでしょう〔第二二講、本書下巻、一七三頁以下〕。いずれにせよ、こうした「支流」への逆流[8]によって倒錯的蠢きは、現実の妨害が健常的な性的満足に生じなかった場合に比べ、より強度のものに感じられざるを得ないことは、皆さんも了解されるでしょう。ところで、似たような影響は顕在的な倒錯に対しても承認されなければなりません。顕在的倒錯がそそられたり活性化されるのは、幾多の場合において、一過性の事情や持続的な社会機構のために性欲動の健常の満足に対しあまりに巨大な困難が突きつけられることによってなのです。[9]他の場合にはむろん、倒錯傾向はそうした都合とはまったく無関係です。それは当該の個人にとっていわば性生活の健常なあり方なのです。

健常な性欲と倒錯的なそれとの関係を私たちは明らかにしたというよりむしろ混乱させたという印象を皆さんは目下のところ、ひょっとして得ているでしょうか。とはいえ、つぎのことをよく考えて下さい。もしも健常の性的満足が現実に困難になったり欠如したりすることで、普段は倒錯傾向を何ら示したことのない人にその傾向が表面化するというのが正しいとしたら、そうした人には、倒錯を歓迎するようなところがあると仮定せざるを得ません。もしくは、こう言った方がよければ、倒錯傾向はその人に潜在形態で存在しているに違いありません。このようにして私たちは、皆さんに予告しておいた〔本講、本書下巻、一一五―一一六頁〕第二の新規事項にたどり着きます。[10]精神分析的探求はすなわち、子供の性生活にも意を用いざるを得なくなったのです。それも、〔大人の〕症状分析の際、想い出や思い付きが規則的に幼年期早期の年月にまで戻ってゆくからでした。その際に私たちが推定したことはその後、一つまた一つと子供の直接的観察によって確証されたのです(11)。そこから、あらゆる倒錯傾向は幼年期に根差しており、子供は倒錯傾向へのあらゆる素質を有し、その未熟さに応じた規模でその素質を働かせている、要するに倒錯的性欲とは、個々の蠢きに解体された、拡大された幼児期性欲にほかならない、という結論が出て来たのでした。

いまとなっては皆さんも、倒錯をたしかに違った光でご覧になり、人間の性生活と倒錯の繋がりについてもはや誤解なさることはないでしょう。しかしそのためにはどれほどのショックと堪え難い感情的異和に甘んじなければならなかったことでしょう！　最初皆さんは間違いなく、一切認めないつもりになるでしょう。子供にも性生活と表示されうるようなものがあるという事実、私どもの観察の正確さ、子供の挙動に、後に倒錯として断罪されることになるものとの類縁性を見出すことの正当性、こうしたことを一切認めまいとするでしょう。ですから、最初皆さんが反抗する動機を説明させて下さい。そのあとに私どもの観察の総括を提示することにします。子供には性生活――性的興奮だとか欲求だとかある種の満足だとか――はないのであって、それは突然十二歳から十四歳の間に手に入れられるのだというのは——あらゆる観察は別にしても——生物学的にありそうもないこと、それどころかナンセンスなことであって、それでは、子供は性器なしでこの世に生まれ思春期になって初めて性器は生えてくるのだというのと変わらないでしょう。思春期の子供たちに目覚めるのは生殖機能であり、それはおのれの目的のためにすでに現存している身体的素材や心の素材を利用します。皆さんは性欲と生殖を混同するという過ちを犯し、そのため性欲や倒錯や神経症の理解にいたる道を塞いでいるのです。この誤謬はしかしバイアスがかかっています。その源泉は奇妙なことですが、皆さんご自身がかつて子供であり、子供として教育の影響に服して来たというところに存します。つまり、社会は、生殖の衝動として勃発してくる性欲動を馴致し制限し、個人の意志を社会の指令と同じものに仕立て上げてそれに従属させるということをその最重要な教育課題として引き受けざるを得ないのです。社会はまた、子供が特定の段階の知的成熟に到達するまで、子供の完全な発達を遅らせることに関心をもっています。というのも、性欲動がすっかり突出してしまうと、教育の可能性も実践的にお終いとなるからです。発達が遅延させられなければ、欲動はあらゆる堤防を決壊させ、苦心して築き上げて来た文化的労作を洗い流してしまいかねません。欲動を馴致するという課題はまたけっして容易な課題ではありません、やり過ぎかやり足らないかのいずれかになりがちです。人間社会形成の動機は結局のところ経済的なものです。その成員を労働なしに養えるだけの十分な生活物資が社会にないのなら、成員数を制約するとともに成員のエネルギーを性的活動から労働に差し向けざるを得ないのです。このようにして、永遠の、太古の時代から現代まで継続している、〈生の必要〉が出てくるのです〔第一講、本書上巻、三二一―三三頁参照〕。

経験がおそらく教師たちに示したに違いないのは、新世代の性的意志を従順ならしめるという課題を解決するには、随分早くから影響を与え始めないといけないのであって、思春期の怒濤を待ち受けるまでもなく、その準備となる子供の性的生活からしてすでに介入するのでなくてはならないということでした。この意図のためにほとんどすべての幼児期の性的活動が、子供にとって禁止され厭わしいものにされます。子供の生活は没性的なものに形作られることが理想目標として設定され、時間の経過のうちでついには事実として没性的なものと見なされ、それを今度は科学が学説として布告するわけです。それからというもの、人びとは自分の信念や意図と自己矛盾をきたさないために、子供の性的活動を無視しますが、この無視自体なにもとるに足らない営みではありません。無視するというのでなければ、科学によって子供の性的活動を別様に捉え、そうすることで満足します。子供は純粋で無垢だと見なされ、違う描き方をする者は、人類の繊細で聖なる感情に対する悪辣な冒瀆者として弾劾されてよいということになります。

子供たちだけがこの因襲に手を染めていない唯一の者であり、まったく素朴に動物として自らの権利を主張し、純粋性への道を自分たちはこれから初めて歩みださねばならないのだと、再三再四証明してみせてくれます。だから子供の性欲の否定者たちが教育の手を緩めることなく、まさに否認されたものの発現を「子供の躾」と称して厳格きわまりなく迫害するのは、随分奇妙なことです。没性的な幼年期という先入見と最もどぎつく矛盾する生育期である五、六歳までの子供時代は、その後たいていの人にあっては健忘のヴェールに覆われ、このヴェールは分析的探求によって初めて徹底的に破かれますが、しかしそれ以前すでに個々の夢形成がその背後を透かし見させていたというのは、理論的にもたいそう興味深いことです〔第一三講、本書上巻、三五三―三五四頁〕。

それでは皆さんに、子供の性生活のうち最も明瞭にそれと分かるものを提示したいと思います。その目的に沿うためにリビードという概念を導入させて下さい。リビードとは飢餓とよく似ていて、欲動、いまの場合は性欲動で――飢餓の場合は栄養摂取欲動ですが――その性欲動が発現する際の力のことを謂います。他の概念、性的興奮だとか満足だとかは、解説不要です。解釈の最大の出番は乳児の性的活動に対してであることは、皆さんご自身容易に見抜かれるでしょう、あるいはおそらく異論として利用なさることでしょう。こうした解釈は分析的探求を基に症状の遡行的追跡によって結実してきます。性欲の最初の蠢きは、乳児にあっては生きていく上で重要な他の機能に依托した形で現れます。乳児の主たる関心は、ご存じのように、栄養受給に向けられています。乳児がおっぱいを十分もらって眠る時には、幸福な満足の表情を浮かべますが、この表情は性的オーガズムが体験されたあとに繰り返されるでしょう。これだけでは、結論を得るには少なすぎるでしょうが、乳児は栄養受給行動を、新たな栄養を求めていないのに繰り返すことが観察されます。ということは、乳児はその際飢餓の衝動に駆り立てられてはいないわけです。それを私たちは、赤ちゃんはおしゃぶりをしているとかチューチューしているとか言うわけですが、乳児はそうしながらまたしても幸せそうな表情を浮かべて寝入るからには、おしゃぶり行動はそれ自体として満足をもたらしていることが示されます。周知のように、乳児はやがて、おしゃぶりをしないことには寝入らないような仕儀になります。この活動の性的本性を最初に主張したのはブダペストの老小児科医、リントナー博士(12)です。理論的な態度表明など意に介さない子供の養育係も、おしゃぶりを似たように判定していると思われます。養育係も、おしゃぶりがもっぱら快の獲得に役立っていることを疑いませんし、子供の無作法だとして、子供がみずからやめようとしない時は、痛い目に遭わせてそれをやめさせます。こうして、乳児も、快の獲得以外の意図を持たない行為を実行することが分かります。思うに、乳児はこの快を最初は栄養受給の際に体験するのですが、やがてそれをこの条件から分離することを覚えたのです。私どもはこの快の獲得を口唇域の興奮のみに関連付けることができるので、この部分の身体を性源域と呼び、おしゃぶりによって得られた快を性的快として表示します。この命名の正当性についてはむろんさらに議論しなければなりません。

乳児が話をできるなら、母の乳房を吸引する行為を人生最大の重要事として承認するのは確実です。それ自体としてそれは間違っていません。というのも、この行為によって一挙に二つの大きな生活の欲求が充足されるからです。そのうえで、私たちは精神分析によって、この行為の心的意義がどれほど全生涯にわたって維持され続けるかを知って、びっくりはします。母の乳房の吸引は性的生活全体の出発点となり、後のあらゆる性的満足の未到の手本となるのでして、この手本に空想（ファンタジー）は〈必要〉時に頻繁に戻ってゆくのです。手本には母の乳房が性欲動の最初の対象として含まれています。この最初の対象が後のあらゆる対象発見にとってどれだけ意味深いものであり、さまざまに変化し代替されながら、私たちの心の生活の最遠隔域にもどれだけ深刻な作用を及ぼすものであるか、このことは皆さんに思い浮かべてもらいようもないほどです。しかしさしあたり、おしゃぶりの最中の乳児は乳房を放棄し、自分の身体の一部で代替します。子供は親指や、自分の舌でおしゃぶりをします。そのことによって、快の獲得を外界の同意から独立させ、そのうえさらに、第二の身体帯域を興奮させて快の獲得を強化しようとするのです。性源域の規模はそれぞれ異なります。ですから、リントナーの伝えるように、乳児が自分の身体をまさぐって性器という特別興奮しやすい場所を見つけ出し、そのようにしておしゃぶりから自慰への道を辿ったとするなら、それは重要な体験となるのです。

　おしゃぶりの検討を通して私たちはすでに、幼児期性欲の二つの決定的な性格を知るようになりました。幼児期性欲は有機体の大なる欲求の満足に依託して出現し、また、それは**自体性愛**的な挙動を示す、すなわち、対象を自分の身体に求め見つけ出すのです。栄養受給の際に最もはっきり現れることは、排泄においても部分的に反復されます。私どもが推測しているところでは、乳児は小便・大便の排出によって快を感受し、まもなくこれらの行為の調整に努めるようになり、性源的な粘膜帯域をしかるべく興奮させることによって最大限可能な快の獲得を確保しようとするのです。ルー・アンドレアス[13]が鋭敏に詳論したように、この点で乳児には、外界は最初、自分の快の追求に対抗する制止的な力として登場してきて、後の外的内的闘争の予兆となります。乳児は排泄物をいつでも好きな時に体の外に出してはならず、他の人たちが決めた時にそうしなければならないのです。この快源泉を断念させるために、この機能に関わる一切が齎齎を買うものであり秘匿すべきものであると乳児に宣言されます。その場合乳児はまず、快を捨てて社会的威信を手に入れねばなりません。排泄物そのものに対する関係は、最初からまったく異なっています。乳児は自分の糞に何ら吐き気を覚えずに、糞を自分の身体の一部として大事にし、簡単には手放そうとしません。糞は、特別に大事な人を優遇するための、最初の「プレゼント」として使用されます。こうした傾向を疎遠にするという目論みが教育によって成功したあとになっても、乳児は「プレゼント」および「金銭」に向ける形で糞の価値評価を継続します。一方、おしっこをすることについては、それを特別誇らしげに眺めるようです[14]。

　こんな気色悪いことはもうたくさんだ！　と叫んで、皆さんが私の言うことをとっくに中断させたい気になっておられることは、私もわかっています。排便が性的快の満足の一源泉で、それを乳児がすでに活用しているですって！　糞が価値ある物で、肛門が一種の性器ですって！　こんなことは信じない、小児科医や教育学者が精神分析やその成果にとてつもない拒否反応を示した理由がわかろうというものだ。いえ、皆さん！　皆さんは、私が幼年期の性生活の事実を性的倒錯の事実と連関させて提示しようとしていたことを忘れているだけなのです。肛門が、同性愛者も異性愛者も、多数の成人において、性交渉の際実際にヴァギナの役割を引き受けていること、また排便の際の快感を生涯保持してそれがまったく小さくないと述べる多数の個人がいることを、皆さんがどうして知らないでおられるでしょうか。排便行為に対する関心や他人の排便を眺める歓びについて言えば、子供が数歳の年齢になり話ができるようになると、皆さんも子供自身から話を聞いて確かめることができます。もちろん、子供をあらかじめ怖じけづかせる算段を立ててはなりません。そんなことをすれば、子供はこれについては黙っていなくてはならないのだと心得てしまうでしょう。皆さんが信じようとしない他の事柄については、分析と子供の直接的観察との成果をご参照ください。よろしいでしょうか、信じようとしないというのはまさに、こうしたことすべてを見まいとする、あるいは別様に見ようとする手管なのです。子供の性欲と性的倒錯の類縁性が目ざわりだというのなら、それにも異論はありません。それは本来自明のことです。そもそも子供に性生活があるとしたら、それは倒錯的なものであらざるを得ません。というのは、性欲が生殖機能とどういう関係にあるかについて、子供にはぼんやりとした少数の示唆以外、いまだ何も知られていないからです。他方、生殖目標を放棄しているということがあらゆる倒錯に共通の性格です。私たちはまさに、生殖目標を断ち切り、快の獲得を生殖とは無関係の目標として追跡する、そういう性的活動を、倒錯的と呼ぶのです。ですからおわかりいただけるように、性生活の発達における切れ目や転回点とは、生殖の意図に性生活を服属させるということに存するのです。そのとき、この転回以前に生ずるすべて、同様に、この転回を逃れ、快の獲得にのみ役立つすべては、「倒錯的」の不名誉な名を与えられて、追放処分に処されるのです。

ですから、幼年期性欲の簡潔な叙述を続けさせてください。〔口唇と肛門という〕二つの器官系について述べたことは、他の系も考慮に入れることで、より完全なものなります。子供の性的生活はまさに、一連の部分欲動の活動に尽きています。部分欲動は相互に無関係で、一部は自分の身体から、他はすでに外的対象から快を獲得しようとしています。こうした器官のなかでも性器はごく早くから際立ちます。自分の性器による快の獲得が、他人の性器や器官の介添えなしに、乳児期の自慰から思春期の〈必要〉に迫られた自慰に至るまで中断されることなく継続し、その後も長く不特定期間続く、そういう人々がいます。ところで、自慰というテーマはそう早々と片がつくものではありません。それは多面的な考察の材料です(15)。

このテーマに関してはもっと手短かにしたいと思っているのですが、それでも子供の性的探求についてはまだいくらかのことを述べなければなりません。この探求は子供の性欲にきわめて特徴的であり、神経症の症状論にとってきわめて意義深いものです(16)。幼年期の性的探求はたいそう早い時期に始まります。二歳以前のことも珍しくありません。それは性器の相違を発起点とはしません。[17] この相違は子供にとっては何の意味も持ちません。というのも、子供――少なくとも、男の子――は両性に同じ男性性器を帰すからです。その後男の子は、小さな姉妹や遊び相手の女の子にヴァギナを発見すると、最初自分の目が信じられず、その証言を否定しようとします。というのも、自分と似た人間にこんな大切な部分がないとは考えられないからです。もっとあとになると、もしかしたらと思って愕然とし、一物をいじくりすぎるとしてひょっとして以前脅かされていたことが、事後になって効果を発揮します。その子は去勢コンプレクス[18]の支配下に入りますが、このコンプレクスの形態化は、子供が健康のままであるとすればその性格形成に、発症するとすればその神経症に、分析治療を受けるとすればそれへの抵抗に、大きく関わってきます。小さな女の子の場合は、目に見える大きなペニスを欠いているために自分のことをごく劣等であると見なし、男の子がペニスをもっていることを妬み、本質的にこの動機にもとづいて男になりたいという欲望を発達させることがわかっています。男になりたいという欲望はのち、女としての役割に不如意が生じたために登場する神経症において再度取り上げられます。ところで、女の子のクリトリスは、子供時代にはまったくのところペニスの役割を果たし、特別な興奮可能性の担い手となり、その個所では自体性愛的な満足が目指されます。小さな女の子が女に成長するにあたっては、クリトリスがこの感受性をしかるべき時期に完全に陰門に譲渡することが大いに重要となります。女性のいわゆる性的不感症の事例にあっては、クリトリスが感受性を頑として離さないままになっています。

子供の性的関心はむしろ最初は、子供たちはどこからやってくるのかという、テーバイのスフィンクスの謎掛けの基礎にある問題に向けられますが、それはたいてい新たな子供の到来に対する利己的な心配によって喚起されるものです。コウノトリが運んでくるという、子供部屋で与えられる答え〔第一〇講、本書上巻、二八一―二八二頁〕は、私たちの思っているよりもはるかに頻繁に、すでに小さな子供の場合にしてから、不信に遭遇するものです。大人から本当のところで騙されていると感じることで、子供は大いに孤立感を深め、自立心を発達させることになります。しかし子供は、独力でこの問題を解くことができません。その認識能力には、性的体質が未発達なため一定の枠がはめられています。当初は、何か特別なものを栄養分として摂取するところから子供たちがやってくると仮定していますが、女性にしか子供は生まれないということもわかっていません。後になるとこの制限のことを知り、食べ物からの子供の由来は放棄されます。子供の由来については相変わらず童話に頼ったままです。より成長すると、子供が授かるにあたっては父親も何か役割を果たしているに違いないことにやがて気づきますが、どういう役割なのかは見当がつきません。偶然性行為を目撃すると、それを征服の試みであり、取っ組み合いであると見ます。性交のサディズム的誤解です。とはいえ、その行為をさしあたり子供の到来と繋げることはありません。ベッドや母親の下着に血痕を発見しても、父による損傷の証拠と捉えます。もっと後の子供時代になると男性性器が子供の誕生に抜き差しがたく関わっていると感じてはいますが、この身体部分に、排尿以外の行いができるとは思いも及びません。

腸から子供は生まれてくるに違いないのであって、それゆえ子供の出現は一塊の糞のそれと同じであるという点では、子供たちの意見は最初から一致しています。肛門に対するあらゆる関心が無価値になって初めてこの理論は捨てられ、へそがぱっくり開くとか、両乳房間の胸の領域が出産場所だという仮定によって代替されます。このようにして探求する子供は性的事実の知識に近付いてゆくか、あるいは無知に惑わされてその事実を素通りしてゆきますが、ついには、たいてい前思春期の年月に、通常屈辱的で不完全な説明付けを味わわされることになります。これは外傷的な効果を及ぼすことも珍しくありません。

皆さんは、神経症の性的起因および症状の性的意義というテーゼを維持するために、精神分析が性的なるものの概念を不当に拡大しているという話を、きっと聞いたことがあるでしょう。この拡大が許されざるものであるかどうか、皆さんご自身で判断していただければと思います。私どもが性の概念を拡張したのはもっぱら、倒錯者や子供たちの性生活を包含できるようにするためでした。つまり、私どもはその概念に正当な外延を取り戻してやったのです。精神分析の外部で性と称されているものは、生殖の用に仕え健常的と呼ばれる、制限された性生活のみに関わっています。

第二一講　リビードの発達と性的編成

皆さん、私の印象ではどうやら、性欲を理解するにあたって倒錯がもつ意義を皆さんにきちんと納得していただけていないようです。それで、力の及ぶかぎり改善と補充に努めたいと思います。

倒錯だけで私どもが性欲概念の変更を余儀なくされ、かくも激しい反論がもたらされたというようなことではありません。幼年期性欲の研究の方が、そのより大きな要因となっています。倒錯と幼年期の両方の一致が私どもにとって決定的でした。とはいえ、幼年期性欲の発現は、後の子供時代になると見まがいようもないのですが、しかしそのはじめのころの方は、茫漠として霞んでしまうように思われます。発達史と分析的連関に留意しないなら、そうした発現から性的なものの性格を峻拒し、その代わりに性的に無差別な性格を付与したくなります。忘れてはなりませんが、私たちは、ある出来事の性的本性を表す一般に承認された目印を目下のところ所有してはいないのです。ただし、またしてもということになりますが、生殖機能への帰属は別で、それは目印となります。しかしこれではあまりにも狭くるしく、私どもとしては拒否せざるを得ません。W・フリース[(1)]が立てた二十三日ないし二十八日という周期性のごとき、生物学的基準は、いまのところまだまだ議論が定まっていません。性的出来事には化学的に特有なものがあると推定されますが、その特有性が何なのかはひとえにまだこれからの発見にかかっています。それに対して、成人の性的倒錯は具体的ではっきりしたものです。すでにその一般に認められた名称が証示しているように、成人の倒錯は疑いようもなく性欲現象です。変質の徴表であると言ってもまた別の名で呼んでも、性生活の現象以外のところに倒錯をあえて位置づけようとした人はいません。この倒錯のゆえだけで私たちは、性欲と生殖は合致しないと正当に主張することができるのです。というのは、倒錯がことごとく生殖の目標を否認しているのは明白だからです。

ここには興味を誘わないこともない平行関係が見て取られます。たいていの人にとっては「意識的」と「心的」は同義ですが、私どもは「心的」の概念の拡張を企て、意識的でない心的なものを承認することを余儀なくされました。まったく同様に、他の人々が「性的」と「生殖に属する」――ないし、より手短かに言う方がお好みなら「性器的」――とを同一だと公言するのに対し、私どもは「性器的」でない、生殖と無関係な「性的」を認容せざるを得ません。これは形式的な類似性にすぎませんが、より深いところで根拠づけられないわけではありません。

しかし、性的倒錯の存在がこの〔性と性器の関係についての〕問いにおける有無を言わさぬ論拠であるなら、どうしてこの論拠はとっくに効果を発揮して問いを処理してしまわなかったのでしょうか。私も本当のところそれはわかりません。こうした性的倒錯が特別な追放処分に処されたことが根っこにあるようで、この追放処分が理論にまで波及して倒錯を学問的に検討することをも妨げているのでしょう。まるで、倒錯が単におぞましいものであるばかりか、なにか法外な危険でもあると誰もが思い込んでいるかのようです。まるで、倒錯は誘惑的に作用すると見なされていて、倒錯を享楽する者に対する密かな妬みが根本的なところで抑えられないかのようなのです。それは、有名なタンホイザーのパロディで罰を下す方伯が次のように告白している通りです。

「ヴェーヌスベルク〔ヴィーナスの住処＝恥丘〕で彼は名誉も義務も忘れた！
――おかしい、われらにはどうしてそのようなことが起こらないのだ」(2)。

真実のところ倒錯者とはむしろ哀れな悪魔なのであって、かろうじて略取した満足のために並はずれて厳しい贖罪を行うはめになるのです。

対象や目標がごく異様であるにもかかわらず倒錯的活動が間違いなく性的活動であるのは、倒錯的満足行為がたいてい十分なオーガズムと性器産物の排出に達するという事情のゆえです。当然これは成人の場合の結末にすぎません。子供ではオーガズムや性器からの排泄はほとんど不可能で、その代替となるものが示唆されるにすぎず、しかも示唆自身は確実に性的であるとは承認できません。

性的倒錯に関する検討を最後までやり遂げるためには、まだ付け加えるべきことがあります。倒錯がどれほど面罵され、健常の性的活動と鋭く対比されようと、簡単に観察されるように、健常者の性生活にも何らかの倒錯的特徴が見られないことはごく稀です。接吻にしてすでに倒錯行為の名に値します。なぜなら、それは二種の性器の代わりに二つの性源的口唇帯域を結合することに存するからです。だからといって、誰も接吻を倒錯的であるとして棄却せず、反対に舞台表現などでは性行為の緩和された示唆として許容されるのです。けれども接吻こそは容易に完全な倒錯となります。それは、熱烈な接吻のために、性器からの放射とオーガズムが直結する場合のことですが、こうした事例はなんら稀ではないのです。ところでまた、ご存じの方もおられるように、対象を触り眺めることが性的享受の不可欠条件であったり、性的興奮が頂点に達すると一方が他方をつねったり噛み付いたり、性愛の最高の興奮が必ずしも対象となる者の性器によらずに他の身体領域によって呼び覚まされたり等々、似たようなことはいくらでも挙げられます。そのような性癖の人を健常者の列から排除し倒錯者に数え入れるのはまったくナンセンスですし、むしろ、倒錯の本質とは性目標の違反や性器の代替に存するのではなく、それどころか、対象のさまざまな変更に存するというわけでもなく、もっぱら、こうした逸脱が遂行される際の排他性に、すなわち、生殖に仕える性行為をのけものにする排他性に、存しているということがますますはっきりしてくるのです。健常の性行為を準備したり強化したりするのに寄与するものであるかぎり、倒錯行為は性行為の誘発に組み込まれているのであり、そもそもなんら倒錯ではないのです。当然のことながら、健常の性欲と倒錯的なそれとの間の断裂は、この種の事実の存在によって随分軽減されます。そうするとおのずと結果することですが、健常の性欲とは、それ以前の素材の特徴の幾つかを役立たずだとして排斥し、残った特徴を一括りにして生殖という新たな目標に従属させるという形で、以前に存していたその素材から出てくるものなのです。

倒錯にはだいぶ精通するようになりましたので、この解明を前提としてあらためて幼年期性欲の研究を深めたいと思いますが、その前に、皆さんには、倒錯と幼年期性欲との重要な違いに注意を促しておかねばなりません。倒錯的性欲は通例特段の中心点があり、あらゆる行いは一つの――たいていは一つだけの――目標を目指して突き進みます。ある部分欲動がそこでは優位を占めており、それだけが証示可能な欲動であるか、あるいは、他のあらゆる欲動を自分の意図に従属させています。この点では、倒錯的性欲と健常の性欲との間には、支配的な部分欲動が、したがって性的目標が異なっているということ以外に相違はありません。どちらの場合にも、いわばしっかりした専政が編成されていますが、支配権を奪取した家系が両者で別なだけのことです。それに対し、幼児期性欲には大局的に言って、そうした中央集権的編成は見られず、その個々の部分欲動は同権であって、それぞれが独力で快の収奪を狙っています。中央集権の有無はむろん、倒錯的性欲と健常の性欲の両方ともが幼年期性欲から出現しているという事実とよく合致しています。ところで、多数の部分欲動がその目標を互いに無関係に貫徹する、ないしこう言う方がよいとすれば、互いに引き継ぐという形で、幼児期性欲とははるかに類似した倒錯的性欲の事例も存在します。そうした事例では、倒錯というよりも性生活の幼年性という言い方をする方が正確でしょう。

以上の準備を踏まえて、提出されないでは済まないある提案を論究することにしましょう。私たちに対しては次のようなことが言われるでしょう。幼年期に表明されることは、そこから後に性的なものが出てくるとしても、不分明なものだとあなた方自身認めているにもかかわらず、どうしてそれをすでに性欲と呼ぶことに固執するのか。(3) どうしてむしろ生理学的な記述で満足し、おしゃぶりや排泄の我慢のように、器官快(4)の追求を示している動きが乳児にすでに観察されると、単純に述べないのか。そうすれば、小さな子供の性生活などという、誰の気持ちをも逆なでする主張を避けることができただろうに、と。――ええ、皆さん、私としては器官快に異論を申し立てることはありません。性的合体の最高の快も性器の動きに拘束された器官快にすぎないことも承知です。しかし皆さんは、元来は性に無関係なこの器官快がいつ性的性格を入手し、後の発達段階で疑いなく保有することになるのか、述べることができますでしょうか。私たちは性欲のことより「器官快」のことをよく知っているのでしょうか。皆さんは答えるでしょう、性器がその役割を果たし始めるまさにそのときが、性的性格が付け加わる時なのだ、性的と性器的とは一致するのだ、と。たいていの倒錯も、性器の合体とは違う道を辿るにしても、やはり性器のオーガズムを目指しているのだとして、倒錯による異論をも、皆さんは拒否なさることでしょう。倒錯のために維持し難い生殖との関連を性的なものの性格付けから削除し、その代わりに性器の動きを先頭に立てるなら、実際はるかに有利な立場が確保されます。けれどもそうすると、私たちの立場はそれほどかけ離れていないことになります。単純に性器対他の器官として器官が対立するだけです。しかしそれなら、快の獲得にあたって性器は他の器官によって代行されうる、たとえば、健常の接吻や、上流社会の倒錯的実践やヒステリーの症状群などはそのようなものだということを示す、多様な知見に対して皆さんはどうなさろうというのでしょうか。ヒステリーという神経症にあっては、刺激の出現や感覚作用や神経作用が、それればかりか性器のものであるべき勃起の出来事ですら、他の離れた身体領域に遷移される(たとえば、頭や顔など上部へ置き移される)ということがごく普通のことです。このようにして、ご自身の性生活を性格付けるに確乎としたものはなにもないのだということにご納得いただけたなら、皆さんは、私の例に倣って、「性的」という表示を、器官快を追求する早期幼児期の活動にも拡張しようと、決意して下さるでしょう。

それでは、私のいうことを正当化するためにさらに二つのことを考察させて下さい。ご承知のように、私どもは最初期幼児期の疑わしく不分明な快活動を性的と呼んでいますが、その理由は、症状を出発点とする分析の途上否みようもない性的素材を経由してそれらの活動に到達するからです。ですから、それ自身性的であるとは限らないことは認めなければなりません。とはいえ、類似の例を取り上げてみましょう。いいですか、二つの双子葉植物、たとえば林檎と隠元豆がその種から成長するさまを観察する方途は私たちにはありませんが、しかし、それらの発達を十分に生育した個体の植物から遡って双子葉の最初の芽生えまで追跡することは、両方の場合に可能です。双子葉は見たところ違いがなく、両方の場合でまったく同じようです。だからといって、それらは現実に同じであり、林檎と隠元豆の種特有の差異は後になって初めて植物の生命に入り込んでくるのだと仮定するでしょうか。それとも、この差異は芽生えの時にすでに存在しているのであって、それが双子葉からは見て取れないだけなのだと信じる方が、生物学的により適確なのでしょうか。しかし、乳児が活動する際の快を性的と名付ける時、私たちのしていることは、これと同じことなのです。ありとあらゆる器官快が性的と呼ばれてよいのか、それとも、性的以外の、性的という名に値しない器官快もあるのか、これについてはいま議論することはできません、器官快やその条件について私の知っていることはあまりに少なく、最終的に現下では不分明な要因に落ち着くとしても、分析の遡行的性格からして全然怪しむにあたらないでしょう。

さらにもう一つ！　たとえ、乳児の活動は非性的なものと評価した方がよいと私を説得できたとしても、皆さんはご自身が主張なさりたい、子供の性的純潔性のためには、全体として大して得るところがないでしょう。というのも、すでに二歳以降、子供の性生活はまるで疑いを容れないからです。この時期になると性器はすでに蠢（うごめ）き始め、もしかしたら、幼年期の自慰の、それゆえ性器的満足の期間が規則的に生じているかもしれません。性生活が〔個人の〕心においてあるいは対人的な場において現出していることはもはや見逃され得ません。対象選択、情愛におけるある人々の優先、そればかりか、両性のうちいずれを選ぶかの決定、嫉妬などは、精神分析とは独立に以前から公平な観察によって確認されてきましたし、その気になれば、いかなる観察者によっても確証されうるものです。これに対し皆さんは反論なさるでしょう。情愛が早くから目覚めることは疑っていないが、ただ、この情愛が「性的」性格を伴っているとは疑わしい、と。もっとも、子供たちは三歳から八歳の間に、この性格を覆い隠すすべをすでに学んでいますが、しかし、注意をこらせば、いずれにせよこうした情愛の「官能的な」意図の証拠は十分に収集されますし、それでも足らないものは、精神分析の徹底捜査によって苦もなくたっぷりと差し出されるでしょう。この時期の性目標は、いくつかサンプルを示した同時期の性的探求と密接に繫がっています〔第二〇講、本書下巻、一三〇―一三二頁〕。その目標の幾つかに見られる倒錯的性格はもちろん、生殖行為という目標をまだ発見していない子供の体質的未熟さに由来しています。

おおよそ五歳から七歳以降、性的成長にはある停滞ないし逆戻りが認められますが、それは文化的に最も優遇された事例であれば潜伏期と呼んでよいものです。潜伏期は生じないこともありえますが、生じる場合であっても性的活動や性的関心の全面的な中断を伴うとは限りません。潜伏期開始以前のたいていの体験や心の蠢きはそのとき、すでに論究された忘却である幼児期健忘に陥り〔第一三講、本書上巻、三五一頁以下〕、これによって私たちの最初の若年期は覆われて私たち自身から疎遠となります。どのような精神分析においても、この忘れられた人生の時期を想起に引き戻すことが課題として打ち立てられます。この時期に含まれている性生活の始まりがこうした忘却の動機となっていて、それゆえこの忘却は抑圧の結果なのではないかという推測が妨げられません。

子供の性生活は満二歳以降大人のそれと多くの一致点を見せます。後者と違う点は、すでにおわかりのように、性器優位の確乎とした編成が欠けていて倒錯の不可避的性癖が見られることに、そしてまたむろん、〔性的〕追求全体の強度がはるかに弱いことに、存しています。けれども、性的発達、あるいはむしろこう言いたいのですが、リビードの発達の、理論的に最も興味深い段階はこの時点になる前にあります。この発達はきわめて速やかに通り抜けられるので、そのつかの間の形象をしっかり押さえておくことは、直の観察ではおそらくうまく行ったためしがないでしょう。神経症に関する精神分析的究明に助けられて初めて、リビードの発達のより以前の段階をも突き止めることが可能となったのです。それはたしかに構築以外のものではありませんが、しかし皆さんも精神分析を実践なされば、それは必然的にして有益な構築であることがお分かりになるでしょう。健常な対象であれば見逃されざるを得ない事情をこの場合病理学がどのようにして告げ漏らしてくれるか、まもなくご覧に入れます。

こうしていまや、性器の優位が打ち立てられる前の子供の性的生活がどのように形作られるかを、私たちは述べることができます。性器の優位は、潜伏期以前の最初の幼年時代に準備され思春期以降持続的なものとして編成されますが、この以前の時代には一種の緩い編成が存立しています。この編成を前性器的と名付けましょう。ただしこの段階で前面に出ているのは性器的な部分欲動ではなく、サディズム的で肛門的な部分欲動です。男性的と女性的の対立はここではまだ何の役割も果たしておらず、その場所を占めているのは能動的と受動的の間の対立です。これは性的両極性の先駆として表示することができますし、後にはこの両極性と接合されもします。この段階の活動を性器期の方から観察して男性的と見えるものは、ともすれば残酷さに移行する制圧欲動の表現であることが分かります。受動目標の追求は、この時代に大変重視される腸の出口の性源域と結びつきます。見ることと知ることとの欲動は活発に蠢きます。性器は本来ただ尿の排泄器官としての役割でのみ性生活に関与します。この段階の部分欲動に諸対象は欠如していませんが、これら諸対象がまとまって一つになるとは限りません。サディズム肛門期編成は性器優位の段階の一つ前の段階です。より立ち入って研究すると、この編成からどれだけのものがより後の決定的形態化のためにとっておかれるのか、またどのような経路でその編成の部分欲動が新たな性器的編成のうちに編入されてゆくことを余儀なくされるのかが示されます。(5) リビード発達のサディズム肛門期の背後にはさらに、口唇の性源域が主要な役割を果たすより初期の、原始的な編成段階が眺望されます。おしゃぶりの性的活動がその一環であること〔第二〇講、本書下巻、一二五―一二六頁〕は察していただけるでしょうし、子供を、またホルス神を、口に指をくわえた姿で性格付ける芸術をうみだした古代エジプト人の理解力に驚嘆してもよいでしょう。アブラハムはつい最近、(6) この原始的口唇段階が後の年月の性生活にどのような痕跡を残すかについて、報告しました。

皆さん、性的編成に関する今しがたの報告が皆さんには教示というよりは重荷になったのではないかと、推測されます。もしかしたら私はまたしても、あまりに細部に立ち入りすぎたかもしれません。しかし、ご辛抱願います。皆さんがお聞きになったことは、後の利用によって貴重なものとなるでしょう。いまのところは次の印象をしっかり繋ぎとめておいて下さい。すなわち、性生活――私どもの言い方では、リビードの機能――はなにも完成品として登場するのでなく、一様に成長するのでもなく、相互に似ているとは見えない一連の相互継起段階を経てゆくのであって、したがって、性生活とはイモムシから蝶への発達のように、何度か繰り返される発達なのです。発達の転回点となるのは、あらゆる性的部分欲動が性器の優位に従属し、それゆえ性欲が生殖機能に服属するようになることです。以前は、性生活はいわばバラバラで、部分欲動は個々に器官快を追求して独立した活動を展開していました。この無規律は、「前性器的」編成の萌しによって緩和されます。その編成とはまずサディズム肛門段階ですが、その背後には、もしかしたら最も原始的な段階である口唇段階が控えています。それにさらに、ある編成段階を後続の高次段階に引き入れる、さまざまな、いまだよく知られていない過程があります。リビードがこのように長期の、跳躍の多い発達経路を遂げることが、神経症の洞察にとってどのような意義をもつのかについては、次回私たちは見届けることになるでしょう。

今日はこの発達の別の側面を追跡しましょう。すなわち、性的部分欲動と対象との関係という側面ですが、むしろ、この発達をざっと総覧し、そのかなり遅くになってからの結末に長く留まることにします。以上のようにして、性欲動の若干の成分ははじめから対象を有し確保しています。たとえば、制圧欲動(サディズム)や見ること・知ることの欲動です。他の諸欲動は特定の性源的な身体帯域により明確に結びついていますが、それらが対象を有するのは、非性的な機能に依托しているはじめの間だけであり〔第二〇講、本書下巻、一二六―一二七頁〕、こうした機能から分離するようになると、対象を放棄してしまいます。たとえば、性欲動の口唇的成分の最初の対象は母親の乳房ですが、それによって乳児の栄養欲求は満足されます。おしゃぶり行為になると、乳の吸引の際に一緒に満足されていた性愛成分が自立するようになり、異他的な対象は放棄され自分の身体の一部位によって代替されます。口唇欲動は、肛門欲動や他の性源的欲動がはじめからそうであるように、自体性愛的になります。それ以降の発達には、最も簡潔にまとめるなら、目標が二つあります。第一に、自体性愛を捨て去り、自分の身体を対象とすることから再度異他的な対象に交換することであり、第二に、個々の欲動に応じてさまざまである諸対象を統合して、唯一の対象によって代替することです。このことが成功するのはむろん、この一なる対象もまた自分の身体に類似した全的身体であるときだけです。それはまた、一定数の自体性愛的な欲動の蠢きが不要として退けられることなしには、成し遂げられ得ません。

対象発見の過程はかなり込み入っていて、これまで概括的に叙述されたことはありませんでした。私たちの意図のために強調しておかねばならないのですが、この過程が潜伏期以前の子供時代に一応完了しているならば、見出される対象は、依托によって獲得された口唇的快欲動の最初の対象とほとんど同一であることが分かります。[7]その対象は母の乳房でないとしても、母ではあります。私どもは母を最初の愛の対象と呼びます。愛ということを言うのはすなわち、性的追求の心の側面を前面に出し、その根底に存する身体的ないし「官能的」欲動要求を後退させたり、一時的に忘れておこうとする場合です。母が愛の対象となる頃にはすでに、子供においてもまた抑圧の心的作業が始まっており、それによって自分の性目標の一部分に関する知識が子供には知られなくなります。このように母を愛の対象に選択することには、「エディプスコンプレクス」[8]の名のもと神経症の精神分析的解明に多大の意義を持ち、精神分析に対する抵抗にもひょっとして少なくない関与を示しているすべてが連なっています〔第一三講、本書上巻、三六四―三六五頁参照〕。

今次の戦争の経過のうちで生じたちょっとした事件のことをお聞きください。精神分析の信奉者の一人[9]が医師としてポーランドのどこかドイツ戦線に居て、折に触れて病人に思いがけない影響をもたらして、同僚たちの耳目をそばだてさせます。問いつめられて、彼は精神分析の手段を用いて働いていると告白し、同僚にも自分の知っていることを教える用意があると公言せざるを得なくなります。それで毎晩、軍団の医師が、同僚も上司も、分析の秘儀を傾聴しようと集まります。しばらくはよいのですが、しかし、聴衆にエディプスコンプレクスのことを語ると、ある上司が立ち上がって、そんなことは信じない、われわれ祖国のために戦っている勇者や家庭の父たちにそのようなことを物語るとは講演者は下司だと述べ、講演の継続を禁じます。それでお終いでした。分析家は戦線の別のところに配置換えになりました。しかし、ドイツの勝利が科学のこのような「編成」を必要だとするならそれは困ったことだと思いますし、ドイツの科学はこのような編成をとても受け入れられないでしょう。

ではよく注意して、この恐るべきエディプスコンプレクスが何を含意しているのか、お聞きください。名前がそれを語っています。皆さんはだれもが、エディプス王のギリシア伝説をご存じです。エディプスは運命によって父を殺し母を妻とする定めにありますが、その神託を逃れようとあらゆることを行い、そのあげく、この二つの犯罪をそうと分からずに犯したと知るや、みずから目をつぶして罰とします。私は、ソポクレスがこのテーマを取り扱った悲劇の心揺さぶる効果を皆さんの多くが身をもって体験していることを願っています。アッチカ詩人の作品は、エディプスのとっくの昔の所業がたくみに引き延ばされ、いつも新たな予兆によって焚き付けられる調査によって徐々に露わにされるさまを描いています。そのかぎりにおいて、それは精神分析の成り行きとある程度類似性があります。対話が進行するにつれて、目のくらんだ母であり配偶者であるイオカステが調査の続行に反対するようになります(10)。彼女は、夢では多くの人間が母と同衾することになったりすると言及し、けれど夢は軽視してよい、と言います。私どもは夢を軽視しません、なかんずく、多数の人間に生ずる夢である類型夢を軽視するなどとんでもないことですし、イオカステの触れた夢が伝説の奇異で驚くべき内容と密接に繋がっていることを疑いません。

ソポクレスの悲劇がむしろ聴衆の憤慨した拒否を呼び起こさないことの方が不思議なのです。呼び起こす方が、私たちの実直な軍医に対する反応に似ていますが、それ以上に正当な反応でしょう。というのは、悲劇は根本的に不道徳な作品で、人間の倫理的責任を廃棄し、神々の力が犯罪を指令し、犯罪を防ぐ人間の倫理的蠢きが無力であることを示すのだからです。伝説のテーマは神々や運命に対する告発を意図していると、ともすれば信じたくなりますし、神々と決裂した批判的なエウリピデスの手になるなら、おそらくはそのような告発になったことでしょう。けれども、信心深いソポクレスのことですから、伝説のそのような利用は論外です。神々の意志がたとえ犯罪めいたことを指令しても、それに屈服するのが最高の人倫であるとの敬虔な理屈が、その困難を突っ切ります。この教訓が作品の強みだとは思いませんが、しかし教訓は作品の効果には無関係です。聴衆は教訓にではなく、伝説の秘匿された意味と内容に反応します。まるで、自己分析によってエディプスコンプレクスを自分のうちに認め、神々の意志も神託も効果を高めるための自分の無意識の偽装であると暴かれたかのような反応です。父を排撃し父に代わって母を妻とするという欲望を想起し、愕然とせざるを得ないかのようです。聴衆は詩人の声が語っていることを次のように理解します。つまり、お前はお前の責任に抗おうと無駄だ、この犯罪の意図に反して何を行い断言しようと無駄だ、と。お前には責めがあるのだ、おまえはその意図を無に帰すことができなかったのだから。意図は無意識にお前のうちに残り続けているのだ。そして、このことのうちには心理学的真実が含まれています。人間が邪悪な蠢きを無意識のうちに抑圧して、自分はそれには責任がないと思いたがるとしても、それでも、この責任を、自分でも分からない理由で罪責感として感じ取らざるを得ないのです〔第一三講、本書上巻、三七一―三七二頁参照〕。

エディプスコンプレクスに、神経症者が頻繁に苛まれる罪責意識の最も重要な源泉の一つが認められてよいことはまったく疑いがありません。しかし、それだけではありません。一九一三年『トーテムとタブー』〔全集第十二巻〕という題で上梓した、人間の宗教と倫理の始まりに関する研究を進めるうちに、私は、もしかしたら総体としての人類は、宗教と倫理の究極の源泉であるその罪責意識を、歴史の最初にエディプスコンプレクスから得たのではないかと推測するようになりました。そのことについてもっと皆さんに語りたいのですが、いまはやめておいた方がよいでしょう。この話題は、いったん始めてしまうと、そう簡単に中断することができないので、個人心理学の方に戻らざるを得ません。

それでは潜伏期以前の対象選択の時の子供を直に観察するなら、エディプスコンプレクスについて何が認識されるでしょうか。それは簡単に分かることですが、小さな男は母を独占しようとし、父の現存をその邪魔と感じ、父が母に情愛を示すと不機嫌になり、旅に出たり不在だったりすると満足そうにしているということです。自分の感情を言葉で直接表現し、母と結婚すると約束することも多いのです。エディプスの所業と比べれば、それは大したことでないと思われるでしょうが、事実としてはそれで十分、萌芽的にはエディプスと変わりありません。この観察はしばしば、同じ子供が同時期の違う機会に父に対して多大の情愛を告知するという事情のためにぼかされますが、しかしそのような対立的な——あるいはこう言った方がよいのですが、両価的〔アンビヴァレント〕な〔第二六講、本書下巻、三二二—三二三頁参照〕——感情的態度は、大人では葛藤をひき起こすでしょうが、子供の場合は長期間問題なく両立し、後には無意識のなかであい並んで場所を占めることになるでしょう。小さな男の子の挙動は利己的な動機から発出するものので、性愛的コンプレクスの設定を正当化するものではない、との異論も出されるでしょう。母親は子供のあらゆる欲求の面倒をみ、だから子供にとっては、母親がほかの人物を気にかけないことが関心事となるのだ、と。それももっともですが、しかしやがて明らかになるように、こうした情況にあっても類似した情況にあっても、利己的関心[11]とは、性愛の追求が接続される依托関係を提供するだけなのです。小さな男の子は母親に対しむき出しの性的好奇心を示し、夜な夜な母の隣で寝たいと要求し、母の身支度の場に押し入り、誘惑の試みを企てたりもします。これは母がしばしば確認し、笑いながら話してくれることでもあります。こうなると、母親への拘束の性愛的本性は疑いの余地なく確実です。また、母親は同じ世話を小さな娘にも焼きますが、しかし同じ結果にはならないし[12]、他方父親も男の子の心配をする母親としょっちゅう張り合うにもかかわらず、母のような意義を得ることに成功しないということも忘れてはなりません。要するに、性的優遇の契機はどんなに批判されようと、この情況から削除されえないのです。利己的関心の観点からするなら、二人の人物に仕えてもらわずに、一方だけにそうしてもらうのは、小さな男としてただただ利口さを欠くということになるでしょう。

お気付きのように、私はただ男の子の父母との関係だけを描いてきました。小さな女の子に関しても、必要な変更はありますが関係はまったく似たように形作られます[13]。父への情愛豊かな執着、母を余計なものとして除去しその位置を占めようとする欲求、後の女としての手段を早くも使った媚態、こうしたことがまさに小さな女の子の場合魅惑的なイメージとなり、それがこの幼年期情況の背後にひそむ真剣さやそれがもたらしうる重大な帰結を忘れにかからせます。それに付け加えることを忽せ（ゆるがせ）にしてならないのですが、両親自身もまた性的魅力に引きずられて、複数の子供がいる時には、明々白々に父は娘を、母は息子を贔屓（ひいき）にして情愛を注ぎ、子供のエディプス的態度の覚醒に決定的な影響を及ぼすことも多いのです。とはいえ、子供のエディプスコンプレクスの自生的本性はこの要因によっても深刻に揺るがされることはありません。エディプスコンプレクスは、他の子供が加わると、家族コンプレクスに拡張します。このコンプレクスのおかげで子供は、利己的損害に改めて依托し、これら兄弟姉妹が反感を持って迎えられ排斥されるよう欲望して恬（てん）として恥じないように、動機付けられます。子供たちは通例の場合であってもこうした憎悪感を、両親コンプレクスから出てくる憎悪感以上に、はるかに容易に言葉に出して表現します。こうした欲望が成就され、欲せられざる家族の増加が死によって短期間にふたたび奪い取られると、この死去が、記憶に付着していなくとも、子供にとっていかに重大な体験であったかが、後の分析から知ることができます。弟や妹の誕生によって後列に押しやられ、生まれて初めて母からほとんど孤立した子供は、母に対してこの冷遇をそう簡単に忘れません。大人であれば強い憤慨と言われるような感情が子供に出て来て、しばしば持続的な疎外の基礎となります。性的探求がそのあらゆる帰結もろとも、通常子供のこうした人生経験に接続していることは、すでに言及しました〔第二〇講、本書下巻、一三〇―一三二頁〕。弟や妹の成長につれて、彼らに対する態度は重要な変化を経験します。男の子は妹を、不実な母の代替として愛の対象とすることができます。妹に求愛し合う複数の兄弟たちの間では、すでに子供部屋のなかで、後の人生にとって重要となる、敵対的なライヴァル関係の情況が出現します。小さな女の子は兄を父の代替とします。父がもはやもっとも早い時期の年月のようには情愛深く彼女のことを構ってくれないからです。そうでなければ女の子は妹を、父から得ようと欲してむなしかった子供の代替とします。

子供たちを直に観察し、分析の影響を受けていない、明確に保持された子供時代の想い出を検討してみると、以上のようなことが、またそれと類似の性質のことがさらに多数、皆さんに示されることでしょう。そこからはなかんずく次の結論が引き出されるでしょう。すなわち、子供たちの隊列のなかである子供がどういう位置を占めるかが、その子の後の人生が形作られるにあたってとことん重要な因子となるのであって、この因子はどのような人生叙述にあっても顧慮されねばならないのです。とはいえ、より重要なこととして、皆さんは苦労することなく手に入れられるこれらの解明を前にすると、インセストの禁令を説明する学問的見解を想い出して、微笑を抑えられないでしょう〔第一三講、本書上巻、三六九―三七一頁参照〕。そこではなんとありとあらゆることが考えだされていることでしょう！　曰く、性的嗜好が幼児期からの共同生活によって同一家族の異性の成員から脇にそらされただとか、先天的なインセストの忌避が近親交配を回避する生物学的な性向の心的代理表現となっているだとか！　その際には、インセストの誘惑に対して信頼できる自然の枠が嵌められているのであれば、掟や習俗によるこれほど厳しい禁令など必要ないだろうということが、すっかり忘れられているのです。真実はその反対にあります。人間の最初の対象選択はきまってインセスト的なもので、男は母と姉妹に向かい、この継続的に働く幼年期の嗜好を現実化させないために、最高に厳しい禁令が必要となるのです。現存の原始人、未開民族においては、インセストの禁令は私たちのもとよりもはるかに厳格であり、最近Th・ライクが輝かしい業績(14)のうちで、再生を表現する未開人の思春期儀式の意味とは、少年の母に対するインセスト的拘束を解消し父との和解を打ち立てることだと示しました。

神話学は皆さんに、人間たちから唾棄されているはずのインセストが神々には無頓着に認められていることを教えてくれます。古い伝承によれば、インセスト的兄妹婚は支配者たる者にとって神聖なる決まりであったこと（太古のファラオや、ペルーのインカにおいて)が知られます。したがって、それは下々の民衆には拒まれた特権なのです。

母とのインセストはエディプスの一方の犯罪で、父殺しがもう片方です。ちなみに、人間の最初の社会的宗教的制度であるトーテミズムが厳禁しているのも、これら両大罪です[15]。それでは、子供の直接観察から、神経症的になった成人の分析的探求へと目を転ずることにしましょう。分析はエディプスコンプレクスをさらに知るために何をしてくれるでしょうか。手短かに言いましょう。分析が提示するエディプスコンプレクスは、伝説に語られるそれと同じです。それらの神経症者はいずれも自分自身一人のエディプスだった、あるいは同じことになりますが、そのコンプレクスに対する反動でハムレットとなっていたことを分析は示します[16]。むろん、エディプスコンプレクスの分析による描写は幼年期の素描を拡大し粗略化したものです。父に対する憎悪、その死の欲望は、もはやおずおずと仄めかされず〔に公言され〕、母に対する情愛は女としての母の所有が目標だと白状されます。このどぎつく極端な感情の蠢きを、私たちは実際に、いたいけな子供時代に認めてよいものでしょうか。それとも、分析は新たな因子を混在させて私たちを欺いているのでしょうか。その因子を見つけ出すことは難しくはありません。人間が過去について伝えるその都度に、その人がたとえ歴史記述家であるとしても、私たちが考慮に入れなくてはならないのは、その人が意図することなく現在ないしその間の時代から何を過去のうちに移し替えて、過去の姿をまがい物にしているかなのです。神経症者の場合には、この移し替えが徹頭徹尾意図せざるものであるかどうかすら、疑わしい。私たちは後にその動機を知り、早期の過去への「遡行的空想作用(リュックファンタジーレン)」〔第二三講、本書下巻、二二四頁参照〕一般の事実を公正に捉えられるようにならなくてはなりません。また容易に気づくことですが、父に対する憎悪は後の時代や関係に由来する一定数の動機によって強化され、母に対する性的欲望は子供にはありえなかった形態に鋳造されます。とはいえ、エディプスコンプレクスの全体を遡行的空想作用によって説明しようとして、後の時代に関係付けようとするなら、それは無駄な努力というものでしょう。子供の直接的観察によって確認される幼年期の核は、そしてそれに付随するものも多かれ少なかれ、もとのままに存続します。

分析によって確定された形態のエディプスコンプレクスの背後から歩み出てくる臨床的事実は、実践的に最高に重要です。思春期には、性欲動がはじめに強度の要求を繰り出すと、かつての家族的インセストの対象が再度取り上げられて新たにリビードを備給(17)されることが知られています。幼年期の対象選択は、思春期のそれを方向付けるだけの弱々しい前奏にすぎなかったのです。それが思春期となると、エディプスコンプレクスの方向で、あるいはそれに対する反動で、きわめて強い感情的出来事が演じられますが、この出来事はその前提事項が耐えられないものとなっているので、大部分は意識から遠ざけられざるを得ません。この時期以降人間は、個人として両親から分離するという大きな課題に専念しなければならず、その課題が解決されて初めて個人は子供であることをやめて、社会共同体の成員となることができます。息子にとっての課題は、そのリビード的欲望を母から分離して、現実の別人を愛の対象として選択するために使用し、父と敵対していたのなら父と和解するということ、もしくは、幼年期の依托への反動として父への隷属に陥っていたのなら、父の圧力から自己を解放するということに存します。こうした課題は誰にでも生ずることですが、その処理が理想的な仕方で、すなわち社会的にも心理的にも正しい形で成功するのはいかに稀なことであるかは、注目に値します。ただし、神経症者にはこの解決がおよそ成功することがなく、息子は生涯にわたって父の権威に屈服したままで、リビードを他人である性的対象に転移することができません。関係に変更を加えるなら、同じことが娘の運命ともなりえます。この意味でエディプスコンプレクスが神経症の核(18)と見なされるのは正しいのです。

皆さんは、エディプスコンプレクスと連関している実践的にも理論的にも重要な事情について私がいかに僅かしか触れずに素通りしているか、ぼんやりと感じておられることでしょう。私はまた、エディプスコンプレクスの変異形やその可能な逆転についても触れていません。(19)より離れた関係としては、エディプスコンプレクスとは詩的創作をも最高に規定するものであることが分かったとだけ、示唆しておきましょう。オットー・ランクはある賞賛すべき書物(20)において、あらゆる時代の劇作家はその材料を主として、エディプスとインセストのコンプレクスおよび、その変異や隠蔽から取り出していることを示しました。エディプスコンプレクスの二つの犯罪的欲望が精神分析の時代のはるか以前から、制止されざる欲動生活の正規の代理表現として認識されてきたことも、言及しないわけにはゆきません。百科全書派のディドロの著作に、ほかならぬゲーテがドイツ語に翻案した有名な対話『ラモーの甥』があります。そこには注目すべき文章が読まれます。「《この小野蛮人が好きに放っておかれながら、そのおつむの弱さはそのままに、ゆりかご時代の子供のわずかな理性に三十男の激しい情念を結び合わせるなら、きっと父親の首を締め、母親と寝ることだろう(21)》」。

しかし、もう一つ見逃せないことがあります。エディプスの母＝妻が夢に注意を促したことを無にしてはなりません。夢形成の欲望が倒錯的でインセスト的な本性であることが大変多く、愛する近親者に対する思いがけない敵愾心を漏らしているという私たちの夢分析の結論を想起していただけるでしょうか。こうした邪悪な蠢きがどこに由来しているのか、私たちは当時解明しないままにしておきました〔第九講、本書上巻、二四七―

二四九頁〕。いまでは皆さん自身でそれを言うことができるでしょう。夜間にも存在し、ある意味で効力を持っていると分かるのは、早期幼年期に格納されながら意識生活からはとっくに放棄されているリビード及び対象備給(22)なのです。しかしながら、単に神経症者のみならず、あらゆる人間がそのように倒錯したインセスト的で荒れ狂った夢を見るのですから、今日の健常者もまた倒錯とエディプスコンプレクスの対象備給とを経る発達経路を辿ってきているのだが、この経路は健常な発達の経路なのであって、夢分析が健康者にもあると告げるものを神経症者はただ拡大し粗略化して示しているだけなのだ、と結論してよいでしょう。こうしたことが、夢の研究を神経症症状の研究に先立てた動機の一つなのです。

第二二講　発達と退行という観点、病因論

皆さん、私たちの聞き届けたところでは、リビードの機能は大々的な発達を経て、健常的と呼ばれる仕方で生殖に奉仕できるようになるのでした。それでは、この事実が神経症の起因にあたってどのような意味を持つのかを皆さんに披露したいと思います。

この発達には、第一に制止、第二に退行という二種類の危険が伴うと仮定する点で、私どもは一般的な病理学説と一致していると考えられます。つまり、一般的に生物学的出来事が変異への傾向性を有することからして、あらゆる準備段階が等しく十全に通過され完全に克服されるわけにはいかないのです。機能のある部分はこの先行段階に長期にわたって引き止められ、発達の全体像にはある程度の発達制止が添加されることになるでしょう。

こうした出来事の類比を他の領域に求めてみましょう。人類史の早期にたびたび生じ

たように、ある民族全体がその居住地を離れ、新たな居住地を捜すとしたら、そのメンバーの大多数が新天地に到達するというわけにはいかないでしょう。他にも損失があることは別にしても、移住民の主たる一行は先に進んでいくのに、いくつかの小団体や仲間が途中で停止し、その場に定住するということが規則的に起こらざるを得なかったでしょう。もしくは、より近しい比較を求めるなら、ご存じのように、高等哺乳類では、雄の生殖腺はもともとは腹部の内側深くにあるのに、子宮内に生存している期間に、遊走を開始し、骨盤の端の皮膚のほとんど直下に位置するようになります。この遊走の結果、一定数の雄にあっては、対をなす器官の一方が骨盤窩のうちに残されたり、両方とも遊走によって通過し終えているべきいわゆる鼠径管に位置を占めることになったり、少なくとも、生殖腺の場所替えの完了後には通常なら癒合するはずのこの鼠径部が開いたままになったりします。学生の頃フォン・ブリュッケの指導のもとで最初の学術的な作業を行っていた当時、私は随分原始的な形態の小魚〔ヤツメウナギの幼生形態〕の脊髄にある神経後根の起点に取り組んでいました。私は、この根の神経繊維が灰白質の後角にある大きな細胞から出てきていることに気が付きましたが、それは他の脊椎動物にはもはや当てはまりません。しかしまもなく、これらの神経細胞が灰白質の外部、後根のいわゆる脊髄神経節までの全地帯に見られることも、私は発見し、そこから、これらの神経節群の細胞が脊椎から神経の根地帯に遊走したものであるとの結論を得ました。このことは発達史も示していることですが、この小さな魚にあっては遊走の全経路が残された細胞のおかげで分かるようになっていたのです。[1]突っ込んでみれば、こうした比較の弱点を皆さんは容易に嗅ぎ付けられることでしょう。ですから、すぐにでも、ある性的追求のなにか個々の部分が早期の発達段階に取り残されたままなのに、他の部分は最終目標に達しているということは、いずれの性的追求にもあり得ることなのだ、と述べておきましょう。その場合お分かりになるように、私どもは性的追求のいずれをも、生命の開始以来連続する潮流として考えています。ただ、それをある程度人為的に、別々に継続する推進段階に分解しているだけです。こうした考えはさらに説明が必要だと皆さんが感じておられるとしたら、もっともなことではありますが、そんなことをしても脇道にそれるだけでしょう。部分欲動の早期段階へのそのような滞留が固着(すなわち、欲動の固着)と呼ばれるということは、どうか堅持しておいて下さい。

そのような段階的発達の第二の危険は、前進していた部分もまた、ともすれば逆行して早期の段階のどれかに逆戻りするかもしれないということです。これを私どもは退行と呼びます。性的追求がこのような退行に向かうのは、その機能行使が、それゆえ、その満足目標の達成が、後の発達形態ないし高次の発達形態において強力な外的妨害に遭遇する場合です。固着と退行が互いに無関係ではないと仮定するのは当然なことです。発達経路への固着が強ければ強いほど、機能はいっそう早く固着地点まで退行し、そのことによって外的困難から身をかわすでしょうし、それゆえこれまで形成されてきた機能が、経過を外的に妨害するものに対していっそう抵抗不能であることが分かるでしょう。考えても見て下さい。移動中の民族の大部分が移住の途上どこかの停泊地に残留した場合、先にまで進んだ者たちも、苦難に打たれたり強大な敵に出会ったりすると、その停泊地にまで引き返すことは自然でしょう。移住の途上停泊地に残留する人数が大きければ大きいほど、先行した者たちはそれだけ容易に敗北の危機に陥るでしょう。

固着と退行のこうした関係を見失わないことが、神経症の理解にとっては重要です。そうすると皆さんも、神経症の起因の問題、神経症の病因論の問題に関して確かな手がかりを得ることになります。この問題に私たちはまもなくアプローチします。

さしあたりもう少し退行に留まりましょう。リビードの機能発達について知られたことから、退行には二種類あると皆さんは予想されているでしょう。その一つは、リビードの備給された最初の対象、すなわち、周知のようにインセスト的本性を有した対象への退行であり、もう一つは、性的編成全体のより早期の段階への退行です。両方ともが転移神経症〔第一九講、本書下巻、一〇四頁〕では生じ、その機制において大きな役割を果たします。とくに、最初のインセスト的対象へのリビードの退行は、神経症者にあってはまさにうんざりするほど規則的に見出される特徴です。他のグループの神経症、いわゆるナルシス的神経症も考慮するなら、はるかに多くのことがリビードの退行について述べられますが、いま私たちはそれを意図していません。(2) それらの疾患は、いままで言及されなかった、リビード機能の他の発達経過についても解明してくれ、したがって、新たな種類の退行をも示してくれます。しかし、いまはなにより、退行と抑圧を混同しないよう、皆さんに注意を促し、両過程の関係をご自身で納得できるように手助けすべきだと思っています。抑圧とは、想い出されることと思いますが〔第一九講、本書下巻、九五頁以下〕、意識化可能な行為が、それゆえ、前意識系に属している行為が、無意識的にされる、つまりそれゆえ無意識系に押し戻される出来事をいいます。無意識の心の行為が一般に、それに隣接する前意識系への入場を許されずに検閲の敷居で押し返される場合も、同様に抑圧と呼ばれます。ですから、抑圧概念は性欲となんら関係ありません。このことはよく気に留めておいて下さい。抑圧概念は純粋に心理学的出来事を表示するのであって、この出来事は、局所論的と称するなら、さらによく性格付けられうるものです。局所論的出来事ということで、私どもの言おうとするのは、その出来事が仮定された心的空間性と関わるということ、ないし、心的空間性という粗雑な補助観念を再度放棄するなら、別々の心的系からなる心の装置の構成と関わるということです。

先の比較によってまず注意されるのは、私たちは「退行」という語をこれまで一般的な意味ではなく、ごく特殊な意味で用いてきたことです。もし、退行を高次の発達段階から下位の段階への回帰という一般的な意味で用いるなら、抑圧も退行の一つに含まれることになります。というのも、抑圧は、心的行為のより早期で低位の発達段階への回帰としても記述可能だからです。ただ、抑圧において大切なことは、この逆行的方向性ではありません。というのも、心的行為が無意識の下位段階に固定される場合も、力動論的な意味で抑圧と呼ばれるからです。抑圧がまさしく局所論的‐力動論的概念であるのに、退行は純粋に記述的概念です。しかし、私たちがこれまで退行と呼んで固着と関連付けてきたものにおいてはもっぱら、発達のより早期の停泊地へのリビードの回帰が意味されており、それゆえそれは、抑圧とは本質的にまったく異なり無関係なものでした。私たちはリビードの退行を純粋に心的な出来事とは呼べませんし、心の装置の中でどの位置が割り当てられるべきなのかも知りません。たとえ心の生活に最大の影響を及ぼすとしても、退行においては器質的要因が最も傑出しています。

皆さん、このような論究はなにかしら無味乾燥にならざるを得ません。臨床の方に方向転換し、応用によって論究をいくぶん印象に残りやすいものにしましょう。ご存じのように、ヒステリーと強迫神経症は転移神経症群の二つの代表事例です。ヒステリーにおいては、たしかにリビードは原初的でインセスト的な性的対象に退行します。しかも、その退行はきわめて規則的なものです。がしかし、性的編成のより早期の段階への退行は見られないも同然です。その代わりに、ヒステリーの機制で主たる役割を果たすのは抑圧です。これまでに確保されたこの神経症の知識を一つの構築によって補足してよいのなら、事態は次のように記述できるでしょう。すなわち、性器優位のもとで部分欲動の統合がなされると、その結果として、意識と結託した前意識的系からの抵抗と遭遇することになります。ですから性器的編成は無意識には妥当しても、同じく前意識にも妥当するというわけには参りません。前意識からするこの拒否によってある形象が浮かんできますが、それは性器優位以前の状態とある種の類似性があります。とはいえ、それはまったく似て非なるものなのです。——リビードの二種類の退行のうち、性的編成のより早期段階への退行の方がはるかに目立ちます。ヒステリーではこの退行が欠如し、また神経症に関する私たちの見解全体は多分にいまだ、時間的に先行したヒステリー研究の影響下にありますので、リビードの退行の意義もまた抑圧のそれに比べて随分後になって明らかとなったのでした。ヒステリーと強迫神経症以外に他のナルシス的神経症も考察に引き入れられるようになると、私たちの観点は違った拡張や価値転換を経験するであろうことは予想しておきましょう。

強迫神経症では反対に、サディズム肛門編成という前段階へのリビードの退行が最も目立つ、症状表出の標準となる事実です。その場合、愛の衝迫はサディズム的衝迫に変装します。お前を殺したいという強迫表象とは、ある種の、偶然ではない不可避の添加物を洗い落とすなら、根本のところでは、愛によってお前を享受したいということ以外ではありません。それにさらに、同時に対象についても退行が生じていて、これらの衝迫はひたすら身近な最愛の人物に向けられていることを付け加えるなら、こうした強迫表象が病人に呼び起こす恐怖がどのようなものであり、それとともに、その表象が病人の意識的知覚に立ち現れてくる際の異様さがどのようなものであるかも、見当がついてくるでしょう。とはいえ、抑圧もこれらの神経症の機制に大いに関わっているのですが、ただしその関わりについては、私たちの行っているざっとした紹介では簡単に論じることはできません。抑圧なしのリビード退行では、神経症にはならずに、倒錯に行き着くでしょう。このことから、抑圧が神経症にいちばん固有な意味で帰属する、その最大の性格となる過程なのだということが見て取られるでしょう。多分、倒錯の機制について分かっていることを皆さんに披露する機会もあることでしょう。そうすればここでも、ともすれば構築したがるようには、ことはそう簡単でないことがご理解いただけるでしよう(3)。

皆さん、いまお聞きになった、リビードの固着と退行に関する論述と最も容易に折り合いをつけられるとしたら、それは、皆さんがこの論述を神経症の病因論の探求を準備するものとしてお認め下さる場合でしょう。この点について私は、一つのことだけ報告いたしました。すなわち、人間はそのリビードを満足させる可能性を奪われた時に、それゆえ、私の言い方では「不首尾」のせいで、神経症を発症するのであり、その症状とはまさに不首尾となった満足の代替であるということです〔第一九講、本書下巻、一〇五頁参照〕。それはもちろん、リビード満足のどのような不首尾も、それに見舞われた人をことごとく神経症にするということではなく、ただ、神経症の調査された症例ではすべて不首尾の契機が証示され得たというにすぎません。ですから、この命題の逆は真ならず、です。皆さんはまた、その主張が神経症の病因論の秘密全体を暴くのではなく、単に一つの重要な不可欠条件を特記するにすぎないこともご理解されたことでしょう。

〔不首尾から神経症が起因するという〕この命題についてさらに議論するには、不首尾の本性を頼りとすべきなのか、それとも不首尾に見舞われた人の特有性を頼りにすべきなのか、いまは分かりません。しかしながら、不首尾が全面的で絶対的なものであることはごくごく稀なことです。病原的に作用するためには、不首尾はおそらく、当該人物が唯一求め、唯一なしうるところの、満足のあり方を見舞うのでなくてはならないでしょう。一般に、リビード満足の欠如に堪えながら、それのせいで発症しないためには、きわめて多くの方途があります。何より私たちは、そのような欠如を背負いながら害を受けないでいられる人びとを知っています。そうした人は幸福ではないし、〔欠如ゆえの〕思慕に苦しんでいますが、それでも病気になりません。それからまた私たちは、こう言ってよければ、まさに性的欲動の蠢きこそ並はずれて可塑的であることも考慮しなければなりません。一方の蠢きは他方の蠢きの代わりを買って出ることができ、一方が他方の強度を肩代わりすることもできます。一方の満足が現実によって不首尾になるとき、他方の満足がその十分な埋め合わせを差し出すことができます。両者はたがいに、連絡し合った水路網のように関わるのです〔第二〇講、本書下巻、一二〇頁および同所訳注(8)参照〕。それも、性器の優位に従属しながらそうするのですが、これはそう手軽には一つのイメージが結ばれません。さらに、性欲のいろいろな部分欲動は、それらから組み立てられる性的追求同様、対象を取り替える大きな能力、ある対象を別の対象と、それゆえより簡単に手に入れられる対象とも交換する能力、を示します。この遷移可能性、代用物の受け入れ準備態勢が、不首尾の病原的作用に強力に対抗するに違いありません。欠如による発症から守護してくれるこれらの過程のうちでも、ある過程がとくに文化的な意義を持つようになりました。それは、性的奮闘がその部分快ないし生殖快に向かう目標を放棄し、放棄された目標と発生的に繫がっているが、それ自身はもはや性的ではなく社会的と呼ばれなければならない、別の目標を引き受けるということに存します。この過程を私どもは「昇華」と呼びますが、それは、根本的に我欲的なものである性的目標よりも社会的目標を尊重する一般的評価に追随しているからです。ところが、昇華とは、性的追求が非性的な他の追求に依托する個別事例の一つにすぎません〔第二〇講、本書下巻、一二四―一二五頁参照〕。昇華については、他の繫がりでももう一度語らなければならないことになるでしょう〔第二三講、本書下巻、二二三―二二五頁参照〕。

欠如はそれに耐えるあらゆるこうした手段によって大したものでなくなったかのような印象をもたれたかもしれませんが、それは違います。欠如は病原的な力を保っています。対抗手段は一般的に十分ではありません。人間が平均して引き受けうる不満足のリビードの量は限られています。リビードの可塑性ないし自由な可動性はすべての人に十分維持されているわけでは決してありませんし、昇華も、その能力が多くの人には僅かな規模でしか付与されていないことを別にしても、いつもただある断片的なリビードを処理できるだけなのです。こうした制限のうち最も重要な制限はあきらかに、リビードの可動性の制限です。これによって、個人の満足はごくわずかな数の目標や対象への到達に依存させられることになるからです。不十分なリビードの発達が、初期段階の編成や対象発見に対する大規模の、場合によっては何重にも及ぶリビードの固着、たいていは現実的な満足のなされ得ない固着を残存させるものだということを、どうか想い出して下さい。そうすれば、リビードの固着とは不首尾と相侯って病気の起因となる第二の強力な要因であることがお分かりになるでしょう。図式的に簡略化して、リビードの固着が神経症の病因論において素因となる内的な要因だとすれば、不首尾は偶然的で外的な要因を代理表現すると、言うこともできるでしょう。

いまを機会として、まったく余計な論争に巻き込まれて立場表明をなされないよう、警鐘を鳴らしたいと思います。科学的営為においては、一部分の真理を取り上げて、それを全体の代わりにして、それのために、劣らず真であるものを論難するということがたいそう好まれます。このようにして、精神分析運動においてもすでに幾つかの方向が分岐し、そのうちの一つは利己的な欲動のみを承認して、性的欲動は否認しましたが、他の方向は現実的な生活の課題の影響のみを尊重し、個人的過去の影響は見逃す等々といった具合でした(4)。いまの場合も似たような対決や係争問題のきっかけとなりえます。つまり、神経症とは外因的な病気なのかそれとも内因的な病気なのか、ある種の気質の不可避の帰結なのか、それともともとくにある種の有害な(外傷的な)生活印象の産物なのか。

神経症はリビードの固着(とその他の性的体質)によって呼び起こされるのか、それとも不首尾の圧力によってなのか。この二者択一のディレンマは、次のディレンマに劣らず、全体として賢明なものでないように思われます。すなわち、子供は父による授精によって産まれるのか、それとも母の側の受胎によるのか、というディレンマです。両方の条件が等しく不可欠だと、皆さんは正当に答えるでしょう。神経症の起因においても、関係はまったく同じではありませんが、よく似てはいます。神経症の起因を考察するなら、ずらっと並べられる発症事例の系列の内部で二つの契機——性的体質と体験、ないしこう言った方がよければ、リビードの固着と不首尾——が、互いに反比例する増減関係をなします。系列の一方の端には、なにを体験しようといかに生活に恵まれても、いずれにせよこれらの人間はその特異なリビード発達によって発症した、と確信をもって言いうる極端な症例があります。他方の端には、もし生活によってあれこれの状態に追い込まれなかったら、たしかに病気を免れていた、と反対に判断せざるを得ない症例があります。その両極内で系列をなす症例では、素因となる性的体質の多寡と有害な生活上の要求の多寡とが反比例的に協同しています。これらの症例の性的体質は、そうした体験をしていなかったなら、神経症をもたらさなかったでしょうし、この体験も、リビードをめぐる事情が他のようであったら、外傷的に作用しなかったでしょう。私としてはこの系列において多分、素因となる契機にある種の優位的な意義を認めることができるかもしれませんが、そうはいっても、この認容も、皆さんが神経質症の境界をどう画定するか次第です。

皆さん、このような系列を相補系列[5]と表示するよう提案します。このことによって、皆さんには他にも似たような系列が提起されるだろうことを予期なさってほしいと思います。

リビードが特定の方向や対象に付着する強靱さ、いわばリビードの粘着性は私たちには、自立的で、個人によってさまざまな要因であるように思われます[6]。この要因が何に左右されるのかはまったく知られていませんが、神経症の病因論にとってその意義がもはや過小評価されることは確実にありません。しかしだからといって、この関係の緊密さを過大評価してもなりません。つまり、リビードのまさにこのような「粘着性」は――知られていない理由から――多数の条件を満たすと健常者でも生じ、ある意味では神経質症者の反対であるような人びとにおいて、すなわち倒錯者においても、規定契機として見出されます。倒錯者の健忘内容からは頻繁に、異常な欲動方向や対象選択の印象がずいぶん早期のものとして暴露されますが、この欲動方向や対象選択に倒錯者のリビードが生涯付着し続けるということは精神分析の時代以前からすでに知られていました（ビネ）[7]。この印象の欲動方向や対象選択がどうしてこれほど強度の牽引力をリビードに及ぼすことができるのかは、分からない場合も多いのです。私は皆さんに、自分で観察したこの種の一症例のことを語りましょう。いまでは女性の性器もその他の刺激も何の意味も持たず、ただ靴を履いたある形態の足によってのみ抵抗不能の性的興奮に誘われる男が、自分のリビードの固着にとって決定的となった五歳時のある体験を想い出すことができました。彼は英語を教えてもらっていた女家庭教師の隣で床机に腰掛けていました。家庭教師は痩せぎすで、美しくない年かさの独身女性でしたが、瞳は水色で鼻は反り返っていました。彼女はその日片足を病み、それで、ビロードのスリッパを履いてクッションの上に伸ばしていました。脚自体は品よく覆い隠されていました。そのとき彼が見た、家庭教師の肉のない筋張った足は、思春期の健常な性的活動がおずおずと試行されたのち、彼の唯一的性的対象となりました。男は、この足に、イギリス女の類型的家庭教師を想い出させる他の特徴が加わると、抵抗しようもなく心奪われました。しかし男は、リビードのこの固着によって神経症者とはならずに、倒錯者、言われるところの、足のフェティシストとなりました[8]。こうして、お分かりになると思いますが、リビードの過剰な、そのうえ早まった固着が神経症の起因にとって不可欠でありながら、にもかかわらず、固着の作用圏は神経症の領域をはるかに越えて及んでいるのです。固着という条件もそれ単独では、上掲の不首尾と同じように、なんら決定的ではないのです。

こうして、神経症の起因の問題は複合的であるように思われます。実際、精神分析の探求はある新たな契機を知らせてくれますが、これは私どもの病因論の系列では顧慮されておらず、それまで快適に暮らしていたのに突如神経症の発症で支障をきたした、そういう症例でいちばんよく認められるものです。こうした人物においては決まって、欲望の蠢き相互の対抗関係の徴候、ないし、私どもの常日頃の言い方では、心的葛藤の徴候が見られます。ある部分の人格がある種の欲望を代行し、他の部分はそれに抗い防衛します。そういう葛藤なしには神経症は存在しません。それはなにも特別なこととは思われません。(9)ご存じのように、私たちの心の生活は絶えず葛藤に突き動かされていますが、この葛藤の結着を私たちはみずからつけなければなりません。それゆえ、そうした葛藤が病原的になるには、おそらく、特別な諸条件が成就されていなければなりません。これら諸条件とはいかなるものなのか、いかなる心の諸力の間でこうした病原的葛藤は演じられるのか、葛藤は病気の起因となる他の契機とはどのような関係にあるのか、私たちはこういう問いを立ててよいでしょう。

これらの問いに、たとえ図式的に簡略化されていても、十分な答えを皆さんに差し出すことができればと願っています。リビードが満足を喪失したため、他の対象や方途を探し求めざるを得なくなると、葛藤が不首尾によって呼び出されます。そうした他の方途や対象が当該人格の一部分の気に入らず、そのため拒否権が発動され、新たな満足方法がさしあたり不可能となるということが、葛藤の条件となります。ここから症状形成へと道が通じていきますが、それについては後に追跡することにしましょう。[10]リビードの追求が拒絶されると、それは何らかの迂回路を経てでも貫徹しようとしますが、その際には、異議申し立てへの考慮が払われないわけにはゆかず、何らかの歪曲や緩和措置が施されるのです。この迂回路が症状形成という方途なのであり、症状とは、不首尾の事実によって必然的なものとなった新たな満足ないし代替満足なのです。

心的葛藤の意義は、次のように別の言い方をすることによっても正確に述べられます。すなわち、外的不首尾が病原的となるには、内的不首尾もさらに加わらねばならない、と。その場合、外的内的不首尾はむろんさまざまな方途や対象に関わります。外的不首尾が満足のある可能性を奪い去るとしたら、内的不首尾は別の可能性を排除したがり、そうするとこの可能性をめぐって葛藤が噴出します。私はこうした叙述の仕方を優先しますが、それは、この仕方にはある秘密の内容が含まれているからです。つまり、この仕方で叙述すると、内的阻止は人間発達の先史において現実的な外的妨害から由来してきた蓋然性が高いことが指摘されるのです(11)。

しかし、リビードの追求に対する異論、すなわち病原的葛藤における反対勢力の発出源となる諸力とはどのようなものなのでしょうか。ごく一般的に言うなら、それは非性的な駆動力です(12)。私どもはそれらを「自我欲動」として一括します。転移神経症の精神分析によっては、これらの欲動をさらに分析する良い手だては何ら与えられません。せいぜい分析に対峙する抵抗によって、それらについてある程度のことを知ることができるだけです。病原的な葛藤はそれゆえ、自我欲動と性欲動の間の葛藤です。一連の症例からするに、この葛藤はまた純粋に性的な多様な追求相互間の葛藤でもありうるかのように見えます。しかし、それは根本的には同じことです。というのも、葛藤状態にある二つの性的追求のうち一方はいつも、いわば自我親和的であるのに対し、他方は自我の側からの防衛を挑発するのだからです。ですから、それはやはり自我と性との葛藤なのです。

皆さん、精神分析が心の生起を性欲動のなせる業だと主張すると、その度に、苛立たしげな防衛の態度で責められたものです。曰く、人間は性欲のみで成り立っているのではない、心の生活には性以外の欲動や関心も存在し、「一切」を性欲から導きだすことは許されない、等々。さて、敵対者とも一旦は同じ意見であるとは、大変悦ばしいことです。精神分析は性的ならざる駆動力も存在することを忘れたことはありませんし、性的欲動と自我欲動を厳しく分離することを礎とし、いかなる異論も受ける前に、神経症は性から出現するのではなく、自我と性の葛藤をその起源としているのだと主張してきたのです。病気や生活の中の性的欲動の役割を追跡するからといって、精神分析には自我欲動の存在や意義を争う動機があるなどとはまったく考えられません。ただ、性欲動が転移神経症を通して最も早くに洞察され、また他の人たちが蔑ろにしてきたことを研究する責務が精神分析にはあったので、第一に性欲動を取り扱うことが、精神分析の宿命となっただけです。

また、精神分析は人格の非性的な部分をまったく意に介していないというのも、当たっていません。まさに自我と性とを分離するがゆえに、自我欲動もまた顕著な発達を遂げるのであって、その発達はリビードとまったく無関係でもなければリビードに反作用しないでもないことが、とりわけ明快に認識されるのです。もっとも、私どもは自我の発達についてはリビードのそれよりもはるかに少ししか分かっていません。というのも、ナルシス的神経症の研究によってようやく自我の構成について洞察が見込まれるのだからです。[13]とはいえ、自我の発達段階を理論構築しようとするフェレンツィの注目すべき試み[14]がすでにありますし、少なくとも二個所で私どもは自我発達を判定するための確かな手がかりを得ています。ある人物のリビードの関心が最初から自己保存の関心と対立しているとは考えられません。むしろ自我はどの段階でも、現下の性的編成と調和し性的編成を自分のうちに組み入れようと奮闘するでしょう。リビード発達の個々の段階の交替はおそらく、あらかじめ規定されたプログラムに従っているのでしょうが、この経過がしかし、自我の側から影響を及ぼされうるということは拒み得ません。自我とリビードの発達段階のある種の平行関係、一定の対応関係も同様に予想されてよいでしょう。それどころか、この対応関係の障害が病原的契機をもたらすこともありうるでしょう。それで、リビードが発達のある個所で強度の固着を残す場合、それに対する自我はどのように振舞うのかが、私どもにとって重要な観点となります。自我は固着を許容するかもしれず、そうするとそれに見合った程度で倒錯的に、ないし、同じことですが、幼児的になります。しかしまた、リビードのこの固定化に対し自我は拒否的に振舞うかもしれません。その場合にはリビードが固着を経験したその個所で、自我は抑圧をするわけです。

　このようにして私たちは、神経症病因論の第三の要因である葛藤の傾向が、リビードの発達と同様、自我の発達にも依存していることを知るようになります。神経症の起因についての私たちの洞察はこうして補完されました。第一に、最も一般的な条件としての不首尾、ついでリビードを特定の方向に押しやるその固着、そして第三に、そのようなリビードの蠢きを拒否した自我発達に基づく葛藤の傾向。ですから、おそらく皆さんには、私の論述の進展の最中には、事態が恐ろしく混乱して見極めがたいと思われていたかもしれませんが、それほどでもないわけです。しかしむろん、まもなく分かりますが、これで完了ではありません。私たちはさらに新たなものを追加し、すでに知られているものをさらに分解しなければなりません。

　自我発達が葛藤の形成に、したがってまた神経症の起因に及ぼす影響を証明するために、一つの例をご覧に入れましょう。これはまったくの創作ですが、いかなる点でも真実らしさを欠いてはいません。ネストロイの茶番劇の題名に依托して「一階と二階で」と性格付けておきましょう。一階には管理人が住み、二階には金持ちで身分の高い男である家主が住んでいます。両名には子供がいますが、家主の娘には、プロレタリアートの子供と監視されずに遊ぶことが許されていると仮定しましょう。そうするときわめて容易に起こることですが、子供たちの遊びは躾の悪い、つまり性的な性格を帯びて、「お父さんお母さんごっこ」をし、お互い秘密の行いを見せ合いっこし、性器を刺激し合います。その場合家主の女の子は、五、六歳の年齢なのに大人の性をいくらか観察する機会をもったことがあり、誘惑者の役割を引き受けるかもしれません。こんなことを体験すれば、たとえそれが長期間継続するものでなくとも、二人の子供たちにはある種の性的蠢きがかき立てられ、一緒に遊ぶことがなくなっても数年にわたって自慰となって表面化してくるでしょう。ここまでは二人に共通しますが、最終的な顛末はまるで異なるでしょう。管理人の娘はたとえば生理が開始するまでは自慰を続け、その後は困難なしに停止し、何年かすると愛人を受け入れ、ひょっとすると子供もうけるかもしれませんが、もしかしたら大衆的な芸術家への道をなにかしら歩み、最後には貴族の一員になることもあり得るでしょう。多分その運命はこれほど輝かしいものとはならないでしょうが、それでも、性欲の早まった活動によって傷害を受けることもなく、神経症からも自由で、人生を成就することでしょう。家主の娘は違います。この娘はまだ子供の早い時期から、間違ったことをしてしまったと感じており、少しすると、しかしもしかしたらきつい闘いを経て初めて、自慰による満足を断念し、それにもかかわらず、その性質にはなにか鬱屈したところが残されるでしょう。少女時代、人間の性交渉について何か知る機会に遭遇すると、訳の分からぬ嫌悪感を持って身を背け、無知のままに留まろうとするでしょう。おそらく彼女はいまでも新たに登場してくる抑えがたい自慰への衝動に屈しているのですが、この衝動のことであえて不満を漏らすことはありません。女として男の気に入られなければならない年代になると、神経症が勃発し、それのために結婚や人生の希望がだいなしになってしまいます。分析によってこの神経症について洞察が得られるようになると、この育ちの良い知的で志の高い女の子は性的蠢きを完全に抑圧しているが、性的蠢きは、彼女には無意識的であるにしても、子供時代の友人との他愛のない体験にへばりついたままであることが示されます。

同じ体験にもかかわらず二人の運命が異なるのは、一方の自我が他方では生じなかった発達を経験したところに由来します。管理人の娘には、性的活動は後になっても幼年時代と同じように自然で無難なものと思われています。家主の娘は教育からの働きかけを経験し、その要求を引き受けました。彼女の自我は自分に差し出された教唆に従い、女としての純潔や無欲さの理想を育て上げましたが、この理想は性的活動とは折り合いがつきません。知性の育成によって、彼女のものとされる女としての役割に対する関心は貶められました。自我のこうした高次の道徳的知性的発達のために、彼女は性の欲求との葛藤に陥ったのです。

今日はさらに自我発達の第二の点も見ておこうと思います。それは、ある程度広く見通しのきく展望を得るためでもありますが、また、まさに以下に述べることが、自我欲動と性欲動との厳格な分離という、私どものお気に入りではありますが、自明とは言えない分離を正当化するのに適しているからでもあります。自我とリビードという両方の発達を判定するにあたっては、これまであまり検討されたことのない観点を前面に立てなくてはなりません。自我もリビードも根本のところでは遺伝であり、全人類がその太古からきわめて長期間行ってきた発達の短縮された反復です。リビードの発達にはこの系統発生的由来はすぐさま見て取られる、と考えてよいでしょう。ある動物種では性器装置は口と最も密接に関係し、他の種では排泄装置から分離されず、さらに別の種では運動器官と接続しています。これらはW・ベルシェがその有益な書物(15)の中で魅力的に描いているものです。動物においては、いわばあらゆる種類の倒錯が性的編成に凝固しているのが見られるわけです。ただ人間の場合は系統発生的観点が、根本的には遺伝されるものでありながら、個人の発達のうちで新たに獲得されるものもある(16)という事情のために部分的に覆い隠されるのです。どうしてそういう事情になるのかと言えば、それはおそらく、かつてそれの獲得を余儀なくされたのと同じ事態が存続し、各人に作用しているということのゆえです。この同じ事態がかつては創造的に作用し、いまは喚起的に作用しているのだ、と言ったら良いでしょうか。その上さらに、予め示されている発達経路が個々人の場合、現在の外的影響によって妨げられ変更されうるということも疑いありません。しかし、人類にそのような発達を余儀なくさせ、同じ方向へのその圧力を今日も等しく維持している力が何なのか、私たちは知っています。それはまたしても現実

368

の不首尾、あるいは正確に命名するなら、〈生の必要〉、《アナンケー[17]》なのです。これが厳しい教師として、私たちに多くのことを成し遂げさせたのです。神経症者とは、この厳格さが悪しき結果をもたらした子供なのです。とはいえ、これはどのような教育においても冒されるリスクです。——ただし、〈生の必要〉をこのように発達の原動力として評価するからといって、「内的な発達性向」が立証される場合、その性向の意義を過小評価しなければならないというわけではありません。

ところで、大いに注目すべきことに、性欲動と自己保存欲動とでは現実的な必要に対して同じ挙動を示しません[18]。自己保存欲動及びそれと繋がっているすべてのものは、より簡単に教育されます。必要に追随し、現実からの指示に従って発達を調整することを早くから学びます。これは分かりやすいことです。というのも、この欲動は、自分が必要とする対象を他のやり方では手に入れられないからです。こうした対象なしでは個体は滅ばざるを得ません。性欲動の教育はより困難です。というのも、それは最初、対象の逼迫した必要を知らないからです。他の身体機能にいわば寄生的に依托し、自分の身体によって自体性愛的に自己満足するので、性欲動は現実の必要による教育的影響をさしあたり免れているからです。性欲動はたいていの人間において、影響を受け付けないわがままという性格、すなわち、私たちが「聞き分けの悪さ」と呼ぶものを、何らかの点で生涯にわたって主張し続けます。性的欲求が最終的な強さとなって目覚めると、若者の教育も通例それ以上行われ得ません。教育者はそれを知っており、それにしたがって行動します。しかしもしかしたら、教育者は精神分析の成果によって、教育の主たる重点を最初の幼年時代、乳児以来の時期に置くよう、さらに動かされるかもしれません。小さな人間は三、四歳でもう完成していることも多く、その後にはすでに自分の内に潜んでいるものをただ徐々に表面にもたらしてくるだけなのです。

二つの欲動群の告知された相違の意義を十分に検討するためには、議論の輪を広げ、経済論的〔第一三講、本書下巻、六八頁参照〕と呼ばれてしかるべきあの考察法の一つを導入しなければなりません。このことによって私たちは精神分析の最重要でありながら、最も曖昧な領域の一つに赴くことになります。私たちの心の装置が作動する際に主要な意図というものが認められるかという問いを立てるとすると、まず大体のところでは、この意図は快の収得に向けられていると答えられるでしょう。私たちの心の作用全体は快を獲得し不快を避けることに向けられていて、快原理〔本講、訳注(19)参照〕によって自動的に規制されるように思われます。ところで、何を差し置いても知りたいところは、快・不快の発生の条件とはどのようなものかということですが、まさにそれがわからないのです。ただ、快とは心の装置で覇権を振るっている刺激量を減少低下しあるいは消去することに何らかのかたちで拘束されており、不快はその刺激量の増加に拘束されているとだけは主張することが許されるでしょう。人間に達しうる最も強度の快である、性行為遂行の際の快を調べてみるなら、この一点に関してほとんど疑いを容れません。このような快の過程にあっては心の興奮量ないしエネルギー量の運命が問題となりますので、私どもはこの種の考察を経済論的と表示します。そうすると、心の装置の課題と営みは、快の収得の強調とは異なったやり方でより一般的に記述できることも気づかれます。心の装置の意図とは、外的内的に近寄ってくる刺激量、興奮嵩を制覇して処理することだ[19]、とも言いうるのです。性欲動については、その発達のはじめも終わりも快の収得を目指して作動していることは端的に明瞭です。性欲動はこの元来の機能を変更することなく保持します。同じことを他の欲動である自我欲動も最初は目指しています。けれども、〈必要〉という先生の影響を受け自我欲動はまもなく、快原理をある変化形で代替します。自我欲動には不快を防ぐという課題が、快収得の課題とほとんど等価値のものとして並んで設定されるのです。直接的満足を断念して快の収得を先延ばしし、幾分かの不快は甘受し特定の快源泉はそもそも放棄せざるを得ないことを自我は知ります。このような教育を受けた自我は「聞き分けがよく」なり、もはや快原理に支配されることなく、現実原理[20]に従います。現実原理も根本においては快を得ようとするのですが、しかしその快とは、先延ばしされ減少しているとしても、現実を顧慮することで確実なものとなっている快です。

快原理から現実原理への移行は、自我の発達における最重要の進歩の一つです。性欲動が自我発達のこの部分を遅くになってから、ただいやいやながらともにすることは、私たちもすでに知っていますし、人間の性が外的現実とこれほど緩い関係に甘んじていることがどのような帰結をもたらすのか、後に耳にすることでしょう。では最後に、いまのことに関連することを一言。人間の自我がリビードと同じように発達史を有しているとしたら、「自我退行」も存在すると聞いて、皆さんがびっくりされることはないでしょうし、より早期の発達段階への自我のこうした回帰が神経症の発症に当たってどのような役割を果たしうるのか、知りたく思われることでしょう。

第二三講　症状形成の道

皆さん、素人の方にとりましては、病気の本質をなしているのは症状ということになりますので、治癒とはこの症状を終結させることになります。医者のほうはといいますと、症状を病気と区別することに重きを置いておりますため、症状の除去だけではまだ病気の治癒にはならないと言います。しかし、症状が除去されたあとに残っている、はっきり病気といえるものは、ただ、新たな症状を形成する力にすぎません。ですので、私たちは、さしあたりは素人の方の見方に立って、症状を徹底究明することは病気を理解することに等しいとみなすことで、話を始めさせていただきます。

症状とは――もちろんここで問題にしますのは心的(もしくは心因的)症状ないし心的病態ということですが――生活全体にとって有害な営み、もしくは少なくとも役に立たない営みのことでして、しばしば当人自身によって忌まわしいと嘆かれ、当人にとって不快や苦痛と結びついたものです。症状がもたらす害の主たるものは、症状それ自体が必要とする心のエネルギー消費、およびそれに加えて、症状と闘うのに不可欠な心のエネルギー消費です。症状形成がじゅうぶん進んだ段階になりますと、この二方面での費消の結果、当人の自由になる心のエネルギーは桁はずれに乏しくなり、そのため、当人は萎縮してしまって、生活上の重要な課題いっさいに対して手を打つことができなくなることにもなりかねません。そうした結果になるかどうかは、主として、ここに要求されるエネルギーの量いかんによっておりますので、「病気である」ということが本質的に〔理論的ならぬ〕実際的な概念だということは、皆さんにも容易にお分かりいただけることでしょう。じっさい、理論的な見方に立って、こうした量のことを度外視することになりますと、こう言ってよろしかろうと思いますが、私たちは全員、病気、すなわち神経症である、ということになってしまいます。症状形成を引き起こす条件は正常な人たちにもまちがいなく指摘できるからです。

神経症の症状につきましては、これが新たなかたちのリビード満足を求めて起こされる葛藤の結果であることは、すでに分かっているところです〔第二二講、本書下巻、一七九―一八〇頁〕。不和に陥った二つの力が、症状において再び合流し、いわば症状形成という妥協を通して和解するというわけです。だからこそ、症状にはまた、かくも強靱な抵抗力があるのです。症状は、これら双方から支持されているわけです。もうひとつ分かっておりますのは、葛藤している二者のうちの一方は、現実によって拒絶された、満足を得ていないリビードであって、これが今や別の道を探し出して満足にいたらねばならなくなっているということです。リビードが、不首尾に終わった対象の代わりに別の対象を受け入れようという態勢になっているのに、なおかつ現実があくまで容赦なく拒否しつづける場合には、リビードは結局、退行の道をとって、かつて克服された〈リビード〉編成のどれか一つにおいて、もしくは以前に断念された対象のどれか一つを通して、満足を得ようと努めざるをえなくなります。(1) リビードは、自らの発達途上のこれらの個所に残してきた固着によって、退行の道へとおびき寄せられてゆくわけです。

倒錯への道は、神経症の道とはっきり異なっております。こうした退行が生じても、それが自我の異議申し立てを呼び起こさない場合は、神経症にいたることはなく、リビードは、もはや正常ではないにせよ何らかの現実的な満足に達するのです。しかし、自我――意識を操作しているだけでなく、運動神経を支配するためのスイッチ、したがって心が追求するものを実現するためのスイッチをも意のままにしている自我――が、この退行に同意していない場合は、ここに葛藤が生じることになります。リビードは行く手をはばまれたようなものですから、どこかに逃げ場を求めざるをえず、そこにおいて、快原理の要求に応じて、自らのうちに溜まっているエネルギー備給を放出することになります。リビードは自我から逃れてゆかねばならないのです。しかし、このときリビードにそうした逃亡先を差し出してくれるのが、今や退行しつつたどっている、自らの発達の途上に生じた固着、かつて自我が抑圧を通してこれから身を守ったところの固着なのです。リビードは、逆流しながら、これらの抑圧された場所を占拠し、それによって、自我と自我の掟から逃れてしまうわけですが、しかしその際また、この自我の影響のもとで獲得されたすべての教育をも放棄してしまうことになります。リビードは、満足が目の前にぶら下がっているかぎりは、御しやすいものでしたが、外的な不首尾に加えて内的な不首尾といった二重の圧迫にさらされますと、言うことをきかなくなり、以前の幸せだった時を想い出すのです。ともあれ、これがリビードの根本的に不変の性格にほかなりません。今やリビードがそのエネルギーを備給する諸表象は、無意識の系に属すものとなり、そのため、無意識において可能な出来事、とりわけ縮合と遷移といった出来事の支配下に入ることになるわけです。こうして、夢形成の場合とまったく同じような状況がつくり出されることになります。無意識においてつくりあげられた、無意識的欲望空想（ヴンシュファンタジー）の成就としての本来の夢〔潜在的夢思考〕に、（前）意識的活動のある部分がぶつかり、この（前）意識的活動が、検閲活動を行ってこれと折り合いをつけたあと、妥協の産物として顕在夢を形成するわけですが、それと同じで、無意識においてリビードを代表するもの(2)もまた、前意識的な自我の力を勘定に入れておかなければならないわけです。自我においてこのリビードの代表に対して挙げられていた異議申し立ては、「対抗備給(3)」となってそのリビード代表の跡を追いかけ、これに、同時に自我自身の表現ともなりうるような表現を選ぶことを強いるのです。こうして、無意識的なリビードの欲望成就のさまざまに歪められた蘖（ひこばえ）として、症状が発生することになります。すなわち、症状とは、正反対の二つの意義をそなえたかたちで巧みに選びとられた両義的なものだということです。ただし、この最後の点につきましては、夢形成と症状形成ではいささか異なっています。と申しますのも、夢形成の場合は、前意識的な意図がめざしていますのは、ただ、睡眠を維持すること、睡眠を妨げるものを意識にのぼらせないことだけでして、無意識的な欲望の蠢（うごめ）きに対して、まっこう反対の声を上げるまでにいたらないからです。その意図がより寛容であってかまわないのは、眠っている者の状況には危険性がより小さいからです。睡眠状態ひとつとりましても、これによって、現実へといたる抜け道は遮断されているのです。

お分かりのように、葛藤の諸条件のもとでリビードが逃亡可能となるのは、固着が存在しているからです。これらの固着に向けて退行的に備給が行われる結果、抑圧が回避され、リビードの放散——ないし満足——がもたらされるのですが、むろんその際には、妥協の諸条件がしかと守られねばなりません。つまり、リビードは、無意識とかつての固着を経ての回り道をたどって、ようやく現実的な満足に達するのに成功するわけですが、その満足たるや、とてつもなく制限された、ほとんど満足とは言えないようなしろものだということです。この結論には、さらに二点ほど付け足しておく必要があります。まずご注意いただきたいのは、ここでは、一方でリビードと無意識が、他方で自我と意識と現実——これらはけっして最初から結びあっているわけではないのですが——が緊密に結びついているということです。そしてもうひとつ頭に置いておいていただきたいのは、ここで述べましたこと、およびこの先お話しいたしますことはすべて、ヒステリー性神経症における症状形成についてのみ言えるものだということです(4)。

ではリビードは、抑圧を突破するために必要なこれらの固着をどこに見出すのでしょうか。かつて幼児期の性がさまざまに活動し体験していたところ、つまり、幼年期の放棄された部分性欲の努力と断念された対象においてです。リビードはそうしたところへと戻ってゆくわけです。この幼年期には二重の意義があります。ひとつは、子供が素質としてもって生まれた欲動方向が、この時期にはじめてあらわになるということ、もうひとつは、もろもろの外からの影響、つまり偶然の体験を通して、子供のその他の〔素とです。このように二つに分けて考えるのが正しいことは、疑いのないところでしょう。生まれもった素質が外に現れ出てくることには、じっさい疑う余地はありませんが、他方、分析経験からして、幼年期の純粋に偶然的な体験がリビードの固着をあとに残すことも、まさに認めざるをえないところだからです。この後者の点に関しましても、理論的には無理なところはございません。体質的な素質というものも、明らかに、昔の祖先たちの体験の残効なのでして、かつて獲得されたものです。こうした獲得がなされなかったなら遺伝というものも存在しないはずだからです。としますと、遺伝へとつづいてゆくこうした類いの獲得が、私たちの考察している世代の場合には存在しなくなるなどとは、どうして考えられましょうか。幼児期の体験の意義は、一般によくそうされていますように、祖先の体験や当人自身の成熟期の体験のもつ意義に比べてとるに足りないと無視し去ってはならず、むしろ逆に、とくに重視しなければならないでしょう。幼児期の体験は、まだ未発達の時期に起こりますので、それだけいっそう重大な結果をもたらしますし、まさにそうした事情のために、外傷として作用しやすいからです。細胞分裂中の胚を針で刺すと、重大な発達障害が生じることは、ルー(5)やその他の研究者の発達機制についての研究が教えてくれているところです。同じ傷でも、幼虫や成虫の段階で

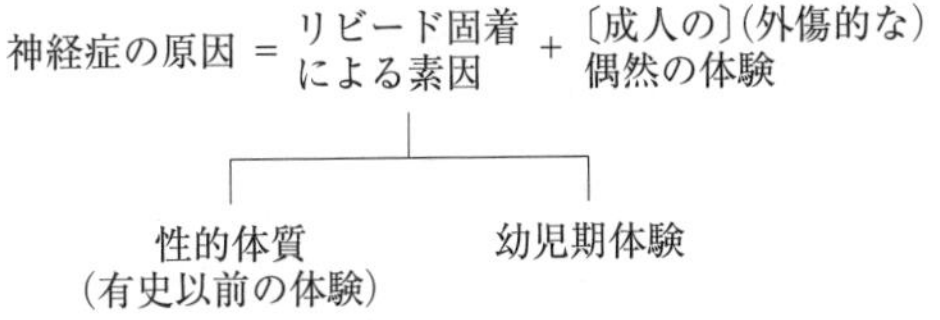

神経症の原因 ＝ リビード固着による素因 ＋ 〔成人の〕（外傷的な）偶然の体験

リビード固着による素因 → 性的体質（有史以前の体験） ／ 幼児期体験

加えられた場合は、損傷を受けずに済んでしまうのです。

私たちは成人のリビード固着というものを、体質的要因の代理表現として、すでに神経症の病因論の方程式に導入したわけですが〔第二二講、本書下巻、一七四―一七五頁〕、以上のことから、このリビード固着は、私たちにとりましては、今や二つの契機に分かれることになります。つまり、遺伝として受け継がれた素質と、幼年期早期に〔偶然に〕獲得された素因の二つです。図式というものは、学習者の共感を呼ぶものと相場がきまっております。ですから、以上の連関を図式にしてまとめてみましょう(6)〔上図参照〕。

遺伝的な性的体質は、あれこれの部分欲動が、単独でであれ、他の部分欲動と合体してであれ、体質的に特別の強さをそなえているかに応じて、じつに多種多様な素質をもたらします。さらにこの性的体質は、幼児期体験の要因と対になって、ここでもまた「相補系列」を形成します。それは、私たちがいちはやく察知することになった、素因と成人の偶然の体験のあいだの相補系列とじつによく似たものです(7)〔第二二講、本書下巻、一七七頁〕。このどちらの相補系列においても、同じく極端な〔一方に偏った〕ケースがみられますし、同じような代行関係〔互いに代わり合う関係〕が存在しています。ここで当然問うてみたくなりますのは、リビード退行のもっとも顕著なもの、すなわち性的編成のより早期の段階への退行は、圧倒的に遺伝体質的な契機によって規定されているのではないか、という点です。しかしこの問いに答えるのは、もっとたくさんの神経症疾患のかたちを観察できるまで延ばしておくのが最良の策だと思われます。

さて、分析を用いて調べたところによりますと、神経症者たちのリビードはその幼児期の性的体験にも拘束されているわけですが、こちらの事実について少し考えてみることにしましょう。この事実は、幼児期の性的体験が、人間の生活と病気にとってとてつもなく重要な意義をもっていることを示しているように思えます。治療作業が問題となるかぎりは、たしかに、幼児期の性的体験がもつこうした意義が小さくなることはありません。しかし、今この治療という課題を度外視しますと、幼児体験を重大視しすぎると、生活を、神経症状況を基準にして一面的に見すぎてしまうといった誤解が生じる危険があるのも明らかです。リビードは、のちに占めるべき場所から追い出されたあとになって、退行的にこの幼児期体験へと戻ってきたのでして、私たちは、幼児期体験の意義について考えるときには、そこからこの事実を差し引かなければなりません。しかし、そのように差し引いて考えますと、当然ながら今度は逆に、リビード体験はそれが生じた時点では何ら重要な意義をもっておらず、退行的になってはじめて重要な意義をもちはじめるといった結論が出てくることになります。想い起こしていただきたいのですが、私たちは、エディプスコンプレクスについて検討したとき、この類いの二者択一に対してどう考えるべきか、すでに決定をすませております〔第二一講、本書下巻、一五九―一六〇頁〕[8]。

〔エディプスコンプレクスの場合と同じく、〕ここでも決定を下すことは難しくはないようです。つまり、幼児期体験へのリビード備給――したがってそれがもつ病原としての意義――が、リビード退行によって著しく強められるという見方は、まずは疑いの余地のないところなのですが、しかし、これのみを決定的だとするのは、まちがいのもとだということです。他の見方もきちんと考慮に入れる必要があります。まず第一に、観察が疑問の余地なく示していますように、幼児期体験はそれ自身の意義をもっており、しかもそれは、幼児自身を実地検証するなかで確認されてもいるのです。じっさい幼児神経症というものも存在しています。この場合は、発病が、外傷的体験の結果として、その直後に起こるわけですから、時間的遡行という契機は必然的にきわめて小さくなる、ないしはまったくなくなります。これら幼児期神経症の研究は、成人の神経症に対する数々の危険な誤解を防いでくれています。それはちょうど、子供の夢が成人の夢を理解するための鍵となってくれたのと同じようなものです。[9] 子供の神経症はたいへん頻繁に見られます。その数は、一般に考えられているのをはるかに越えています。見過ごされることがしばしばですし、悪い子、言うことをきかない子のしるしとみなされたり、また往々にして子供部屋の監督者たちによって頭ごなしに抑えつけられたりするからです。しかし、あとから振り返りますと、いつも容易にそれと分かります。それは、たいていは不安ヒステリーのかたちで現れます。このことが何を意味しているかについては、別の機会にお話しさせていただきます〔第二五講、本書下巻、二六四―二六六頁参照〕。後年になって神経症が突発してくるような場合、分析してみますと、これがきまって、この――ともするとヴェールを被った、暗示によって作られたようなものにすぎないにせよ――幼児期の病気から直接続いてきたものであることが判明したりします。他方また、すでに申しましたように、この子供の時期の神経質症が途絶えることなく続いて、一生病気のままでいるケースもあります。子供時代の神経症に関しましては、私たちがじかに当の子供自身を相手にして――現在進行中の状態で――分析できましたのは、わずか数例にとどまっています。[10] 成人になってから発病した患者を通して、その患者の子供時代の神経症を事後的に認識するほかない――むろんこの場合、ある種の修正と慎重さをおろそかにするわけにはいきませんでした――といった状況のほうが、それよりはるかに頻度が高かったのは言うまでもありません。

しかし、第二にこうも言わざるをえないのですが、リビードを引き寄せることができるほどの体験が幼児期に見あたらない場合でも、不可解ではありますが、リビードはきまって幼児期へと退行してゆくのです。固着というものは、発達途上の個々の地点に想定されるものですが、それが固着としての内実をもつのは、ある一定量のリビード的エネルギーを縛りつけていると考えられる場合にかぎるのです。結局のところ、こうご理解いただくしかないのですが、幼児期体験の強度ないし病原としての意義と、後年の体験のそれとのあいだには、前に私たちが調べた相補系列におけるのと似たような相補の関係が存在しているということなのです。病気の原因の重点がひとえに幼年期の性的体験に置かれているような症例がありますが、そこでは、そのときの印象がはっきりと外傷的な作用を表しており、発病するのに、平均的な性的体質およびその未熟さが提供する以外の助けは必要とされておりません。他方、これと並んで、アクセントがひとえに後年の葛藤の上に置かれていて、分析の結果子供のころの印象が強調されたとしましても、それがすべて退行によって引き起こされたものであるといったような症例もあります。つまり、「発達の制止」の極限と、「退行」の極限があって、この二つの極限のあいだで、これら二つの契機があらゆる度合いで混ざり合って作用しているということなのです。

教育学は、子供の性の発達に早期のうちに介入することによって神経症を防止しようとはかるものですので、こうした事情にそれなりの関心を向けてしかるべきでしょう。主として幼児期の性的体験に注意を奪われていますと、子供の性的発達を遅らせて、子供がそうした体験をしないように配慮してやれば、それで神経質症に対する備えが万全である、と思ってしまうにちがいありません。しかし、今ご説明いたしましたように、神経症を引き起こす条件は複雑に込み入っておりまして、一つの要因のみを考慮することで、全体をどうこうできるものではありません。幼年期を厳重に保護したところで、体質的要因に対しては手出しできないわけですから、効果は万全というわけではありません。それに、そうした保護は、教育者が思っているより実行がむずかしく、しかも軽視できない二つの新たな危険をともなっています。一つは、これが度を越し、過度の性的抑圧を助長することで、かえって有害な結果をもたらすということ、もう一つは、この保護のために子供が、思春期に必ず襲来してくる嵐のごとき性的要求に対して抵抗力をもたないまま、人生に送り出されるということです[11]。このように、幼年期での予防がどこまで有効なのか、現下の状況に対して柔軟な態度をとったほうが、神経症防止のためにはより有効な突破口となりうるのではないか、といった点につきましては、まったくはっきりしないままなのです。

さて、症状の話に戻りましょう。症状とは、つまるところ、リビードがより以前の時期に退行することによって、不首尾に終わった満足を代替することにほかなりません。このリビード退行には、より以前の発達段階での対象選択への回帰か、あるいは、より以前の発達段階での性的編成への回帰かのどちらか[12]が、切り離しがたく結びついています。神経症者が過去のどこかの時点につなぎとめられていることは、先刻承知のことですが[13]、これまでのことから分かりますのは、その時点というのは、彼のリビードがまだ満足を失っていなかった幸せな過去のある時点だということです。神経症者は、そのような時期を見出すまで自分の生涯のなかを探しまわるわけでして、ともすれば、乳児期——覚えているかぎりでの、あるいはのちに何らかの刺激にしたがってイメージされるかぎりでの乳児期——にまで戻ってゆかなければならないことさえあるほどです。症状は、幼児期初期の満足の仕方を何らかのかたちで反復しています。むろん、反復とはいえその満足は、葛藤から生じる検閲のために歪められ、通例は苦痛の感覚へと反転させられ、病気の誘因のさまざまな要素と混ざり合っています。症状がもたらすこの満足の仕方には、それ自体、奇異なところがたくさんあります。当人がこの満足を満足だとは気づかず、むしろこのいわゆる満足を苦痛と感じ、これを嘆いているという事実は、言うにおよびません。満足が苦痛に変じるというこの変化は、症状を形成せざるをえなくさせた心的葛藤の一部なのです。かつて個人にとって満足であったものは、まさしく今日においては、その個人の抵抗ないし嫌悪を呼び起こさないではすまないのです。こうした感覚の変化を証するものとして、地味ではありますが、いろいろ教えられるところの多い典型例がひとつあります。よくあることですが、かつては母親の胸からむさぼるようにお乳を吸った同じ子供が、何年かすると、牛乳を飲むのをすごく嫌がり、躾によってこれを直そうとしてもなかなかできないのです。この嫌いだという感覚は、牛乳もしくは牛乳が混ざった飲み物に薄皮が張っていたりしますと、嫌悪にまで高まることになります。もしかしたらこの薄皮によって、かつてあれほど欲された母親の胸〔の皮膚〕の想い出が呼び起こされるということも、否定できないかもしれません。牛乳の薄皮と母親の胸のあいだに介在しているのは、言うまでもなく、外傷の作用をしている離乳の体験なのです。

　症状を奇妙と思わせ、リビードの満足を得る手段としては不可解だと思わせる点は、このほかにもまだあります。まずは、症状を見ておりましても、普通なら満足をもたらしてくれるだろうと期待できるものが、何ひとつ思い当たらないことです。症状は、たいていは、対象を度外視しており、それとともに、外的現実と関係をもつことを断念しています。私たちはこれを、現実原理から離反し、快原理へと回帰した結果だと理解しております。じっさいこれは、性欲動にはじめての満足をもたらした自体性愛の拡大されたものへの回帰にほかなりません。症状は、外界を変化させる代わりに身体を変化させ、つまりは、外的行為に代えて内的行為を、行動に代えて適応(14)を行うわけですが、これもまた、系統発生という観点からみてきわめて重要な退行にあたるものです。これをきちんと理解するには、まずは、症状形成についての精神分析的探究から明らかになる新しい事実――これについてはすぐお話しします――と関連させることが必要となるでしょう。もうひとつ思い当たりますのは、症状形成に際しても、縮合や遷移といった、夢形成の場合に見られるのと同じ無意識の過程が作用したという事実です。症状は、夢と同様、何かあることを、すでに成就されたものとして上演します。これは幼児期の満足の仕方にのっとった満足の仕方です。しかしこの満足は、極端なまでの縮合によって、たった一つの感覚ないし神経支配のなかへと凝縮されることもありますし、また極端な遷移によって、リビードのコンプレクス全体のうちのささいな一つのことがらへと局限されることもあります。その程度たるや、推測されたとおりの、普通ならいつも確認されるリビード満足が、症状のなかに認めにくいということが頻繁に生じたとしても、別段不思議ではないほどなのです。

さて、すぐに新しい事実をお知らせすると予告しましたが、それは、まさに驚くべき、混乱を呼ぶものです。私たちが、分析を通して、症状から遡って、リビードが固着して症状を発現せしめた幼児期体験を知ろうとしていることは、皆さんもご存じのとおりです。しかし、驚くべきことに、この幼児期の場面は、じつは、必ずしも事実とはかぎらないのです。それどころか、これは大多数のケースにおいて、事実ではありませんし、ときには履歴上の事実と正反対の場合さえあるのです。お察しのように、この発見ほど、こうした結論へといたった精神分析への信用を失墜させる、ないしは患者――この患者の陳述の上に分析ならびに神経症の理解全体は築かれています――への信用を失墜させるにもってこいのものはありません。しかもここには、さらに加えて、私たちをとてつもなく混乱させるものがあるのです。分析によって明るみに出された幼児期体験がいつも現実のものなのでしたら、私たちは確たる土台の上を動いているという感じを持てるでしょうし、また、それらがきまって捏造されたものであり、患者の作り話、空想(ファンタジー)だということが判明しますと、私たちはこの頼りにならない土台を捨てて、別の土台に助けを求めなければならないでしょう。しかしながら、事態はそのどちらでもなく、分析のなかで構築ないし想起された子供時代の体験は、あるときは真っ赤な嘘、あるときはまさしく本当で、ほとんどの場合は、真偽が混ざり合っているというのが、ことの真相なのです。そうなりますと、症状とは、あるときは、実際になされた体験を上演するものであり、この体験がリビード固着に何らかの力をおよぼしたとみなしてよいことになりますし、またあるときは、病因としての役割を担うにはとうていふさわしいとはいえない患者の空想の上演ということになってしまうわけです。どう考えるべきかは、むずかしいところです。手がかりの第一歩は、これと似たような発見のなかにあるのかもしれません。すなわち、人間が、はるか昔から、むろん分析を受ける前から意識のなかに保ってきた断片的な幼年期の想い出[15]〔第一三講、本書上巻、三五二―三五三頁〕も、同じように捏造されたものである場合もあるし、少なくとも偽とともに真を多分に含んでいるという発見です。こうした断片的想い出の場合、それが事実と違っていることを証明するのは、たいていは困難ではありません。だとしますと、私たちは、それが事実ではなかったという思いがけない事態が、分析のせいで生じたのではなく、何らかのかたちで患者の側から発したものにちがいないと合点がいき、少なくともほっと胸をなでおろすくらいはできるのです。

少し考えてみますと、この事態において私たちをかくも混乱させているのが何であるのかは、すぐに分かります。それは、現実が軽視されていること、現実と空想（ファンタジー）の区別がゆるがせにされていることです。私たちとしましては、患者が作り話でもって私たちをからかったのだと思いたくなります。私たちにとりましては、現実は、虚構とは天地ほど隔たった別物ですし、虚構とはまったくちがった価値づけがなされているものだからです。ちなみに、患者のほうも、正常な思考をしているときには、もちろんこれと同じ見方をしております。患者は、症状の背後に潜んでいる、子供時代の体験に擬してつくられている欲望状況を探り当てるための素材を話してくれるわけですが、そのとき、私たちはもちろん、はじめのうちは、それが現実なのか空想なのか半信半疑でいます。やがて、何らかの目印を通してこれが空想であることが決定的になりますと、私たちはこの決定を患者にも伝えなければならなくなります。しかし、ここにいたりますと、ことはなかなかすんなりと立ち行かなくなります。患者にのっけから、「あなたが今もち出しておられるのは空想でして、あなたはそれでもって、幼年期の出来事を覆い隠してしまうのです。それは、伝説を作って自分たちの忘れられた太古を覆い隠した民族のやり方と同じです」などとあけすけに言おうものなら、この問題をさらに追求しようという患者の関心は、困ったことに、たちまちにして挫けてしまいます。患者のほうもまた現実を知りたがっており、「勝手な思い込み」は何であれ軽蔑しているからです。しかし他方、私たちが、患者の話している子供時代の出来事を現実とみなしたうえで、その究明に取り組んでいるなどと患者が思ってしまうことになれば、分析作業のこの部分には決着がつくとしましても、やがて患者は、私たちの誤りを咎め、私たちの外見上の盲信的態度を嘲笑するといったことになりかねません。そこで私たちは、空想と現実を同列に置いて、さしあたりは、問題となる子供時代の体験が空想なのか現実なのかにかかずらわないことにしようと提案することになるわけですが、患者がその提案をのむまでには長い時間がかかります。しかし、そのような態度で臨むことが、こうした心の産物に対したときの唯一正しい態度であることは、どうやらまちがいありません。こうした産物にもある種の現実性があります。患者がこうした空想を紡ぎ出したというのはあくまで事実なのでして、この事実は、患者の神経症にとっては、この空想の内容がじっさいに体験された場合に劣らないほど重要な意義をもっているのです。つまり、この空想には、物的現実性とはちがって、心的現実性があるということでして、そのように考えれば私たちは、神経症の世界において決定的なのは心的現実性である、ということもだんだんと理解できるようになってくるのです(16)。

神経症者のする若いころの話のなかに繰り返し現れ、ほとんど欠けているためしがないようにみえる出来事のなかには、とくに重要なものがいくつかありますが、そうした出来事は、その意味でもまた、他の何よりも強調しておく価値があるように思えます。

この種の類型として挙げておきたいのは、両親の性交の目撃、大人による誘惑、それに去勢の脅し、の三つです。[17] これらの出来事に物的現実性が皆無と考えるのは、大きなまちがいでしょう。むしろ事実は逆でして、年長の家族に聞き取り調査をしてみれば、物的現実性が異論の余地なく裏づけられることもしばしばです。たとえば、小さな男の子が、行儀知らずにおちんちんをもてあそぶことを覚え、これを人に隠さなければならないことをまだわきまえていないような場合、両親や養育者に見つかって、そんなことをするとおちんちんをちょん切るぞとか、悪さをする手は切り落とすぞ、などと脅されたりするのはざらに見られるところです。親としましては、こうして怯えさせたことがまちがっていなかったと思っておりますので、問い合わせに答えて、そうしたことがあったと認めることもしばしばあります。また本人自身が、こうした脅しをはっきりした想い出として意識している場合もあります。とくに、いくらか年がいってから脅しを受けた場合がそうです。母親や他の女性がこうした脅しを口にする場合、これを父親だとか——こともあろうに医者に、やってもらいますよと告げるのが普通です。フランクフルトの小児科医ホフマン[18]は、子供時代の性的ならびにその他のコンプレクスに対する理解の深さのゆえに人気を博しておりますが、このホフマンのよく知られた『もじゃもじゃペーター』には、しつこい指しゃぶりの罰として親指が切断されるというかたちにやわらげられた去勢の話が出てきます。しかし、去勢の脅しがじっさいに、神経症者の分析において見出されるほど頻繁に子供に対してなされているとは、とうてい考えられません。私たちは、子供がこの種の脅しを空想(ファンタジー)のなかで作り上げるのだと理解するしかありません。つまり、いろいろな暗示を吹き込まれたためだとか、自体性愛的満足が禁じられていることを知ることによってだとか、あるいは女性性器を見出したときの印象にもとづいたりして、そうした脅しを自ら空想するということです（第二〇講、本書下巻、一三一頁参照）。下層家庭以外の家庭にあっても、まだ理解力も記憶力もない頑是ない子供が、両親や他の大人たちの性行為を目撃する可能性は、すべて排除できませんし、そうした場合に、その子がこのときの印象を事後的に理解し、これに反応する可能性も、ありえないとして捨て去るわけにはいきません。しかし、この性交が、観察しても分かりにくいようなじつに詳しい細部をまじえて説明される場合、あるいは、非常にしばしばあることなのですが、後背位すなわち《獣のやり方で》の性交であるような場合には、この空想が、動物（犬）の交尾の観察に依託されたものであり、子供の満たされない目の快(シャウルスト)によって思春期のころに引き起こされたものであることは、おそらく疑えないところでしょう。さらには、この種の極端なものとしましては、生まれる前に母胎のなかで両親の交接(コイトゥス)を目撃したという空想もあるほどです。しかし、何といっても興味深いのは誘惑の空想です。これがじつは空想ではなくて現実の想い出であることが、困ったことですが、あまりにもしばしばあるからです。ですが、ほっといたしますが、これが空想ならぬ現実であったといった事態は、分析の結果からして最初そう見えたほど多くはありません。大人による誘惑よりも、年長ないしは同年の子供たちによる誘惑のほうが頻繁なのが現状なのです。女の子が子供時代の話のなかでこうした誘惑のことを持ち出す場合、父親が誘惑者として登場するのがほぼ通例ですが、そうした父親への告発が空想によるものであって、告発への動機もはっきり存在しているのは、疑いのないところです[19]。子供は、じっさいには誘惑などなかったのに、誘惑空想を作り出すことによって、自分の性活動における自体性愛の時期を覆い隠すのが通例なのです。こうしたごく早期の欲望の対象を遡行空想（ツリュックファンタジーレン）することによって、子供はマスターベーションの恥から逃れるわけです。それはともかく、ごく近親の男性による子供の性的凌辱がすべて空想の産物だなどとは考えないようにしていただきたいと思います。ほとんどの分析家は、こうした事態が現実であって、異論の余地なく確認されたケースを扱ったことがあるはずです。ただし、そうした場合でも、それらの出来事は、じつは幼年時代の後期のものであったはずなのに、本人の頭のなかでは、もっと早い時期に生じたものとして記帳されてしまっていたりするのです。

私たちが受ける印象は、ほかでもありません、これらの子供時代の出来事は、何らかの必然性をもって求められるものであって、神経症のための不可欠の備品のひとつになっているということです。それらの出来事が現実のものである場合は、そのままなのですが、現実に反している場合は、さまざまな暗示をもとに作られ、空想（ファンタジー）によって補完されたかたちをとっています。どちらの場合でも結果は同じでして、じっさい私たちは、今日でもなお、これらの子供時代の出来事に空想がより大きなウエイトを占めている場合と、現実がより大きなウエイトを占めている場合とで、結果に違いがあることを証明するのに成功してはおりません。つまり、ここにはまたも、これまで繰り返し述べました相補関係のひとつがあるということなのですが、ともあれ、これこそが、私たちが知った相補関係のうちでもっとも奇異なものと言わねばならないでしょう。これらの空想への欲求および空想を生み出す素材は、いったいどこから来ているのでしょうか。源泉が欲動にあることはたぶんまちがいないところなのですが、いつも同じ内容をもった同じ空想が作り出される点は説明を要します。これに対して私は答えをひとつ用意しておりますが、それが皆さんには行き過ぎのように思われるだろうことは、重々承知のうえです。私は、これらの原空想（ウアファンタジー）(20)――むろんこの他のものもいくつか含めてこれらの空想を、私はこう呼びたいのですが――は、系統発生的に獲得されたものと考えています。

個人は、自身の経験があまりにも内実の乏しい残骸のごときものになってしまいますと、自身の個人的経験を飛び越して、これら原空想のなかで、太古の体験のなかへと入り込んでいくわけです。大いにありうることだとは思えるのですが、子供の誘惑にせよ、両親の性交の目撃による性的興奮の点火にせよ、あるいは去勢の脅し——いやむしろ去勢そのもの——にせよ、これら今日分析のなかで私たちに報告される空想の類いはどれも、大昔には人類の家族にとって現実に起こったことなのでして、空想する子供は、あれこれ個々の事実の欠損部分を、そうした前史の事実によってともかく埋めてしまうのです。いつもながら思うことですが、神経症心理学こそ、他のどの学の源泉にもまして、人類の発達の太古の遺物を保存しているものなのではないでしょうか。(21)

さて皆さん、今論じましたことから、「空想（ファンタジー）」と呼ばれるこの精神活動(22)の発生と意義について、さらに立ち入った考察を加えることが避けて通れなくなります。空想が、心の生活のなかでどのような位置にあるのかはなお判然としていないながらも、一般に高い評価を受けていることは、皆さんもご存じのとおりです。私は、空想につきましては、こんなふうに考えております。言うまでもありませんが、人間の自我は、外的な必然の作用を通してだんだんと、現実を重視し現実原理に従うよう教育されてゆき、そのなかで、快を求める自らの努力——それは性的なものだけではありません——のさまざまな対象と目標を、一時的ないしは永続的に断念せざるをえません。しかし快の断念は、人間にはいつもつらいものでした。人間は、何らかの類いの埋め合わせがなければ、快の断念をいさぎよしとはいたしません。こうして人間は、これらすべての断念された快源泉と放棄された快獲得の道がそのあともなお生き残ることができるようなある心の活動を、手元に残しておくことになったわけです。それは、これらの快源泉や快獲得の道が、現実からの要求や現実吟味[23]と呼ばれているものからの縛りを受けていない生存形式です。そこでは、快を求めるあらゆる努力が、すぐに表象のかたちで成就されることになります。空想による欲望成就にひたっていますと、現実ではないということがはっきりと分かっていないわけではないにもかかわらず、結果的に何らかの満足がもたらされることは疑いのないところです。つまり、空想活動のなかで人間は、じっさいにはとっくの昔に断念された、外的強制からの自由を、なおも享受しつづけるということです。人間は、あるときはなお快動物にとどまり、あるときは再び分別のある生き物になるということを、交互に繰り返すことができるようになりました。人間は、現実からもぎとってくることのできる乏しい満足では、まさにやっていけない存在なのです。「支えとなる仕掛けなしにはやっていけない」とTh・フォンターネが述べている通りです[24]。空想という心の王国を創り出すことは、ちょうど、農業や交通や工業による要請のために大地のもともとの相貌が急速に、それと分からなくなるまで変えられようとしているところに、「保護林」や「自然保護公園」を設立することに匹敵しています。自然保護公園は、遺憾ながらもそこ以外のいたるところで必然性の犠牲にされてしまったこの昔の状態を保持しています。そこでは、あらゆるものが、思うままに繁茂し成長することができます。役に立たないものも、それどころか有害なものさえそうです。空想という心の王国もまた、現実原理を免れたそうした保護林にほかならないのです。

空想(ファンタジー)のもっともよく知られた産物は、すでに見ましたように〔第五講、本書上巻、一六三頁〕、いわゆる「白昼夢」です。それは、野心や誇大妄想や性愛などの欲望の表象による満足でして、現実が抑制や忍耐を迫ってくるほどに、いっそう夥しく溢れ出てくるものです。空想による幸福の本質とは、現実の同意によらない快の獲得の回復ということになりますが、それは、白昼夢のなかに見まがいようなく現れ出ています。こうした白昼夢が、夜の夢の核心であり雛形でもあることは、すでに分かっているところです。夜の夢は、つまるところ、欲動の蠢きが夜になって自由になったために利用可能となった白昼夢、心の活動が夜にとる形式によって歪曲をこうむった白昼夢にほかなりません。白昼夢もまた必ずしも意識的なものではないということ、無意識的な白昼夢もあるということは、すでに私たちのよく馴染んでいるところでもあります。つまり、こうした無意識的な白昼夢が、夜の夢の源泉であると同時に――神経症症状の源泉でもあるということです[25]。

以下、症状形成に対して空想（ファンタジー）がもっている意義を明確にしておきましょう。すでに申しましたように〔本講、本書下巻、一九三―一九四頁〕、〔リビード満足の〕不首尾が生じますと、リビードは、かつて明け渡しはしましたものの、なおある量のリビードが付着したままになっている場所へと退行し、そこを占拠〔備給〕するわけです。この見方は撤回ないし修正するつもりはありませんが、しかし、ここには中間項をひとつ挿しはさむ必要があります。リビードはいったいどのようにしてこうした固着個所への道を見出すのでしょうか。リビードの対象と方向はいずれも、断念されたとは申しましても、まだあらゆる意味において断念されたわけではありません。リビードないしその蘖（ひこばえ）は、まだある強度をそなえたまま、空想表象のなかにしかとつなぎとめられているからです。ですからリビードは、空想へと撤退しさえすれば、それらの空想から、抑圧されたあらゆる固着へと続いている開いた道を見出すことができるわけです。これらの空想は、それまではある程度大目に見られてきました。これらの空想と自我とは、どれほど鋭く対立していようとも、ある条件が守られていたかぎりは、葛藤にいたることはありませんでした。その条件とは量的な性質のものです。それはつまり、リビードが空想へと勢いよく逆流してきますと、この条件は乱されるということです。逆流によるこの補給によって空想へのエネルギー備給が高まるため、空想は、要求を強く打ち出し、〔許容された枠を越えて〕現実化へと向かいたいという衝迫をどんどん強めていくわけです。しかし、そうなりますと、空想と自我の葛藤は避けられなくなります。空想は、それまで前意識的ないし意識的だったにせよ、ここにいたりますと、自我の側からの抑圧に屈し、無意識の側からの引力にゆだねられることになります。こうしてリビードは、今や無意識的となった空想から、無意識のなかに存するこの空想の根源へと、すなわちリビード自身の固着個所へと、戻ってゆくことになるのです。

リビードの空想（ファンタジー）への後退、これは症状形成への中間段階にあたるものでして、これには特別の名称を付しておいてしかるべきでしょう。C・G・ユングは、これに内向という、いかにもふさわしい名前をこしらえてくれましたが、いかんせん、不適切にもこの名前に、これとは別のことも意味させてしまいました(26)。私たちとしましては、内向という概念が、現実的満足の可能性からのリビードの離反、ならびに、それまで無害として許されてきた空想への過剰備給を意味する(27)、という一線をあくまで守りたいと思います。リビードが内向した人は、まだ神経症者とまでは言えませんが、不安定な状況にあり、鬱積したリビードのはけ口がほかに見出されない場合は、ほんのわずかのエネルギー遷移が生じただけで、症状を引き起こさざるをえなくなります。他方、神経症的満足の非現実的性格、ないしは空想と現実のちがいの無視という事態は、すでにリビードが内向の段階にあるということによって規定されているのです。

お気づきになられましたように、以上の説明においては、病因の連鎖構造のなかにある新しい要因が持ち込まれました。量という要因、考察さるべきエネルギーの大きさという要因です。この先私たちは、あらゆるところでこの要因を考慮に入れないではすませられません。病因の条件を純粋に質的に分析するだけでは十分とはいえないからです。言い換えますと、こうした心の出来事は、純粋に力動論的に把握するだけでは不十分であり、その上にさらに経済論的な観点が必要だということです。こう認めざるをえないのですが、別の方向をめざす二つの追求が生じている場合、これらへの備給の強度がある一定の閾値に達するまでは、これらのあいだに葛藤が生じることはない、たとえ葛藤を引き起こす内容面〔質的な面〕での条件がずっと前から存在しているとしても、葛藤が生じることはありません。同様に、体質的諸要因がもっている病原的な意義も、当人の素質のなかである一つの部分欲動が他の部分欲動よりもどれくらいより多く存在しているかにかかっております。それどころか、すべての人間の素質は、質的には同じようなものであって、ただこうした量的な関係によってのみ区別される、とさえ考えることができるほどです。神経症に罹患するのに対する抵抗力の場合も、同じように、量的な契機が決定的となります。ここで重要なのは、ある人が、どれだけの量の未使用のリビードをそのまま未決状態にしておけるか、自らのリビード量のどれだけの部分を性的なものから引き離して、昇華の目標へと振り向けることができるかということなのです。心の活動の究極目標は、質的な面からしますと、快獲得と不快回避の努力として説明できますが、経済論的な観点からしますと、その課題は、心の装置のなかで作用している興奮の大きさ（刺激量）を制覇し、不快をもたらすその鬱積を防ぐということになるわけです[28]。

神経症の症状形成に関しまして皆さんにお話ししたかったことは以上です。ですが、ぜひともここであらためて強調しておきたいのは、これまで述べさせていただいたことはすべて、ヒステリーの場合の症状形成にしかあてはまらないということです。強迫神経症の場合でさえ――原則的なところは変わらないとしましても――これとは異なるところが多々あります[29]。欲動の要求に反対する対抗備給に関しまして、ヒステリーの場合についてはすでに述べたところですが〔本講、本書下巻、一九六－一九七頁〕、強迫神経症の場合には、この対抗備給が前面にせり出してきて、いわゆる「反動形成[30]」を通して臨床像を支配することになります。症状形成の機制についての探究がまだいかなる点でも完結していない他の神経症[31]の場合には、これと同じ類いのずれ、いやもっと大規模のずれが、いくつも発見されているのです。

しかし今日の講義を終えるにあたりまして、人々の関心を大いに引いてしかるべき空想生活（ファンタジー）の一面に、もう少し皆さんのご注意を向けておきたいと思います。つまり、空想から現実への戻り道があるということです。それは――芸術です。芸術家も、そもそもの活動の初めにあっては、神経症とさほどちがわない内向の人種です。芸術家も、強すぎる欲動欲求によって駆り立てられ、名誉や権力や富や名声、それに女性たちの愛情を手に入れたいと願っているのですが、これらの満足を得るための手段をもっておりません。ですから、満足を得られない人が誰しもそうでありますように、現実に背を向け、自らの関心のすべてを、リビードさえをも、空想生活の赴くままに欲望の造形へと向け変えます。このまま行きますと、そこからは、神経症への道が広がっているわけです。芸術家の場合、そうした展開にはいたりきらないわけですが、そのためにはさまざまな要因が協同して働いているにちがいありません。じっさい、よく知られておりますように、誰あろう芸術家たちこそ、じつにしばしば神経症によってその能力の一部が制止されることに苦しんでいる存在なのです。おそらく芸術家たちには、体質的に、昇華のための強い能力があり、葛藤に決着をつける抑圧の力がある程度緩やかだということなのでしょう。しかしながら、芸術家が現実への戻り道を見出すのは、以下のような方法によっているのです。空想生活を営むのは、何も芸術家にかぎったわけではありません。空想という中間領域は、広く人間の合意のもとに正当と認められているものでして、不満をかこっている人は誰しも、この中間領域から安らぎと慰めを期待しております。しかし、芸術家でない人たちにとっては、空想という源泉から快を引き出す道は、きわめて限られております。彼らは、もちまえの抑圧がたいへん厳しいために、何とか意識にのぼることが許されている貧弱な白昼夢で満足するしかありません。しかし本物の芸術家となれば、それ以上のことができます。芸術家はまず、自らの白昼夢を加工して、他人の反感を買うようなあまりにも個人的なものをそこから取り除き、他人もともに楽しめるものに仕立てあげるすべを心得ております。加えて、自らの白昼夢を柔らかなものにし、それが厳禁された源から出てきたものであることが簡単にはばれないようにするすべもわきまえております。さらにまた、何らかの素材を、それが自分の空想表象とそっくりなものになるように造形するという不思議な能力をもってもおりますし、しかもその際、自身の無意識的な空想のこうしたかたちの描写を、大きな快を得るためのものとすることによって、その描写を通して、少なくともしばらくの間は、抑圧を圧倒し廃棄することもできるのです。芸術家にはこうした力があるわけですから、それによって、他の人たちは、自らの無意識のなかにひそむ、近づきがたくなくなった自身の快の源泉から、あらためて慰めと安らぎを汲み出すことができるようになりますし、芸術家のほうは、これによって他の人たちから感謝と称賛を受け取ることになるわけです。かくして芸術家は、当初は自らの空想のかたちでしか得られなかった名誉や権力や女性たちの愛情を、今や自身の空想を通して手に入れることになるわけです[(32)]。

第二四講　通常の神経質(症)(1)

皆さん、これまでのお話でたいへん困難な仕事をひとつやり終えましたので、今回はしばらくテーマをはなれ、皆さんの側に身を寄せてお話しさせていただくことにします。と申しますのも、皆さんはご不満に感じておられると思われるからです。皆さんは、きっと「精神分析入門」なるものを、こんなふうには想像されていなかったはずです。理論などではなく、生き生きした実例を聞くことができると期待なさっていたと思います。以前に「一階と二階で」という喩え話〔第二二講、本書下巻、一八四頁以下〕をさせていただきましたが、このとき皆さんはきっと、神経症を引き起こしている原因がいくらか分かったけれど、こしらえ話なんかではなく、実際に観察された話をしてもらいたかったとお思いになったことでしょう。あるいは、この第三部の初めのあたりで二つの症状――これも作り話でなければいいのですがね――についてお話しし、症状の消滅ならびに症状と患者の生活との関係をご披露しましたとき(第一七講、本書下巻、四六頁以下)[2]、皆さんは症状の「意味」を納得なさり、この調子で先を続けてくれればとお思いになったはずです。ところが私は、そうはしないで、新しいことを次々と付け足しながら、見通しがたい未完の理論を長々と述べ立て、まだご紹介もしていなかったさまざまな概念を振り回し、記述的な叙述から力動論的な見方へ、そして力動論的な見方からいわゆる「経済論的」な見方へと飛び移ったりもいたしました。さまざまの術語を次々と駆使することで、じつはそれらの多くが同じことを意味しているのに、語調がいいからという理由で使い分けられているにすぎないということを見えにくくしてしまいましたし、また、快原理や現実原理や系統発生的遺伝といったとてつもなく遠大な視点を突きつけて、皆さんを入門へとご案内するどころか、皆さんのお知りになりたいことからますます離れたことがらを、ざっとご披露するはめになってしまったのです。

神経症理論の入門なのですから、なぜ、皆さん自身が神経質(症)ということで知っておられることがら、ずっと前から皆さんの関心を掻き立ててきたことがらでもって、話を始めなかったのでしょうか。なぜ、神経質(症)の人たちに特有のあり方、つまり、人とのつきあいや外からの影響に対する彼らの不可解な反応の仕方だとか、過敏さだとか、不安定さだとか、役立たずさといったことから話を始めなかったのでしょうか。神経質

（症）のより単純な日常的かたちを理解することから話を始めて、一歩一歩、その謎めいた極端な現れにひそむ諸問題へと皆さんをご案内していくということを、なぜしなかったのでしょうか。

皆さん、まさにその通りなのです。皆さんのおっしゃりたいことがまちがっているなんて、めっそうもありません。私は自分の話し方のいたらなさを特別な美点だなどとうそぶくほど、自信家ではありません。別の話の進め方をしたほうが皆さんにはもっと有益だっただろうと、私自身思っておりますし、じっさいそうしようと意図してもいたのです。しかし、思慮深い意図をもっていたとしましても、必ずしもそれを実行できるとはかぎらないものです。材料そのもののなかに、しばしば、もともとの意図から逸れてゆかざるをえなくさせるものがあったりもします。知悉している素材をただ配列するだけの地味な仕事でさえ、必ずしも完全には著者の思い通りにいかず、ただ仕事の赴くままに引きずられ、あとになってから、なぜああではなくこんな結果になってしまったのかと首を傾げざるをえないこともあるのです。

今の場合、理由のひとつとして挙げられるのは、おそらく「精神分析入門」という標題が、神経症を扱うこの第三部にはもはやそぐわないということでしょう。精神分析入門と呼べるのは、失錯行為と夢の研究の部分〔第一部と第二部〕までで、神経症論はもはや精神分析そのものなのです。ですから、神経症論の内実についてかくも短時間にご理解いただくには、かくも密度の高い論じ方をするほかなかったのです。問題となっていたのは、症状の意味と意義、症状形成の外的ならびに内的条件、そして症状形成の機制を、相互に関連づけながら皆さんにご説明することでした。じっさい私がやろうとしましたのはそれでして、これこそ、精神分析が今日お教えしなければならないことの核心ともいえるものなのです。ここまで私は、リビードとその発達について多くのことをお話しさせていただきましたし、自我の発達についてもいくらか説明させていただきました。皆さんは、それまでの入門を通して、私たちの技法の前提、つまり無意識と抑圧(抵抗)という大きな観点を受け入れる準備をすでに整えておられました。さらに皆さんは、このあとの講義のどれかで、精神分析の仕事が、いかなる地点から有機的な進展をみせてゆくかをお知りになるだろうと思います。これまで隠し立てなどいたしませんでしたが、私たちがさしあたり究明できましたことはすべて、神経質症的な疾患、すなわちいわゆる転移神経症(3)というただ一つの病群の研究にもとづいたものでした。症状形成の機制の追究にいたっては、ヒステリー性神経症の場合にかぎってなされたにすぎませんでした(4)。皆さんは、ここまでで、たとえ確たる知識を得ることができず、細々(こまごま)としたことをいちいち記憶されなかったとしましても、精神分析作業がいかなる手段を用いるものなのか、どのような問題に取り組み、どのような成果をもたらしたのかということについては、それなりのイメージをおつかみになられただろうと思います。

とはいえ皆さんは、神経質な人たちの振舞いの話から神経症の叙述を始めてくれるべきだった、とお望みになられたことだとは思います。神経質(症)の人たちがどのように神経症に苦しみ、どのように神経症に抗い、どのように神経症と付き合っているのか、ということについての話です。なるほど、そうした材料は、興味深くもあり、また知るに値するものですし、さほど扱いにくいわけでもありません。しかし、そうした材料から話を始めるのは、危険なところがなきにしもあらずなのです。そうした説明の仕方をしますと、無意識的なものを発見できず、リビードのもつ大きな意義を見逃し、あらゆる連関を、それが神経質(症)の人の自我に映ったままに判断してしまう危険性があるからです。こうした自我が、信頼できる中立的な審級ではないことは明白です。自我は、無意識的なものを否認し、これを貶めて抑圧してしまった力ですので、その自我に、この無意識的なものを正当に評価することができるわけがありません。この抑圧されたもののうちでまず先頭にくるのは、拒絶された性の要求です。これら性の要求の広がりと意義が、自我のもっている見方から推し測ることのできないものであることは、まったく自明のところです。じっさい私たちは、抑圧という視点がぼんやりと浮かび上がってきた瞬間から、これら相争っている二派の一方を、なかんずく勝利をおさめる側を、この争いの審判官としてはならないと、よくよく自らに言いきかせてもおります。自我の陳述が私たちを惑わすことになるだろうことは、前もって予測されるところです。もし自我の言うことを信じるのであれば、自我はあらゆる点で能動的であったことになりますし、自我自身が症状を欲し、作り出したということになります。ですが、自我が大部分において受動性に甘んじていたこと、あとになってからその受動性をひたかくしにして、言いつくろおうとしているのは明らかなところです。もちろん自我は、必ずしもこうした試みをやりおおせているわけではありません。強迫神経症の諸症状は、自我が、何か見知らぬものが前に立ちはだかっているため、懸命にそれから身を守っているということの証拠でもあるのです。

以上の戒めを守ろうとせず、自我の捏造したことを真実だと思い込むのをやめないようでしたら、その人は、言うまでもなく、ことを楽に済ますことになるのでして、精神分析が無意識や性、および自我の受動性を際立たせていることに対してなされている抵抗をすべて意に介さなくていいことになります。そうなれば、アルフレート・アードラー(5)のように、「神経質な性格」は神経症の結果ではなくてその原因なのだ、と主張することができるわけですが、そうしたところで、症状形成の細部ひとつ、あるいは夢のひとつさえ説明することができないのです。

精神分析によって暴き出された諸要因をそれほどにはおろそかにしないで、神経質症ならびに症状形成に自我が関与している事実を正当に考慮に入れることは可能ではないのか、と皆さんはお尋ねになることでしょう。これに対しましては、私の答えはこうです——それはきっと可能であるにちがいありませんし、じっさいいずれそうなるでしょう。しかし、まさにそこから始めることは、精神分析のとる道筋ではないのです。この課題がどの時点で精神分析のとりかかるべきものとなるのかは、あらかじめ予測できます。神経症には、これまで私たちが研究してきたものよりもはるかに自我の関与の度合いが強いものがありまして、私たちはこれを「ナルシス的」神経症(6)と呼んでいるのですが、精神分析がこの疾患を取り扱うことになれば、神経症の罹患に対する自我の関与ということを、公平かつ確かなやり方で判定できるようになるでしょう(7)。

しかし、神経症に対する自我の関与のうちのひとつは、そもそもの最初から考慮に入れざるをえなかったほど目立ってもいます。どんなケースでも、そうした関係は欠けていないようなのですが、これがもっとも顕著に認められるのは、今日なお私たちの理解が及んでいない疾患、**外傷性神経症**(8)の場合です。ここでご承知おき願いたいのは、どんなかたちの神経症でもその原因と機制においては、いつも同じ諸契機が働いているということ、ある場合にはあるひとつの契機が、また別の場合には別の契機が症状形成のための主たる意義を担っているということです。それはちょうど、劇団の役者たちの場合と同じようなものです。そこでは役者各々が、主役だの腹心だの陰謀家だのといったはまり役というものをもっているのですが、自身の顕彰興行のときには誰もが別の役回りを選ぶということです。これと同じで、空想（ファンタジー）が症状に転化する事態は、何よりヒステリーにおいて明白となり、強迫神経症の病像においては、自我の対抗備給ないし反動形成が支配的なものとなり、また、私たちが夢の場合に二次加工と呼んだもの〔第一一講、本書上巻、三二七頁〕は、パラノイアにおいて妄想となって第一位を占めている、等々といった具合なのです。

さて外傷性神経症の場合ですが、とりわけ戦争の際の驚愕によって生じる類いの外傷性神経症の場合には、自我のために保護と利益を求める利己的な動機が見まがいようなく目立っています。もちろんこの自我の動機は、それだけでは病気を惹き起こすことはできませんが、病気への同意を与え、いったん発病してしまうと病気を維持するわけです。この動機は、発病のきっかけとなった危険から自我を守ろうとするものでして、この危険が反復される可能性がなくなったと思われるまでは快復を許可しない、あるいは、耐え通された危険の埋め合わせがなされたあとにはじめて快復を許可するわけです(9)。

とは言いますものの、〔外傷性神経症ならずとも〕どんなケースでも、自我は、神経症の発生と継続に対してこれと似たような利害関心を抱いているものです。すでに申しましたように〔第二三講〕、症状は、抑圧をなそうとする自我の意向に満足を与える一面をもっているわけですから、自我によって維持されてもおります。加えて、症状形成によって葛藤に決着をつけることは、もっとも手軽にして、もっとも快原理にかなった逃れ道でもありますので、この道をとることによって、自我が、面倒で苦痛に感じられる内的仕事をしなくてすむようになるというのは、見え透いたところです。それどころか、医者でさえ、葛藤が神経症に行き着くのがもっとも害のない、社会的にももっともましな解決だと認めざるをえないようなケースもあるほどです。ですから、驚かないでいただきたいのですが、医者ですら、ときには、自身が闘うべき当の敵であるはずの病気の肩をもつことだってあるほどなのです。人生のいかなる局面にあってもただ健康崇拝者の役割だけを引き受けるのが、医者にふさわしい態度ではありません。医者にはよく分かっているところですが、この世にある悲惨なものとは神経症だけではなく、ほかにも除去しえない現実の苦しみがあり、そのため、人はやむなく自らの健康を犠牲にせざるをえないような場合もありうるわけです。医者は、一個人のそうした犠牲が他の多くの人たちの限りない不幸を防ぐことがしばしばあることを、経験上よく知っているのです。

ですから、神経症者は何か葛藤の前に立たされるたびに疾病への逃避[10]をはかると言われてきたものですが、そうした場合、この逃避にも一理あると認めざるをえないわけでして、この事情をよく知っている医者は、沈黙のうちに思いやりをこめて、自ら身を引くことにもなるのです。

しかし、そうした例外的なケースはさて措きまして、話を先に進めましょう。平均的な状況から見てとれますのは、神経症へと逃れることによって、ある種の内的な疾病利得[11]が自我にもたらされるということです。生活状況によりましては、この内的な疾病利得にさらに、現実において多かれ少なかれ高く評価されるべき、外的な目に見える利益が加わることもあります。この種のもっとも頻繁なケースをごらんにいれましょう。夫から粗暴な扱いを受け、情け容赦なくこきつかわれている場合、妻は、素質的に可能ならば、神経症に逃げ道を見出すのがほぼ通例です。臆病すぎたり倫理的すぎたりして、ひそかに別の男性をこしらえて慰めを得ることもできず、あらゆる外的妨げを排して夫と別れるほどにも強くはなく、自立して生活したり、もっとましな夫を手に入れる見込みもなく、さらには、性的な相性のために、なおこの残酷な夫から離れられないような女性などは、えてしてそうなりがちです。そうした場合、病気がこの強すぎる夫と闘うための武器になります。身を守ったり、復讐のために乱用したりできる武器です。結婚生活を嘆くことは許されないでしょうが、自分のかかっている病気のことを嘆くのは許されるからです。彼女は、医者に救いを見出し、そうでもしないとわがまま勝手なばかりの夫に強制的に自分をいたわらせ、自分のために出費をさせ、家庭からのがれて結婚生活の重圧を免れた時間を認めさせることができないのです。こうした外的ないし偶発的な疾病利得がかなり大きく、どうにも現実的にそれに代わるものが見出せないような場合には、治療を施すことによって神経症をなんとかできる可能性は、大きく見積もることができないのです。

さて、いま疾病利得について述べましたことは、自我自身が神経症を欲しこれを作り出すという、先に私自身が却下した見方を、逆に、完全に擁護するものになっているではないか、と皆さんは非難なさるかもしれません。皆さん、どうかあわてないでください。これが意味しておりますのは、せいぜいのところ、自我が、自らの阻止することのできない神経症になんとか甘んじているということ、神経症から何らかの利点を引き出せるのであれば、これを最大限利用してやろうとしているということにすぎないかもしれないからです。それは、ことのたんなる一面、むろんまだしも快い一面にすぎないのです。神経症に利点があるかぎり、自我はたしかに神経症と折り合いをつけるのですが、しかし神経症には利点ばかりあるわけではありません。やがて判明することになるのが通例ですが、自我は、神経症と係わり合いになることによって、損な巡り合わせになるからです。自我は、葛藤を和らげるためにあまりにも高い代償を払いすぎているのでして、症状にともなう苦しみの感覚は、葛藤のもたらす苦痛に代わる等価物なのかもしれませんが、なにしろ受ける不快の量が、その苦痛よりも大きすぎるのです。自我は症状にともなうこの不快から逃れたいのですが、疾病利得を手放したくもなく、この二つを同時になし遂げるわけにはゆきません。かくしてやがて、自我が自分の思っていたほどには一貫して能動的ではなかったということが明らかになるわけでして、この点は、私たちとしましても、肝に銘じておきたいところです。

皆さん、もし皆さんが医者として神経症者たちと付き合うことになりますと、自身の病気についてもっとも激しく嘆きこぼす患者こそ、援助の手をもっとも進んで迎え入れ、これに抵抗を示すのがもっとも少ないだろうという見込みを、やがて放棄せざるをえなくなるでしょう。事実はむしろその反対なのです。まずは容易に理解できるところでしょうが、疾病利得に貢献するものは何であれ、抑圧抵抗を強化し、治療上の困難を大きくすることになります。しかし、疾病利得には、いわば症状とともに生まれるこの疾病利得に加えて、さらにもうひとつ、のちに発生してくるもの〔二次的疾病利得〕があるのです。病気の類いといえる心的編成がかなり長期にわたって続きますと、それはついには、独立した生き物のような振舞いをすることになり、何か自己保存欲動のようなものを表に出しはじめて、この病的な心的編成と他の心の生活のあいだに――病的な心的編成に根本的に敵対している他の心の生活とのあいだにさえ――ある種の《暫定協定》のごときものが作り出されることになります。そうなりますと、この病的な心的編成が、再度利用可能、使用可能となって、いわば二次的機能――その存続を新たに力づける機能――を獲得するといった機会が、生じないではおれなくなるわけです。病理学からの例ではなくて、日常生活からの一例を引いて、どぎついかたちで説明してみましょう。自ら生活の資を稼いでいるある有能な職人が、仕事中の事故で身障者になったとしましょう。もう仕事はできません。ですが、この不幸な職人はやがて、ささやかな障害年金を受け、障害をもとに物乞いの生活に甘んじるようになります。悪化はしたものの彼の新しい生活を支えているのは、今や、彼から最初の生活を奪った事態〔身障者になったこと〕のおかげにほかなりません。ここでもし皆さんが彼の障害を取り除くことができるとしますと、皆さんは、さしあたり彼の生活基盤を奪うことになります。彼がなお以前の仕事を再開することができるのかという問題が突きつけられるからです。神経症の場合に病気のこの種の二次的利用にあたるものが、二次的疾病利得として一次的疾病利得に付け加えることができるでしょう[12]。

しかし、ここで一般論として申し上げたいのは、疾病利得の実践的な意義を過小評価しないでもらいたいということ、そしてもうひとつは、理論面では、この疾病利得を賛嘆の目で見ないようにしていただきたいということです。先に認めたあの例外[13]とは別に、疾病利得ということでいつも思い浮かびますのは、オーバーレンダー[14]が週刊誌『フリーゲンデ・ブレッター』誌で挿絵を描いた「動物たちの知恵」の例です。ひとりのアラビア人が、ラクダに乗って、切り立った岩壁に切り開かれた細い道をやってきます。曲がり角で突然一頭のライオンと鉢合わせをします。ライオンは今にも飛びかかろうとしています。逃げ道はありません。一方の側は垂直の壁、もう一方は深い谷で、引き返すことも横に逃げることもできません。アラビア人はもうだめだと観念します。ところがラクダのほうはそうではありません。ラクダは乗り手もろとも深い谷へジャンプします——ライオンはただ指をくわえて見ているだけなのです。神経症という救急手段も、通例、患者にとってこれより良い結果をもたらすことはありません。それは、症状形成によって葛藤に決着をつけることが、生の諸要求にこたえることのできない一種の自動的過程にすぎないというところから来ているのかもしれません。そこでは人間は自身の最良かつ最高の力を用いるのを断念してしまっているのです。選択の余地が残されている場合には、むしろ、運命に正々堂々とぶつかって滅びてゆくほうを選ぶべきなのです。

しかし、皆さん、私にはまだ、なぜ神経症論の叙述を通常の神経質(症)ということから始めなかったかという動機について、〔自我の非中立性という理由以外に〕さらに突っ込んだ説明をする義務があります。皆さんは、私がそんなやり方をしたのは、通常の神経質(症)から話を始めると、神経症が性的原因をもっていることを証明するのがもっと難しくなっただろうからだ、とお考えかもしれません。でもそれは違います。転移神経症の場合ですと、たしかに、性的原因という認識に達するには、まず症状の解釈をとことん押し進めなければなりません。しかし通常のかたちのいわゆる現勢神経症(15)の場合には、性生活が病因としての意義をもっていることは、観察すればすぐに分かる明々白々たる事実なのです。私がこの事実の前に立たされましたのは、二十年以上も前のこと、神経質(症)の人たちが検査される際に、いったいなぜ彼らの性的活動がいつも考慮の外に置かれるのか、という疑問を感じたときのことでした。私は、当時これを探ろうとしたために患者たちの反感を買うはめになったのですが、少し頑張るだけですぐに、「正常な《性生活》が送られている限り神経症――つまり現勢神経症――の発病はありえない(16)」という命題を打ち出すことができたのです。この命題にはたしかに、人間の個人差を無視しすぎているというきらいがありますし、また、「正常」という判断にどうしてもつきまとう不確かさという難点も免れてはおりませんが、大雑把な見当をつけるためには、これは今日でもなお有効です。当時私は、ある形態の神経質(症)とある特定の性的障害とのあいだには特別のつながりがあることを突き止めるまでになっておりましたし、もし同じような患者が観察素材として提供されましたならば、今日でも同じ観察結果にいたるだろうと、信じて疑いません。当時私がしばしば経験しましたのは、たとえば手淫といった類いの不完全な性的満足に甘んじていた男性は、ある特定のかたちの現勢神経症に罹患するという事実、さらには、この現勢神経症は、この男性が同じく非難の余地がないわけではない別の性的満足の方式に代えると、即座に別の現勢神経症に席を譲るという事実でした。ですから私は、患者の病状の変化から、その患者の性生活の方式の転換を推し当てることができるほどにもなっていました(17)。当時の私は、これらの推察をあくまで守り通し、それによって、患者たちの不正直さをはね返し、私の見方の正しいことを彼らに押し付けるまでになってもいました。ですから、じっさいのところ、患者たちは、性生活のことをさほど根掘り葉掘り問わない他の医者たちのもとに行くほうを好んだわけなのです。

もちろん私は当時、病気の原因が必ずしも性生活にかかわるものではないということにも、目を向けていなかったわけではありません。性的障害を受けたことが直接的引き金となって発病した人もたしかにおりましたが、財産を失ったり、消耗性の器官疾患にかかったりしたために発病にいたった人もいました。この多様さがどこからくるのかという説明がつきましたのは、のちに、自我とリビードとのあいだにあると推測される相互関係が洞察できたときのことでして、その説明は、この洞察が深まるにつれて、ますます満足のいくものになっていきました。つまり、ある人が神経症にかかるのは、その人の自我がリビードを何らかのかたちで格納する能力を喪失したときだけだということです。自我は、強力であるほど、それだけ容易にこのリビード格納という課題をこなすことができますし、逆に、自我が何らかの原因で弱体化しますと、リビードの要求が過度に強まったときと同じ結果が引き起こされて、神経症が発生することになるのです。自我とリビードとのあいだには、これとは別のもっと密接な関係もあるのですが、その関係は今はまだ、この入門講義の視野に入ってきておりませんので、ここでは説明から除外したいと思います(18)。ともあれ私たちにとって本質的かつ啓発的なのは、どんな症例においても、またどんな経路で発病にいたったかにかかわらず、神経症の症状はリビードによって賄われているということ、したがって、症状はリビードの異常使用を証拠づけるものだということなのです。

しかし、ここまできますと今度は、現勢神経症の症状と精神神経症の症状との決定的な違いに注意を向けていただかなくてはなりません。私たちはこれまでほとんど、この後者の精神神経症の第一のグループにあたる転移神経症にばかりたずさわってきたのです。現勢神経症においても精神神経症においてもともに症状はリビードから発しているのでして、症状はリビードの異常使用、満足の代替物ということになります。しかし、頭が重いだとか、どこかが痛いだとか、どこかの器官に刺激があるだとか、何かの機能が弱まったり制止されたりといった現勢神経症の諸症状には、「意味」すなわち心的な意義はありません。それらの症状は、たとえばヒステリー症状のように、その大部分が身体に現れるだけにとどまらず、それ自体が徹頭徹尾身体的な出来事でもあるのでして、その発生には、これまで見てまいりましたような複雑な心の機制は何ひとつ関与していないのです。つまり、これらの症状は、精神神経症が長年そうだと勘違いされてきたものだということなのです。ですが、そうなりますと、これらの症状は、これまで心的なもののなかで働いているひとつの力として私たちが扱ってきたリビード使用と、どう折り合いをつければいいのでしょうか。皆さん、これはとても単純なことなのです。精神分析に投げつけられた最初期の非難のひとつを想い出していただければと思います。当時はこう言われたものでした——精神分析は神経症現象を説明するための純粋に心理学的な理論に取り組んでいるが、その見込みはじつに乏しい、なぜなら心理学的理論では絶対に〔身体的〕病気は説明できないのだから、と。つまり、性的機能はたんに身体的なものではないし、またたんなる心の現象でもないという事実に、好んで目がふさがれていたということです。性的機能は、身体的生活にも心の生活にも同じように影響を及ぼすのです。精神神経症の諸症状が、性的機能の心的作用の障害の現れであることが分かっているわけですから、現勢神経症が性的障害の直接的な身体的帰結であるということになったとしても、別段驚くにはあたらないのです。

現勢神経症に対するこの見方がまちがっていないことの保証として、臨床医学が、さまざまな研究者からも認められている貴重な示唆をもたらしてくれています。現勢神経症は、その個々の症状の点においても、また、あらゆる器官系統とあらゆる機能に影響を及ぼすという特異性においても、外からの毒物による慢性的影響ならびにそうした毒物の急激な差し止めによって生じる病的状態、すなわち中毒や禁断状態と見まがいようのない類似を示しているのです。現勢神経症と毒物中毒というこの二つの疾病グループは、その中間に、バセドー氏病(19)のような病態を介在させますと、その近さはいっそう密になります。バセドー氏病の病態は毒物の作用によると考えられているのですが、その毒物は、毒とは言いましても、外から体内に取り込まれる毒ではなく、自身の物質代謝のなかで発生する毒だからです。つまり、この類比からしますと、神経症は性的物質代謝の障害の結果とみなさざるをえないということです。この性的毒素が当人の制覇能力を越えて多量に産出される場合であれ、あるいは内的連関、ならびに心的連関さえによって、これらの物質の正常な使用が損なわれる場合であれ、そうなのです。民衆もまた、昔から、性的要求というものの本性をそのようなものだと信じてきました。民衆は愛を「陶酔」と呼び、惚れ薬によって恋着が生じると考えております。つまり、作用因をいわば外へと置き換えているわけです。私たちは、これをもとにして、性源域ということについて考えてみるべきなのかもしれません。すなわち、性的興奮はどの器官においても生じうるという主張〔第二一講、本書下巻、一四一－一四二頁〕を思い起こしてみるべきだということとです。しかし、ついでに述べさせていただきますと、「性的物質代謝」だとか「性の化学的メカニズム」といった言葉は、中身が空っぽの抽斗のようなものでして、これらについては何ひとつ分かっておりませんし、「男性的」だとか「女性的」だとかいえるような二つの性物質を想定すべきなのか⑳、それとも、リビードのあらゆる刺激作用の担い手と見るべき一つの性的毒素にとどめておいていいのか、ということすら決定できないのです。私たちが作り上げました精神分析という学説は、じっさい上部構造なのでして、いずれはその下部に、これを支える有機的な基盤が据えられねばならないのですが、その基盤はまだ出来ていないのが現状なのです。

精神分析は科学として、それが扱う材料によってではなく、それが駆使する技法によって特徴づけられるものです。ですから、精神分析は、神経症論に対してと同じく、文化史や宗教学や神話学に対しても、それらの本質を暴力的に歪めることなく適用可能です。精神分析の意図と実践は、ほかでもありません、心の生活にひそむ無意識を暴き出すことにあるのです。直接的な毒素障害によって症状が発生すると考えられる現勢神経症の問題は、したがって、精神分析に対する攻撃の糸口となるようなものではありません。精神分析は、現勢神経症をごくわずかでも説明できればいいのでして、この課題を生物学的－医学的研究に委ねねばならないのです。ここまでまいりますと、なぜ私が私の材料の説明の手順を他のやり方でできなかったかが、よりよくご理解いただけるかもしれません。仮に、皆さんに「神経症論入門」なるものをお約束していたのでしたら、現勢神経症という単純なかたちのものから、リビード障害による複雑な心的病気へと話を進めていく道筋をとるのが、まちがいなく正しかっただろうと思います。そうなれば、私としましても、まずは現勢神経症のところで、私たちがさまざまな方面から経験上知ったこと、あるいは分かっていると思っていることを掻き集めてお話ししなければならなかったでしょうし、つづく精神神経症のところで、やおら、この病態を解明するためのこの上なく重要な技法上の手段としての精神分析の話に入るという手順になったことでしょう。しかし、私が意図し予告しておりましたのは「精神分析入門」なのでして、私にとりましては、皆さんが神経症についていくばくかの知見を獲得されるよりも、精神分析について何らかのイメージをもっていただくほうが、より重要だったわけです。ですから、そうである以上、精神分析にとって得るところの乏しい現勢神経症をもろに前面に押し出すわけにはいかなかったわけです。じっさい私としましても、こうすることで皆さんにとってより有意義な選択をしたと信じております。と申しますのも、精神分析は、その深い前提と広範な連関のゆえに、教養を積んだあらゆる人たちの関心のなかに、れっきとした場を占めるに値するものだからです。それに比べますと、神経症論などは、他の理論と同じく、まさに医学の一章にすぎないのです。

とは申しましても、皆さんは、私たちが現勢神経症に対してもいくらかの関心は注ぐべきだとお望みでしょうし、それはもっともなことでもあります。現勢神経症が臨床面で精神神経症と密接な関係をもっているという事実ひとつとりましても、私たちはそうする必要があるのです。ですからここでご報告しておきたいと思いますが、私たちは、現勢神経症を三つの純タイプに分類しています。**神経衰弱**と**不安神経症**と**心気症**です。[21]この区分をするだけでも反対意見がないわけではありません。なるほどこれらの名称はどれも使用されてはおりますが、その内容となりますと、いずれも漠としており揺れ動いております。医者のなかには、神経症現象という混乱した世界に区分を持ち込むことにいっさい反対し、臨床単位ないし個別疾病を際立たせることに異を唱える人、さらには、現勢神経症と精神神経症の区別すら承認しようとしない人もいます。そういう医者たちは行き過ぎを犯し、進歩へと続いてゆく道をたどらなかったのだと私は思っています。今挙げました〔現勢〕神経症の三つのタイプは、ときには純粋なかたちで現れることもありますが、互いにごちゃ混ぜになったり、精神神経症の疾患と混ざり合ったりしているほうがむしろ多いことも確かなところです。しかし、そのような混合的な現れ方をするとしましても、だからといって私たちは先の区分を放棄しようとは思っておりません。鉱物学において鉱石学と岩石学が区別されていることを考えていただきたいと思います。鉱石は、しばしば結晶体として周辺のものからはっきり分かれたかたちで出てくるという事情があるため、単体として記述されます。それに対して岩石は、もろもろの鉱石の混合——むろんこの混合は偶然のものではなく、それら鉱石が生成したときの条件によっています——から成っているのです。神経症論においては、岩石学に似たようなものを作り上げようとしても、どこからこれを展開すればいいのかについて、まだあまりにも理解が乏しすぎるのが現状です。ですが、とりあえずは、ごちゃ混ぜの塊のなかから、鉱石に匹敵する個々の識別可能な臨床上の諸事項を単独のものとして分離することは、まちがってはいないのです。

現勢神経症の症状と精神神経症の症状のあいだにみられるある注目すべき関係が、もうひとつ、精神神経症の症状形成を知るうえで重要な貢献をもたらしてくれます。すなわち、現勢神経症の症状が、しばしば精神神経症の症状の核ないしは前段階をなしているという事実です。神経衰弱と、転換ヒステリーと名づけられている転移神経症とのあいだ、不安神経症と不安ヒステリーとのあいだ、さらには、心気症と、のちの講義〔第二六講、本書下巻、三〇六頁以下〕でパラフレニー(早発性痴呆とパラノイア)としてお話しする予定の疾病形態とのあいだには、この種の関係がきわめて明瞭に観察できます。ためしに、ヒステリー性の頭痛ないし腰痛のケースを見てみましょう。分析の教えるところによりますと、このヒステリー性の頭痛ないし腰痛は、縮合と遷移を通して、一連のリビード的空想(ファンタジー)ないしリビード的想い出の代替満足として出現してきたものです〔転換ヒステリー〕。しかしこの痛みはまた、かつては現実のものでもあったものでして、その当時は、直接的に性的毒素が引き起こした症状、すなわちリビードの興奮の身体的表現だったものなのです〔神経衰弱〕。私たちはけっして、すべてのヒステリー症状がこの種の核をもっていると主張したいわけではありませんが、そうしたことが特に頻繁に生じていること、および、リビードの興奮の身体への——正常であれ病的であれ——あらゆる影響が、まさしくヒステリーの症状形成に特に好まれていることは、あくまで動かないところなのです。その場合、これらの影響は、真珠貝が真珠質の層でもって包み込んでしまった砂粒のような役割を受け持っているわけです。これと同じようなやり方で、性行為にともなう、性的興奮のその時その時の一過的なあり方が、精神神経症によって、もっとも手ごろでふさわしい素材として、症状形成のために利用されるのです。

これと似たような出来事で、診断上ならびに治療上、特別の関心を引くものがあります。今のところ明らかな神経症に苦しんではいないものの、神経症の素質はもっている人たちに頻繁に見られることなのですが、何らかの病的な身体的変化――たとえば炎症や負傷による身体的変化――が症状形成の活動を呼び起こし、そのため、この身体的変化に現実的に与えられていた症状が、急遽、無意識的空想(ファンタジー)――何らかの表現手段をわがものにしようと虎視眈々と狙っていた無意識的空想――をそっくり代表するものに仕立て上げられる、といった事態です。そうしたケースでは医者は、騒がしい神経症の形成など気にかけることなく、症状の器質的基盤を除去しようとするか、あるいは、このとき生じた神経症と闘い、その器質上の誘因は無視するかのどちらかでして、あるときはこちら、あるときはあちら、と治療法を使い分けることになります。こちらの治療努力が正しいのか、あちらの治療努力が正しいのかは、結果しだいということになります。

この種の混合症例のためには、一般的な規則を打ち出すことはほとんどできないのが現状なのです。(22)

第二五講　不　安[1]

皆さん、前回の講義では一般的な神経質(症)[2]についてお話しいたしましたが、皆さんはこれを、きっとこれまでの私の報告のうちもっとも不完全で不十分なものだとお思いになったことでしょう。私としましても、それは承知しておりまして、皆さんを訝しがらせることになりましたのは、何よりも、不安[3]ということについてそこでいっさい言及しなかったからだと考えております。なにしろ、不安は、ほとんどの神経質(症)の人たちが訴えているところですし、また彼ら自身、もっとも恐ろしい苦しみと称しているものだからです。じっさい彼らにあっては、不安は、とてつもない強度に達することがありますし、じつにとんでもない防護措置をとらせることにもなるのです。しかし、私としましては、少なくとも、これについての話を端折ってすませようと思ったわけではけっしてありません。むしろその反対でして、私はずっと、神経質(症)の人たちの不安の問題にとりわけ強く目を向け、この問題を皆さんの前で詳しく論じさせていただこうと思っていたのです。

不安そのものにつきましては、あらためてご説明する必要はないでしょう。私たちは誰しも、この感覚、いやより正しくはこの情動状態を、一度は自分で味わったことがあるはずです。しかし、なぜ、よりによって神経質(症)の人たちが、そうでない人に比べてかくも頻繁かつ強烈な不安を感じるのか、という点については、これまでじゅうぶん真剣に問われたことがなかったように思えます。もしかしたら、そんなことは自明だとみられていたからかもしれません。「神経質な」という言葉と「不安な」という言葉は、通常、同じことを意味するかのように、互いに代替しあっているからです。とは申しましても、それが正しいというわけではありません。他の点ではまるで神経質ではないのに不安がっている人もいますし、さらには、数々の症状を示しているのに、不安の傾向が見当たらないような神経質(症)の人もいるのです。

それはともかく、はっきりしておりますのは、不安という問題は、じつにさまざまかつ重要な問題が寄り集まってくる結節点であり、この謎を解けば私たちの心の生活全体に燦々たる光が注がれるにちがいないということです。私は、そうした完全なる解決をお示しできるなどと豪語するつもりはありませんが、精神分析がこの不安というテーマに対しても、アカデミズム医学とはまったく異なったアプローチをするということは、請け合うことができます。アカデミズム医学では主として、不安状態が解剖学的にどのような経路をとって生み出されるのか、という点に関心が向けられているように見えます。そこでは、《延髄》が刺激を受けていると言われ、患者には、《迷走神経》[4]の病という診断が下されることになります。《延髄》は、容易ならざる素晴らしい研究テーマです。はっきり覚えていますが、何年か前には私もこの研究にとてつもない時間と労力を捧げたものです[5]。しかし、今日私としましては、不安を心理学的に理解するのに、不安の興奮が走ってゆく神経経路の知識ほどどうでもいいと思えるものはない、と言わざるをえないのです。

不安に関しましては、ひとまず神経質(症)のことは考慮に入れないで話を進めることができます。この不安を、神経症的不安と対比させて現実不安と呼んでおきますが、言わんとするところはすぐにお分かりいただけるでしょう。現実不安は、とても理にかなった、理解しやすいものです。こう言ってよろしいでしょうが、それは、何らかの外的危険を感知したことに対する反応、すなわち危害を予期し予測したことに対する反応であって、逃走反射と結びついており、したがって自己保存欲動の現れとみなしてよいものです。不安が、いかなるきっかけで、いかなる対象を前にして、いかなる状況において出現するのかということは、もちろん、大きくは、外界に対する私たちの知識の程度と、どこまで外界を支配できるかという私たちの力の感覚によっております。じつにあたりまえのことですが、未開人は大砲をこわがり、日食を不安がりますが、大砲という道具を扱い、日食という出来事を予測できる白人は、そうしたことには不安を感じることはありません。あるいはまた、より多く知っているということは、危険を早めに察知させることになりますので、不安を促すことにもなります。たとえば、未開人は、森のなかで何かの足跡を見つけると怯えたりしますが、それは、その足跡が、事情を知らない人にとっては何の意味ももちませんが、未開人には何か猛獣が近くにいるしるしとなるからです。また、熟練の船乗りは空に何かしらの雲がかかっているのを見るとぎょっとしますが、それは、その雲が船客には何の変哲もないものに思えるのに、船乗りには大暴風の接近を教えているからなのです。

しかしよく考えますと、現実不安は理にかなない目的にかなったものだという判断には、根底的な修正が必要だと認めざるをえなくなります。危険が迫ってきたとき、目的にかなっているといえる行動は、唯一、その脅威の大きさに比べて自身の力量がどれくらいのものかを冷静に見きわめ、それにもとづいて、逃走か守護(6)か、あるいはもしかしたら攻撃か、どれが首尾よい結果をもたらす見込みが大きいかを決定することです。しかしこの点からしますと、ここには不安の入り込む余地はそもそもありません。不安が生じなくとも、なされる行動はまったく同じになるでしょうし、むしろ不安増長にいたらないほうが、おそらくことはもっとすんなり行くと考えられます。誰しも承知のように、不安は、過度に強くなりますと、きわめて目的にそぐわないものとなり、あらゆる行動を麻痺させるばかりか、逃亡の行動すらとらせなくします。危険に対する反応は、通例、不安情動と防衛(7)の行動が綯い混ざったものから成っています。驚いた動物は、不安を感じて逃走するのですが、そのとき目的にかなっているのは「逃走」のほうであって、「不安を感じる」ことではないのです。

となりますと、不安増長はけっして目的にかなったものではない、と主張したい気にもなります。不安状況というものをさらに注意深く分解してみると、もしかしたら、もっとすっきりした洞察が得られるかもしれません。不安状況においてまず真っ先に見て取れるのは、危険に対する準備です。それは、感覚的な注意力の増大と運動性の緊張の高まりとして現れます。この予期準備は、まちがいなく有益なものですし、それどころか、これが欠落すれば、重大な結果を招きかねないものです。この予期準備に引きつづいて顕著になるのは、ひとつは、運動性の活動、つまり、さしあたりは逃走、さらにのっぴきならなくなると積極的な防衛ということになります。もうひとつは、いわゆる不安状態として感じられる事態です。ここでこの不安増長が、たんなる兆し、ただの信号(8)の段階までに抑えられるのでしたら、それだけ不安準備から行動への転換はスムーズに行われることになりますし、またそれだけこの経過全体が目的にかなったものとなるわけです。ですから、どうやら不安準備は、不安と呼ばれているものがもっている目的にかなった面であり、不安増長のほうは、目的に反した面であると言っていいように思えます。

不安、恐怖〔Furcht〕、驚愕〔Schreck〕という言葉が同じものを指しているのか、はっきり違ったものを指しているのかという問題につきましては、詳しく立ち入るのは控えておきましょう。不安は〔心的〕状態にかかわるもので、対象を度外視しているのに対して、恐怖は注意をまさに対象に向けている、とだけ言っておけばじゅうぶんでしょう。他方、驚愕には特別な意味があるようです。つまり、そこでは、不安準備によって出迎えられることのない危険の作用にアクセントが置かれています。ですので、こう言って差し支えないでしょうが、人間は不安を通して驚愕から身を守っているということです(9)。

「不安」という言葉の使用につきまとうある種の多義性と不確定性は、皆さんもこれまでお感じになられたことと思います。たいていの場合、不安ということで理解されているのは、「不安増長」が感知されることによって陥る主観的状態のことでして、その状態はひとつの情動[10]と称されているものです。では、力動論的な意味で情動とは何なのでしょうか。いずれにせよ、非常に多くのものを含んだ混成物であることはまちがいありません。情動にはまず、ある特定の運動性の神経支配あるいは放散というものが含まれております。加えて、二種類の感覚が含まれております。発生した運動性の活動の感知と、情動のいわば基調トーンとなる直接的な快、不快の感覚です。しかし、こうして列挙していったところで、情動の本質が言い当てられることはないように思えます。いくつかの情動をより深い見地から見てみますと、こう認めざるをえないと思えるのですが、情動という複合体をひとつにまとめ上げている核心は、ある種の重大な体験の反復です。この体験は、個人の前史ではなく種としての人間の前史に遡ることのできる、ごく早期に抱かれた非常に普遍的な性質の印象にすぎないのかもしれません。この情動状態は、ちょうどヒステリー発作と同じ構造をもち、ヒステリー発作が何らかの回想（レミニスツェンツ）の沈殿物であるのと同じである、とでも言えばもっと分かりやすくなるでしょう。つまり、ヒステリー発作は、新規に形成された個人的な情動にたとえることができ、正常な人の情動は、遺伝と化してしまった人類共通のヒステリーにたとえられるということなのです[11]。

いま私が情動について申し上げましたことが、正常心理学の分野で承認されている折り紙つきのものだとお考えにならないようお願いいたします。事実は逆でして、以上のことは、精神分析の土壌で成長し、そこでのみ根づいている見方なのです。皆さんが心理学で情動について教えられること、たとえばジェームズ－ランゲ理論[12]といったものは、私たち精神分析家にとってはまるで理解不能ですし、議論するに及ばないものです。とはいえ私たちは、情動についての私たちの知見を、しかと動かないものとみなしているわけでもありません。これは、この暗い領域で手探りするための第一歩にすぎないのです。さて、先を続けましょう。不安情動の場合、私たちは、そこでどのような早期の印象が反復再現されているのか、理解できたように思っております。それは、不快感と放散の蠢き（うごめ）と身体感覚が集合するいい出産行為でして、この集合が、命にかかわる何らかの危険が引き起こす作用の雛形と化して、そのあと不安状態として繰り返されるということです。出産の際には、血液更新（内呼吸）の中断によってとてつもない刺激増大が生じ、それが不安体験を引き起こしたわけですが、だとしますと、最初の不安というのは中毒性のものだったということになります。不安〔Angst〕という名称――〔ラテン語の〕angustiaeや〔ドイツ語の〕Engeもそうです[13]――は、呼吸が圧迫されて苦しいという特徴を顕著に示しておりますが、誕生時には現実の状況がもたらした結果だったこの息苦しさが今では、情動のなかで、ほとんど判で押したように再現されるわけです。最初の不安状態が誕生時の母親からの分離に端を発したものだったということも、いかにも示唆的だと言わねばならないでしょう[14]〔本講、本書下巻、二七七頁参照〕。もちろん私たちは確信しておりますが、この最初の不安状態を反復するための素因は、無数の世代系列を通して身体組織のなかへと完膚なきまでに体内化されており、そのため個々人は、あの伝説的なマクダフが「母親の腹から帝王切開で生まれた[15]」ように、出産行為そのものを経験しなかったとしましても、不安情動なるものを知らないでおれるというわけにはまいりません。哺乳動物とはちがう動物の場合、何が不安状態の雛形となったのかは、私たちには分かりません。その代わり、私たちは、これらの生き物の場合どのような複合感覚が私たちの不安に相当しているのかということも知らないわけです。

いったいどうやったら、出産行為が不安情動の源泉であり雛形だといったこんな突拍子もない考え方を思いつけるのか、もしかしたら皆さんは、この点を聞かせてもらいたいとうずうずしておられるかもしれません。ここには思弁の入る余地などほとんどありません。むしろ庶民の素朴な考えを借用しただけのことなのです。何年も前になりますが、私たち、若い病院勤務医が、食堂で昼食の席についていたとき、産科のある助手が、この前の助産師資格試験でたいへん面白い話があったと話してくれたことがありました。なんでも、ある女性受験者が、子供が生まれ出たときに、破水のなかにメコーニウム

(胎便、糞便)が見られることがあるが、これは何を意味するのかと質問され、即座に、子供が不安を感じている証拠だと答えたらしいのです。彼女は大笑いの種にされて、試験には落ちました。でも私はひそかに彼女の肩をもち、この頑迷な庶民階層の気の毒な女性が、ずばり重要な連関を言い当てていたのではと予感しはじめたのです[16]。

さて、つづいて〔現実不安から〕神経症的不安に話を向け変えたいと思いますが、神経質(症)の人たちに特有の不安は、いったいどのような新しい現象形態や新しい事態を教えてくれているでしょうか。お伝えしなければならないことは多々あります。ここでまず出くわしますのは、広範きわまりない不安感、いわばどこへでも漂ってゆく不安です。この種の不安は、適当な表象内容があれば何にでも取りつこうと構え、判断に影響を及ぼし、自ら勝手な予期を選び取り、あらゆる機会を待ちかまえて自らの考えがまちがっていないことを示そうとします。私たちはこの状態を「予期不安」ないし「不安に満ちた予期」と呼んでおります。この種の不安に苦しんでいる人たちは、あらゆる可能性のなかからもっともおぞましい可能性を予想するのがつねでして、いかなる偶然をも何か災いの徴候と解し、不確かなものはどんなものでもともかく悪い意味にとるのです。こうした災い予期の傾向は、ふつうは病気とはいえない人たちの特性としても多々見られるものでして、そうした人は、心配性だとか悲観性だと呼ばれて、うさんくさく見られています。しかし、予期不安も度を越しますと、通例は、私が「不安神経症」と名づけ、現勢神経症のひとつに数えている神経質症に入ることになるのです[17]。

〔神経症的〕不安の第二のかたちは、今述べたものとは反対に、むしろ心的に拘束され[18]ており、ある特定の対象ないし状況に強く結びついております。それは、とてつもなく多様、かつしばしばきわめて奇妙でもある「恐怖症」に見られる不安です。尊敬すべきアメリカの心理学者スタンリー・ホール[19]が、つい最近、ご努力の末、これら数々の恐怖症に華やかなギリシア語の命名をしてみせてくれました。その数え上げ方は、エジプトの「十の災い[20]」の列挙を思わせるものですが、ただしその数は、十をはるかに上まわっています[21]。ちょっとお聞きいただきたいのですが、なんとあらゆるものが恐怖症の対象ないし内容になっていることでしょう。闇、戸外、広場、猫、蜘蛛、毛虫、蛇、鼠、雷、鋭い切っ先、血、閉所、人ごみ、一人でいること、橋を渡ること、船旅、鉄道旅などなどです。これら雑然としたものに見通しを与えようというのであれば、これらを三つのグループに分けるのが妥当でしょう。まずは、恐れられている対象や状況には、私たち健常な者にとっても不気味なもの、実際に危険とつながっているものがあります。そうした恐怖症は、たしかにその強度は度を越してはいますものの、だからといって私たちにも理解できないわけではありません。たとえば、ほとんどの人は、蛇に遭遇しますと嫌な感じになります。蛇恐怖症は人類に広く見られる恐怖症と言ってよいでしょう。Ch・ダーウィンも、厚いガラス板で身を守られているのが分かっているにもかかわらず、突進してくる蛇を見て不安を抑えきれなかった、とたいへん印象深い記述を残しております。[22] 第二のグループに入るのは、なお何らかの危険とつながってはいますものの、その危険は、ふつう取るに足りないものとみなされ、騒ぎたてるまでもないといったケースです。たいていの状況恐怖症はこれにあたります。鉄道に乗りますと、家にいる場合よりも、事故に遭う確率、列車衝突の確率が高いこと、また、船ですと沈没して溺れ死んでしまう可能性があることも分かりきっておりますが、私たちは、そうした危険のことを考えないで、不安を感じることなく鉄道や船で旅をしています。渡ろうとした瞬間に橋が落下して川へざんぶといった可能性も否定できませんが、そんなことはごくまれにしか起こることではありませんので、危険のうちに数え入れるまでもありません。一人でいることもそれなりの危険をはらんでおり、私たちは、ある事情のもとではそうした事態を避けたりもします。ですが、どんな条件のもとでも片時も一人でいることに耐えられないということはありません。同様のことは、人ごみや閉所や雷などに対しても言えます。つまり、神経症者のこうした恐怖症が私たちを奇異に思わせるのは、それら恐怖症の内容ではなくて、その強度だということです。恐怖症につきまとう不安は、まさに天井知らずとしか言いようがありません。それに、私たちはときには、神経症者が不安がっているのは、ある事情のもとでは私たちにも不安を引き起こしかねないのと同じ事物や状況に対してではない、といったような印象を受けることもあります。神経症者はそれに、私たちが不安に感じかねないものと同じ名前をかぶせているかのようなのです。

あと残っておりますのは、第三のグループの恐怖症ですが、これは、そもそも私たちの理解の域を越えたものです。頑強な成人男性が不安のために、よく知り尽くしている生まれ育った町の街路や広場を通れないといった場合、あるいは、健康で発育のいい女性が、猫が衣服の縁に触れたり、小鼠が部屋を走り抜けたりしたために、気絶するほどの不安にとらわれてしまうといった場合、これら恐怖症の人たちにとってほんとうに存在している危険は、いったいどこにあると考えればいいのでしょうか。このグループに属する動物恐怖症は、広く人間一般に蔓延している嫌悪が昂じたものだとは言えません。と申しますのも、これとは反対に、猫を見れば呼び寄せたり撫でたりしないではおれないような人の例もたくさんあるからです。女性たちにたいへん怖がられている鼠は、同時に最高級の愛称でもありますし、恋人から鼠ちゃんと呼ばれて悦に入っている娘さんでも、その多くは、この名前をもったかわいい動物を目にすると、仰天して金切り声を上げるのです。街路不安や広場不安につきまとわれている男性に対して思いつく説明らしきものは、ただひとつ、その人はまるで小さな子供のように振舞っているということくらいのものです。子供は、街路や広場の状況は危険だから避けるよう直々にしつけられますし、じっさい広場恐怖症者も、誰かに付き添ってもらって広場を過ぎてゆく場合には、まったく不安を感じないですむのです。

以上述べました〔神経症的〕不安の二つのかたち、すなわち、どこへでも漂ってゆく予期不安と、恐怖症に結びついた不安とは、互いにかかわりをもたない独立したものです。一方が他方のより高次の段階であるなどとは言えませんし、二つが合体して現れることもありますが、それは例外的な事態でして、たまたまそうなっただけのことです。何にでも向けられる不安感のうちもっとも強いものが、恐怖症のかたちで現れるわけではありませんし、広場恐怖症によって生活全体が制約されている人で、悲観的な予期不安はみじんも感じていない人もいるのです。ところで、同じ恐怖症と言いましても、広場不安や鉄道不安のようないくつかの恐怖症は、明らかに、かなり成熟した年齢になって出てくるものですが、闇や雷や動物に対する不安のごときは、早期から存続していたもののようです。ですから前者の類いの恐怖症は重度の病気と意義づけられますし、後者の恐怖症は、どちらかというと奇癖だとか気まぐれといった観を呈しております。これら後者の恐怖症をひとつもっている人には、必ずといっていいほど別の似たような恐怖症があると推測されます。付け加えておく必要がありますが、私たちはこれらの恐怖症を、すべてひっくるめて不安ヒステリーのなかに数え入れ、よく知られている転換ヒステリーにたいへん近い疾患とみなしております(23)〔第二四講、本書下巻、二四九頁参照〕。

つづいて神経症的不安の第三のかたちのものとなりますと、私たちは、不安と迫りくる危険とのつながりがまったく何ひとつ見出せないといった謎の前に立たされることになります。この類いの不安は、たとえばヒステリーの場合にさまざまなヒステリー症状に随伴して現れたり、情動の表出はあっても不安情動だけは絶対に出現しそうもないといった、興奮の任意の条件下で現れたりします。あるいは、どんな条件にも縛られることなく、私たちにも患者自身にも理解されないまま、自由な不安発作として現れることもあります。ここでは、危険、ないしは先鋭化すると危険にまで高まる可能性のある動因は、まったく何ひとつ問題になっておりません。さらに、これらの自発的な発作から見てとれますのは、ここで不安状態と呼ばれています複合体は分身の術を使うことができるということです。発作全体は、震え、眩暈、動悸、呼吸困難といった強烈な個別症状に取って代わられることができるのでして、その際、不安を識別できる目印となる共通感覚が欠落ないし不鮮明になってしまうこともあるわけです。とは申しましても、これらの状態は、あらゆる臨床的観点ならびに病因論的観点からして不安と同列視できるものなのでして、私たちはこれらを「不安等価物」として記述しているのです。

さて、こうなりますと、ここに二つの問いが首をもたげてきます。危険が何ひとつ、もしくはごくわずかしか役割を果たしていない神経症的不安は、徹頭徹尾危険に対する反応である現実不安とつながりをつけることができるものなのか、という問いがひとつ。もうひとつは、神経症的不安とはそもそもどのように理解すればいいのか、という問いです。不安があるところには当人が不安に感じているものも存在しているはずだという予想は、さしあたり手放さないようにいたしましょう。

ところで臨床観察の方面から、神経症的不安を理解するための示唆がいくつかもたらされておりますので、以下、それらの意義について検討してみたいと思います。

（a）予期不安、あるいは何にでも結びつく不安感が、性生活でのある出来事、すなわちリビードのある特定の使われ方と切っても切れない関係にあることは、たやすく確認できるところです。この種のもっとも分かりやすく、もっとも教えられるところの多いケースは、いわゆる興奮がいつも欲求不満に終わっている人たち、すなわち、激しい性的興奮がじゅうぶん放散にいたらず、満足な結末を迎えることがないような人たちに見られます。たとえば、婚約期間中の男性だとか、夫がじゅうぶんな能力をもっていない女性だとか、あるいは〔妊娠の〕用心のために性行為を淡白にしたり、不完全燃焼のまま終える女性の場合がそれにあたります。こうした事情のもとではリビードの興奮は消え失せ、その代わりに不安が、予期不安のかたちをとったり、発作や発作等価物のかたちをとったりしながら現れることになります。用心のための性行為の中断は、それが性的スタイルとして習慣化しますと、男性いやとくに女性の場合、不安神経症の原因となるのがふつうでして、そのためこの種のケースでは、医者に相談のうえ、まずこれが病因であることを探りあてるのが肝要だということになります。こうした誤った性的習慣が取り除かれると不安神経症も消滅するという経験は、数えきれないほど確認されているところでもあります。

性的抑制と不安状態とのあいだに関連があるという事実は、私の知っているかぎり、精神分析から距離をとっている医者たちによってさえ、もはや疑われてはおりません。とは申しましても、どうやらこの関係を逆にしようという試みもなおなされているようでして、もともと不安感を抱く傾向が強い人が性的なことがらにおいても抑制するのだ、といった論法がとられたりもしております。しかしこれが正しくないことは、女性たちの態度を見れば一目瞭然です。女性たちの性的活動は、本質的に受動的な性質をもっており、男性の側からの扱いによって規定されています。女性は、情熱的であるほど、つまり、性行為を好み、満足を感じる能力があればあるほど、男性のインポテンツないしは《性交中断》に対して、それだけ確実に不安をあらわにして反応しますし、他方、不感症あるいはリビードの乏しい女性の場合には、そのような冷ややかな扱いを受けても、それが占める役割ははるかに小さいのです。

今日医者たちによって熱心に勧められております性的禁欲も、不安状態の発生にとりましてはこれと同じ意義をもっています。ただしそれは、満足のいく放散が不首尾に終わったリビードが、それに応じて強烈なままで、昇華によってその大部分が処理されない場合にかぎってのことです。病気という結果を招くかどうかの決定は、いつも量的な要因にかかっているからです。病気ではなく性格形成ということに目を向けましても、性的制限がある種の不安感や疑惑癖と結びついていること、それに対して、豪胆さや大胆さが性的欲求の自由な発散をともなっていることは、すぐに分かるところです。この関係は、たしかに多様な文化的影響によって変化し、複雑になりはするのですが、平均的な人間にとりましては、不安が性的制限と切っても切れない関係にあることは、揺るがないところなのです。

リビードと不安との以上に述べた発生史的関係を証する観察は、これでもってすべて報告し尽くされたわけではまったくありません。たとえば、思春期や閉経期のように、リビードの産出がかなり上昇するような人生のある時期が、不安性の疾病を惹き起こしかねないこともそうした観察のひとつです。いくつかの興奮状態においては、リビードと不安が混合しているのが見られたり、リビードが最終的に不安によって取って代わられるさまが直接観察されたりすることもあります。これらすべての事実から得られる印象は二つあります。ひとつは、ここで問題となっているのは、正常な使用を妨げられたリビードの蓄積だということ、もうひとつは、これが起こっているのは、もっぱら身体的出来事の領域においてだということです。リビードからどのようにして不安が発生するのかは、今のところ見通すことはできません。はっきりしているのは、ただ、リビードが姿を消して、その代わりに不安が観察されるということだけなのです。

(b) 二つ目の示唆は、精神神経症[24]、とりわけヒステリーの分析から出てくるものです。すでに申しましたように、このヒステリー的疾患におきましては、不安はしばしば諸症状に随伴するかたちで出現しますが、発作だとか慢性状態として現れる無拘束の〔自由に流動している〕不安が出現することもあります。患者たちは、自分が何を不安に感じているか言うことができず、この不安を、見まがいようのない二次加工〔第一一講、本書上巻、三一七頁〕を通して、死んだり狂気に陥ったり卒中発作を起こしたりすることに対する恐怖などと、手当たりしだいに結びつけるわけです。不安ないし不安をともなう諸症状のもとになった状況を分析してみますと、どのような正常な心的経過がなされないまま不安現象によって取って代わられたかが指摘できるのが通例です。言い換えましょう。無意識の出来事を、まったく抑圧を受けず、阻止されないまま意識へと続いてきたかのように構築してみるのです〔第一九講、本書下巻、九五―九六頁参照〕。この出来事には、何らかの情動がともなってもいたはずですが、ここで判明しますのは、驚いたことに、正常な経過にともなっているはずのこの情動は、いかなる場合であれ、その質いかんにかかわりなく、抑圧を受けたあと不安に取って代わられるということなのです。ですから、ヒステリー的不安状態の場合、この不安状態に対応する無意識的な情動は、不安だとか恥ずかしさだとか当惑感だとかいった、似たような性格の心の蠢きであることもありえますし、また同様に、はっきりとリビード的と言える興奮でも、あるいは怒りや憤懣といった敵意に満ちた攻撃的興奮でもありうるわけです。つまり、不安は、広く通用可能な貨幣なのでして、当該の表象内容が抑圧されることになれば、それにともなっている情動の蠢きは、いかなるものであれ、この貨幣と交換される、ないしは交換されうるということなのです。[25]

（c）第三の経験は、強迫行為を繰り返す患者たちから得られるものです。これらの患者たちは、注目すべきやり方で不安から免れているようにみえます。彼らは、洗浄や儀式などの強迫行為の実行を妨げられそうになりますと、あるいは、自らそれらの強迫のどれかをあえて放棄しようとしますと、とてつもない不安に駆られて、どうしてもその強迫に従わないではおれなくなります。ここから分かりますのは、不安が強迫行為によって見えなくされていたということ、および、強迫行為はひとえに、不安に陥らないためになされていたということです。つまり、強迫神経症の場合、さもなければ出現していたにちがいない不安が、症状形成によって代替されているということです。ヒステリーに目を向けますと、この神経症の場合にも、似たような関連が見出されます。すなわち、抑圧過程の結果として、純粋な不安増長か、症状形成をともなった不安か、あるいは不安をともなわないより完全な症状形成のいずれかが出現するということです。ですから、こう申しても抽象論としてまちがっていないことになるでしょうが、症状一般はひとえに、さもなければ避けられない不安増長を逃れるためにのみ形成されるということなのです。こうした見方をすれば、不安は、神経症問題に対する私たちの関心のいわば核心に位置づけられることになるわけです。

以上、不安神経症の観察から推論できましたのは、不安を発生させる、リビードの正常使用からの逸脱は、身体的な出来事を基盤として生じるということです。加えて、ヒステリーならびに強迫神経症の分析から明らかになりましたのは、不安発生という同じ結果をともなうこの逸脱が、心的審級による拒絶によっても引き起こされる可能性があるということです。神経症的不安の発生について私たちが知りえたのはここまででして、これだけではまだかなり漠然としているように感じます。ですが、さしあたりのところ、これより先に進んでゆける道は見当たらないのです。そうしますと、先に出しましたあのもうひとつの課題、正常でない使用の仕方をされたリビードにほかならない神経症的不安と、危険に対する反応といえる現実不安とのあいだにどうつながりをつけるかという課題〔本講、本書下巻、二六七頁〕は、いっそう解決しがたくなってくるように思えます。これら二つはまったく異質なことがらであると考えたくもなるのですが、私たちは、現実不安と神経症的不安を感覚面で区別する手段をもち合わせてはいないのです。

結局のところ、これまでしばしば主張してまいりました自我とリビードの対立を前提に置かなければ、求められているつながりをつけることはできないのです。すでに見ましたように、不安増長は、危険に対する自我の反応であり、逃走を開始するための信号です〔本講、本書下巻、二五五―二五七頁参照〕。としますと、こう考えるのがいかにも当然になりますが、神経症的不安の場合、自我は、リビードの要求から同じように逃走を企て、この内的な危険を外的危険であるかのように扱っているということです。そう考えますと、不安があるところには当人が不安に感じているものも存在しているという先の予想も満たされることになります。しかし、この類比はさらに先へと押し広げてゆくことができるでしょう。つまり、外的な危険からの逃走の試みが、この危険に耐え、守護のためのしかるべき措置を講ずることへと続いてゆくのと同じく、神経症的な不安増長もまた、不安を拘束してくれる症状形成に道を譲るということなのです。

しかし、そうなりますと、理解しがたさは、別の個所へ移ってゆくことになります。自らのリビードからの自我の逃走を意味する不安が、このリビードそのものから発したということになってしまうからです。この点はすっきりいたしませんし、ここにはまた、ある人のリビードはつまるところその当人のものなのだから、何か外的なもののようにその当人に対立することはありえない、という忘れるべからざる警告も鳴り響いているわけです。加えて、ここではいかなる心のエネルギーが消費され、それはどの心的系から発するものなのかといった問いも出てくるわけですが、それは不安増長の局所論的力動論の問題でして、私たちにはまだ判然としていないところなのです。私としましては、この問題に対してしかと答えることはお約束できませんが、ここであえて、二つの手がかりをもとに、やはり直接的な観察と分析的研究を利用することで、思弁の助けとしてみたいと思います。子供の場合の不安の発生と、恐怖症に拘束されている神経症的不安の由来が、その二つの手がかりです。

子供の抱く不安感は、たいへんありふれたものですが、それが神経症的不安なのか現実不安なのかの区別は、なかなかつきにくいように思えます。それどころか、子供の振舞いを見ておりますと、そうした区別をすること自体に意味があるのかどうか怪しくなります。と申しますのも、私たちは一面では、子供が見知らぬ人や新しい状況や新しいものすべてに対して不安を感じるのを、別段不思議とも思わず、そうした反応を子供の弱さと無知のせいだと納得しているからです。つまり私たちは、子供には現実不安への強い傾向があるとみなし、仮に子供がそうした不安感を遺伝として生まれもった存在だということになりましても、さもありなんと認めるだろうということです。子供はこの点で、原始人ないし今日の未開人の振舞いを反復しているにすぎないと考えられています。彼らは、その無知さと寄る辺なさのゆえに、新しいものすべてに対して不安を抱きますし、今日のわれわれならばもはや不安を抱かないような多くの慣れ親しんだものに対しても不安を感じるからです。ですから、子供の恐怖症の少なくとも一部が、人間の発達のあの原初の時代にあったとされる恐怖症と同じものだということになったとしましても、それは、私たちの予想にぴったりかなったことでもあると言えるでしょう。

しかし私たちは、反面、すべての子供たちが皆同じ程度に不安でびくびくしているわけではないという事実も見逃すわけにはいきません。ありとあらゆるものや状況にとくに怖気（おぞけ）をふるう子供たちは、のちに神経質（症）になるのです。つまり現実不安への強い傾向は神経症の素因ともなるということでして、そうしますと、不安感がまず第一次のものとなり、幼児ならびに少年少女は、あらゆることに不安を感じるのだから、リビードの高まりに対しても不安を感じる、という結論に落ち着くことになるわけです。となりますと、リビードからの不安の発生という見方は却下されることになり、現実不安の諸条件を探ったところで、当然ながらこんな見解にいたるのがおちでしょう。すなわち、自分が弱くて寄る辺ないという意識――Ａ・アードラーの術語となっているあの劣等性です――が、子供時代から成人へと続いてゆくことになれば、それが神経症の究極の基盤ともなるという見解です。

この見解はたいへん簡素で魅力的に思えますだけに、私たちはこれにには注意を払う必要があります。言うまでもありませんが、この見方をいたしますと、神経質（症）のはらんでいる謎の重点がずれることになります。劣等感がのちのちまで存続してゆくこと――したがって不安条件と症状形成がのちのちまで存続してゆくこと――はほぼ確実ですので、私たちが健常とみなしている状態は例外的に生じるということになり、むしろその点に何らかの説明が必要になります。しかし、子供たちの抱く不安感を注意深く観察しますと、そこからどんなことが分かってくるでしょうか。幼児はまず真っ先に、見知らぬ人に対して不安を感じます。状況が幼児にとって意味をもつのは、そこに人間が含まれている場合にかぎってのことですし、事物はそもそものちになって初めて問題になるからです。ですが、子供が見知らぬ人に不安を感じるのは、何も、その人に悪意があると思っていたり、自分の弱さをその人の強さと比べたりしているからではありません。つまり、その人を、自らの生存、安全、平穏にとっての危険と認めているからではないわけです――そこまで疑り深い子供、世界を支配している攻撃欲動におののいている子供なるものなど、まさに出来損ないの理論的でっちあげにすぎません。そうではなくて、子供が見知らぬ人をこわがるのは、自分の愛する馴染んだ人、基本的には母親の姿を目の前に見出せると思い込んでいたからなのです。不安へと変じたのは、子供の失望と思慕、つまり使用されえなかったリビードです。このリビードが、このとき浮遊したままでいることができなくなり、不安として放散されるわけです。子供の不安にとって典型的なこの状況のうちに、出産行為のときの最初の不安条件、すなわち母親との分離ということが反復されているのもあながち偶然とは言えないでしょう(26)。

子供たちが最初に抱く状況恐怖は、暗闇と一人でいることに対する恐怖です。前者はしばしば生涯を通じて存続するものでして、両者に共通している点は、愛する保護者、つまり母親の不在ということです。かつて私は、ある子供が、暗闇のなかで不安になって、「おばちゃん、何か話してよ、ぼく怖いよ」と隣の部屋に呼びかけているのを聞いたことがあります。「でも、お話ししてどうなるの、おばちゃんの顔は見えないんだから」。子供の答えはこうです――「だれかがお話ししてくれると、まわりが明るくなるんだ」(27)。つまり、暗闇のなかでの〔母親への〕思慕は、暗闇に対する不安に変形するということです。神経症的不安は二次的なものにすぎず、現実不安の特殊なかたちにすぎないというわけではまったくありません。幼児の場合に見て取れますのは、むしろ、使用されなかったリビードからの発生という本質的特徴を神経症的不安と共有しているものが、現実不安のようなふりをして現れているということなのです。子供は、正真正銘の現実不安というものをほとんどもちあわせていないようです。高所、川にかかる細い橋、鉄道、船など、やがてのちに恐怖の対象になるかもしれないあらゆる状況にあっても、子供は不安を示しませんし、しかも、子供が無知であればあるほどそうなのです。子供がもし、命を守るためのこの種の本能(28)をもっとたくさん遺伝として身につけていたのであれば、そのほうがずっと望ましいにちがいなく、子供が次から次に危険にさらされるのを防ぐために看視しなければならないという課題も、それによってずっと楽なものになることでしょう。しかし実際は、子供ははじめ、危険というものを知らないので、自分の力を過大に見積もり、不安を感じないで振舞います。放っておけば、川っぷちを走ったり、窓の手すりによじ登ったり、尖ったものや火をおもちゃにしたり、けがをしそうで保護者をひやひやさせるようなことを何でもします。子供に現実不安が目覚めてくるのは、すべて教育のなせるところです。子供には、教えとなる経験を自分で味わわせるわけにはいかないからです。

ところで、不安を察知するためのこうした教育をいくぶん受け入れすぎるきらいがある子供、さらには注意するよう教えられなかった危険さえ自分で見つけ出すような子供がいるとしますと、そうした子供は、体質的にリビード的欲求が強くして生まれてきたか、あるいは早期に甘やかされてリビードの満足を与えられすぎたかのどちらかだと説明できます。これらの子供たちのうちからのちに神経質(症)の人たちが出てきたとしても、何ら不思議ではありません。といいますのも、分かりきったことですが、神経症の発生をもっとも容易にするのは、それなりのリビードの鬱積を長期にわたって耐えることができないということだからです。お分かりのように、ここでもまた体質という契機が力をふるっているのでして、私たちはいかなる場合でもこの体質の力を疑うつもりはありません。私たちが異議を唱えておりますのは、体質が要求するものを優先するあまり他の要求をないがしろにすること、および、観察と分析の一致した結果からみて体質的契機が場違いであったり、最後の最後に考慮すべきであったりするところにも、この契機を持ち込んで恬としていることに対してなのです。

子供たちに特有の不安感についての考察から出てきた結果をまとめますと、幼児期の不安は現実不安とほとんど関係をもっておらず、逆に大人の神経症的不安に近いということになります。それは、大人の神経症的不安と同じく、使用されなかったリビードから発生し、失われた愛の対象を、何らかの外的なものないしは何らかの状況によって代替しているのです。

さて、皆さんは気が楽になられることでしょうが、恐怖症の分析はもはや、さほど多くの新しいことを教えてはくれません。と申しますのも、恐怖症の場合、子供の不安の場合と同じことが生じているからです。すなわち、使用されることのできないリビードが、途絶えることなく、いっけん現実不安のようなものに転換され、そうすることで、取るに足りない何らかの外的危険がリビードの要求の身代わりをさせられるということです。この一致は別に意外でも何でもありません。と申しますのも、幼児期の恐怖症は、私たちが「不安ヒステリー」に数え入れている後年の恐怖症の原型であるばかりでなく、その直接的な前提条件であり前奏曲でもあるからです。ヒステリー性恐怖症は、たしかに子供の不安とは別の内容をもち、それゆえこれとは別の命名がなされねばなりませんが、いずれも、子供の不安にまで遡り、これを継承しているものなのです。この二つの疾患の違いは、その機制にあります。大人の場合には、リビードが不安に変わるためには、リビードが思慕というかたちで一時的に使用不能になってしまうだけではもはやじゅうぶんではありません。大人は、そうしたリビードを浮遊したままにしておいたり、別のかたちで使用したりするすべを、とっくの昔に身につけてしまっているからです。しかし、リビードが、他ならぬ抑圧をこうむった何らかの心的蠢きに属している場合には、まだ意識的なものと無意識的なものの区別が存在していない子供の場合と似たような状況が再現されることになり、幼児期恐怖症への退行を通して、いわば、リビードの不安への転換がスムーズにいくような通路が開かれることになるわけです。ご記憶のことと思いますが、これまで私たちは、抑圧について多くの問題を扱ってはきたのですが[29]、その際追究しましたのは、いつも、抑圧さるべき表象の運命ばかりでした。もちろん、そちらの運命のほうが認識も叙述もしやすかったからです。抑圧された表象に付着していた情動はどうなるのかという問題は、これまでまったく扱ってまいりませんでした。そしてここに来てはじめて、私たちは、情動が正常な〔抑圧をこうむっていない〕経過においていかなる質をもっていたとしても、そのさしあたりの運命は不安に変化することであるのを知ることになったわけです〔本講、本書下巻、二七一頁〕。しかし、この情動の変化のほうこそ、抑圧という出来事におけるはるかに重大な部分なのです。これにつきましては、さほど簡単に述べることはできません。無意識的情動が存在していることは、無意識的表象が存在していることと同じ意味で主張することができないからです[30]。表象のほうは、意識的か無意識的かという違いを除けば、いつも同じものでありつづけますので、無意識的表象なるものを指摘することはできます。ところが、情動は、表象とはまったくちがった見方をしなければならない放散過程なのでして、無意識において情動にあたるものは、心的出来事についての私たちの諸前提を根底的に考察し説明することなしには指摘できないのです。ここでそれをやるわけにはまいりません。ですが、不安増長は無意識の系と密接につながっているという、ここで私たちが得ました印象は、この先しかと尊重していきたいと思います。

申し上げましたように、抑圧を受けたリビードのさしあたりの運命は、不安へと転換されること、より正確には、不安というかたちで放散されることです。ここには付け足しが必要です。つまり、これは唯一ないし最終の運命ではないということです。この不安増長を拘束しようという努力の過程が、いろいろな神経症において進行してゆき、じっさいこれがさまざまの道筋をとって成し遂げられるわけです。たとえば恐怖症の場合は、神経症へといたる過程は、はっきり二段階に分けることができます。第一段階で生じるのは、抑圧と、リビードの不安への変換、そしてこの不安が何らかの外的危険へと拘束されることです。第二段階でなされるのは、外的なもののように扱われたこの危険との接触を回避するために、ありとあらゆる用心と保証の体制が打ち立てられることです。抑圧は、危険と感じられたリビードからの自我の逃走の試みと言ってよろしいでしょう。恐怖症は、恐れられているこのリビードの身代わりとしての外的危険を寄せつけないための保塁にも匹敵するものです。もちろん、恐怖症の場合、守護のためのこの方式の弱点は、外部に対してはじゅうぶん強化されているこの砦が、内部からは攻撃されるがままになっているという点にあります。リビードの危険を外部へと投射することは、けっして十全の成功をおさめることができないのです。[31] ですから、恐怖症とは異なる神経症の場合には、不安増長の可能性に対して、これとは違った守護の方式が用いられております。これは神経症心理学のきわめて興味深い部分ではありますが、これについて論じるのは、残念ながら本題からかけはなれることになりますし、もっと徹底的な特殊知識が不可欠となります。ひとつだけ付け加えさせていただきます。すでにお話ししいたしましたように〔第二三講、本書下巻、一九六頁〕、「対抗備給」は、自我が、抑圧の際に使用し、抑圧を持続させるためにずっと維持しつづけなければならないものなのですが、この対抗備給には、抑圧のあとの不安増長のためにさまざまなかたちで守護を行うという課題が与えられているのです。

恐怖症の話に戻りましょう。恐怖症のもっている内容を説明するだけのために、あれこれの事物や任意の状況が恐怖の的にされるのはどうしてなのかということばかりに関心を向けるのは、いかに不十分であるかということが、以上でお分かりいただけたかと思います。恐怖症にとってその内容は、夢にとってその顕在的な上っ面がもっているのとほぼ同じような意義をもつものです。むろん必要な条件を付してのことですが、恐怖症のこれらの内容のなかには、スタンリー・ホールも強調しておりますように[32]、系統発生的な遺伝によって不安の対象にふさわしくなったものがいろいろあるということは、認めてよろしいかと思います。じっさい、これらの不安なものの多くが、何らかの象徴的な関係を通してしか危険と関連づけることができないという事実は、このこととぴたり符合しているのです。

以上でもって、不安の問題が、神経症心理学がかかえるさまざまな問題のなかでいかに中心的と言える位置を占めるものであるかが、はっきりいたしました。不安増長がリビードの運命ならびに無意識の系とつながりをもっていることは、まさに印象深いところでした。ただ一個所、つじつまのあわないところ、私たちの見解の欠陥と感じられるところがありました。それは、現実不安は自我の自己保存欲動の現れとみなされなければならないという、ただ一つながら反論の余地のない事実です[33]。

第二六講　リビード理論とナルシシズム

皆さん、自我欲動と性欲動の区分につきましては、これまで繰り返し問題にしてきましたし、少し前〔第二二講、本書下巻、一八一頁〕にも取りあげたところです。最初、抑圧ということから判明しましたのは、これら二つの欲動が互いに対立しうるということ、そして対立する場合には、性欲動のほうがうわべは屈服し、退行という回り道をとって満足を手に入れざるをえないということでした。性欲動はこのように敗北はするのですが、けっして征服されることはなく、敗北に対する埋め合わせをするわけです。これにつづいて私たちが知りましたのは、この二つの欲動が、〈生の必要〉という教育係に対して、もとより異なった関係をもっているということ〔第二二講、本書下巻、一八八―一八九頁〕、そのため同じ発達の経路をとらず、現実原理に対して同じ関係を結ぶことをしないということでした。そして最後に、もうひとつ分かっておりますのは、どうやら性欲動のほうは、自我欲動よりも不安という情動状態とはるかに密接に結びついているらしいということです。ただしこれは、ある重要な点でなお不完全でしかない結論にすぎません。ですから、この結論を補強するために注目すべき事実を引き合いに出しておきたいのですが、それは、飢えと渇きという二つのもっとも基本的な自己保存欲動は、満足させられることがなかったとしても不安に転換することはけっしてないのに対して、リビードは満足させられないと不安に転化するということです。この後者の事実は、すでに見てきましたように〔第二五講〕、誰もが知っている、もっとも頻繁に観察される現象のひとつなのです。

自我欲動と性欲動を区分するのがじゅうぶん妥当であるという点は、おそらく揺らぐことはありえないでしょう。個人の特別な活動としての性生活が存在しているという厳然たる事実が、このことの証拠ともなっているからです。ただ問われてしかるべきは、この区分にいかなる意義があるのか、この区分をどこまで決定的なものと考えていいのかという点です。しかし、この問いに対する答えは、性欲動がその身体的ならびに心的な現れにおいて、これに対立しているもう一方の自我欲動とどれほど異なった動きをするのか、また、これらの違いから出てくる帰結がどれほど重要な意義をもっているのかが確定されてはじめて、その結果にしたがって出てくるはずのものです。当然のことですが、私たちは、これら二つの欲動グループに本質的な差異があるなどと主張するつもりはまったくありません——ちなみに、そうした本質的差異などもとよりきちんと把握できるわけがないのです。これら二つは、私たちにとりましては、個人のエネルギー源を指し示す名称として現れているだけのものでして、これらが根本において同じひとつのものなのか、本質的に異なったものなのか、もし同じひとつのものであるなら、いつ分かれたのかといった議論は、これらの概念にもとづいてできるようなものではなく、それらの背後にひそんでいる生物学的事実にもとづいてなされねばならないものです。しかし今のところ、この生物学的事実についての私たちの知識は乏しすぎるのでして、それに、たとえ私たち自身がこれについてもっと多くのことを知っていたとしましても、そんなことは、私たちの精神分析のなすべき課題にとりましては、重要なことではないのです。

ユングの先例にならって、すべての欲動がもともとは一つであることを強調し、どこにでも現れてくるそのエネルギーを「リビード」と名づけたところで(1)、それもさほど得るところがあるようには思えません。そうしたところで、どんな手品を使っても心の生活から性機能を消し去るわけにはいかないのですから、性的リビードと非性的リビードといった区分けをせざるをえなくなるのがおちです。やはり、これまで私たちがやってまいりましたように、リビードという名称は、性生活の駆動力(2)を表すものとしてとっておくのが妥当なところなのです。

つまり、申し上げたいのは、性欲動と自己保存欲動のこのあくまで妥当な区分はどこまで押し通してゆけるのかという先の問いは、精神分析にとってはさほど重大なものではないということです。精神分析にはこれを云々する資格もありません。もちろん生物学の方面からは、この問いが重要な意味をもっていることを示す根拠が、さまざまに突きつけられております。性は、個を越えてこれを種へと結びつける、生命体の唯一の機能だからです。性機能の行使は、必ずしも、他の営みのように個体に利益をもたらしてくれるわけではなく、並外れて強烈な快とひきかえに、生命体を脅かし、しばしばその命を奪いかねない危険を招きます。これは見まがいようのない事実です。加えて、個体の生命の一部を子孫を得るために自由に使えるものとして保持しておくには、他とは違った特別な物質代謝過程が不可欠だということも、まちがいないところでしょう。最後にもうひとつ付け足しますと、個体というものは、自分一個のみを主役とみなし、自身の性欲を――他の諸欲動と同じく――自らの満足のための手段とのみみなすわけですが、そうした個体は、生物学的観点からすれば、世代系列におけるひとつのエピソード、不死の能力をもっていると考えられる生殖質に付加されたひとつの短い付録にすぎず、言

ってみれば、自身を越えて存続してゆく世襲財産の一時的所有者にすぎないのです。(3)

しかしながら、精神分析による神経症の解明には、これほど広範な観点が必要なわけではありません。私たちは、性欲動と自我欲動を、それぞれ別々に追跡することによって、転移神経症(4)というグループを理解する鍵を手に入れました。転移神経症は、性欲動が自己保存欲動と反目するという根本的状況、ないしは、生物学的には——いささか不正確な言い方になりますが——独立の個体としての自我という一方の立場が、世代系列の成分としてのもう一方の立場と抗争するという根本的状況へと還元されることになりました。こうした分裂が生じるのは、もしかしたら人間の場合にかぎるのかもしれず、そうだとしますと神経症は、雑な言い方ですが、他の動物にまして人間だけの特権ということになるのかもしれません。人間のリビードの度を越えた発達と、もしかしたらそれによって形成されたのかもしれない人間の豊かに分枝した心の生活が、この種の葛藤が生まれ出る条件を作り出したようです。これがまた、人間が動物との共通性を越えて果たした大きな進歩の条件でもあることは容易に理解できるところです。ですから、神経症になれるという人間の能力は、人間のもつそれ以外の能力の裏面にすぎないとも言えるわけです。しかしこうしたこともまた、私たちの焦眉の課題から目をそらせる思弁にすぎません。

これまでの私たちの仕事の前提は、自我欲動と性欲動は、その外への現れ方から区別可能であるということでした。転移神経症の場合には、これですんなりといきました。私たちは、自我が、その性的追求の対象にそそぐエネルギー備給を「リビード」、自己保存欲動から発出されるそれ以外のすべてのエネルギー備給を「関心」[5]と名づけ、リビード備給ならびにその変容と最終的運命を追いかけることによって、心の諸力の活発な動きについての洞察の第一歩を手に入れることができました。転移神経症はこのためにきわめて好都合な材料を提供してくれたわけです。しかし、自我にせよ、さまざまな編成より成る自我の組み立てにせよ、あるいは、それら編成のつくりと機能の仕方にせよ、これらはいずれもなお覆い隠されたままであり、別の神経症障害を分析しないかぎり洞察可能とならないだろうと推測するしかなかったのです。

私たちは早くから、精神分析的見方をこれら別の疾患の上へ押し広げてゆくことをはじめました。すでに一九〇八年にK・アブラハムは、私との意見交換のあと、対象へのリビード備給が欠落することが、(精神病のひとつに数えられる)早発性痴呆の主たる特徴であるという命題を打ち出しております(「ヒステリーと早発性痴呆の精神‐性欲的な差異」[6])。しかしやがて、では対象から逸らされた早発性痴呆患者のリビードはどうなるのか、という問いが持ち上がってまいりました。アブラハムは躊躇することなくこう答えております。そのリビードは自我へと反転させられ、この反射的な反転が早発性痴呆の誇大妄想の源泉となる、[7]と。この誇大妄想は、性愛生活[8]でよくみられる対象の性的過大評価という事態にぴたり相応するものです[9]。こうして私たちは、正常な性愛生活への関係を通して、一精神病疾患の特徴のひとつをはじめて理解できるようになったわけです。

　まず申し上げておきますが、アブラハムのこの最初の見解が精神分析に受け入れられて、精神病に対する私たちの立場の基盤となったのです。つまり、私たちは、対象に付着していると考えられるリビード、対象において満足を得ようとする努力の表現であるリビードが、これら対象から引きはがされ、対象の代わりに自身の自我を据えることもありうるという考え方に徐々になじんでゆき、やがてこの考え方をだんだんと首尾一貫したものに仕立て上げていったということです。リビードのこうした〔自我への〕格納の名称――ナルシシズムという名称です――は、成人が、普通なら外部の性的対象に注ぐはずの情愛をことごとく自身の肉体に向ける、P・ネッケによって記述された倒錯[10]から借用したものです[11]。

　何らかの対象の代わりに自身の身体ないし人物そのものにリビードがこのように固着することがあるということになりますと、すぐに考えられますのは、それは、けっして例外的な出来事でも瑣末な出来事でもないということです。そうではなくて、どうやらこのナルシシズムのほうこそが、むしろ普遍的かつ根源的な状態であって、のちにここから、ナルシシズムがなお消え失せないままに対象愛が形成されてくるようなのです。じっさい対象リビードの発達史を見てみますと、私たちは、多くの性欲動が、最初は自身の身体で、私たちの用語でいえば〔第二〇講、本書下巻、一二七頁〕、自体性愛的に満足させられるという事実、自体性愛へのこの能力のために、現実原理を教える教育〔第二二講、本書下巻、一九〇―一九一頁〕において性教育が遅れをとるという事実に思いあたらざるをえなかったのです。つまり自体性愛は、〔自我への〕リビード格納というナルシシズム的段階での性活動だったということです。

自我リビードと対象リビードの関係[12]について、私たちはひとつの考え方を作り上げたわけですが、話を簡潔にするために、この考え方を動物学からの比喩によってわかりやすく説明させていただくのがいいでしょう。ほとんど分化されていない一つの原形質小塊からできているごく単純な生き物を想定していただきたいと思います。それは、偽足と呼ばれる突起のなかへ身体物質を流し込んで、それを外へ伸ばします。が、またこの突起を引っ込めて、丸まってもとの小塊に戻ることもできます。突起を外へ伸ばすことは、外部の対象へリビードを発出させることに相応しておりますし、他方また、リビードの主要量が自我に残ることも可能なのです。つまり、私たちの仮定によりますと、正常な事態においては、自我リビードは妨げられることなく対象リビードに転換されうるし、対象リビードは再び自我へと受け入れられうる、ということなのです。

以上のような考え方のもとに、私たちは数々の心の状態を説明することができるようになりました。あるいは、もう少し控えめな言い方をさせていただきますと、恋着(れんちゃく)状態、器官の不調状態、睡眠時などにおける心的振舞いといった、正常な生活に属していると言わざるをえない状態を、リビード理論の言葉で記述することができるようになったわけです。睡眠状態について申しますと、その本質は、外界に背を向けて睡眠欲望に身を委ねた状態にあると仮定してきました〔第五講、本書上巻、一四四―一四五頁〕。夜間の心の活動として夢に現れたものは、睡眠欲望に服したうえで、徹底的に利己的な動機に支配されたものだと考えたわけです〔第九講、本書上巻、二四七頁〕。これをリビード理論の言い方で説明いたしますと、睡眠とは、リビード的なものであれ利己的なものであれいっさいの対象備給が、放棄されて自我へと撤収される状態だということです。そう考えますと、睡眠による元気回復とは何か、疲労一般の性質とは何か、といったことにも新たな光が投げかけられることにならないでしょうか。ともあれ、眠っている者が夜ごと呼び出す子宮内生活での至福に満ちた独居のイメージは、こうして心的な面からも、完璧なかたちで説明されることになります。つまり、眠っている者においては、リビード配分の原初状態、すなわち、自己充足した自我のなかでリビードと自我関心（インテレッセ）がまだ無差別のまま一つになって休らっている完全なナルシシズムの状態が、回復されているということなのです。

ここで二つのことに話を向けさせていただきます。まずは、ナルシシズムと利己主義は概念としてはどう区別されるのかという点です。私の考えておりますところでは、ナルシシズムは利己主義にリビードが追加補足されたものだということです。利己主義と言われるときには、もっぱら個人にとっての利益のみに目が向けられていますが、ナルシシズムと言われるときには、これに加えて個人のリビード的満足も問題になっているわけです。この二つは、実際的動機という観点から、かなりのところまで別々に切り離して跡づけることが可能です。私たちはまず、対象におけるリビード的満足が自我の欲求のひとつとなっている場合には、絶対的に利己的でありながら、強いリビード的対象備給を保持することができます。この場合、利己主義は、対象の追求が自我に害をもたらさないよう配慮することになるわけです。他方私たちは、利己的であって、そのうえ過度にナルシス的であることもできます。過度にナルシス的というのは、対象欲求が非常に乏しいということですが、この場合これは、直接的な性的満足のかたちをとるか、

433

あるいはまた、性的欲求に発してはいるけれども、ときに「愛」として「官能性」と対極の位置に置かれるのが慣わしになっている、例の高級な追求というかたちをとるかのいずれかということになります。利己主義は、これらすべての関係において自明な定数であるのに対して、ナルシシズムは変数です。利己主義の対極にある利他主義は、概念的には、リビードの対象備給に一致するのではなく、性的満足の追求が欠落しているという点でリビードの対象備給とははっきり異なります。しかし、完全な恋着状態においては、利他主義とリビードの対象備給とが同時に生じます。性的対象が、通例、自我のもつナルシシズムの一部を自分のほうへ引き寄せ、これが対象のいわゆる「性的過大評価」として目だってくることになるわけです。さらに、利己主義が性的対象へ利他的に譲り渡されることになりますと、性的対象はとてつもなく強力なものとなり、自我をいわば呑み込んでしまうのです。

科学は結局のところ無味乾燥な空論[13]のようなものですので、科学のあとにここでひとつ、ナルシシズムと恋着の経済論的な対立について詩的な表現でもお目にかければ、皆さんはきっとほっとなさるだろうと思います。ゲーテの『西東詩集』からのものです。

ズライカ　庶民も奴隷も権力者も

口を揃えます　いつの世でも
人間の最高の幸福
それは人格のほかにはない

自分を失いさえしないならば
どのような生活でも構わぬ
自分がいつも守られていれば
何をなくしてもよい　と

ハーテム　そうかも知れぬ　そう思うだろう
しかしわたしは考えが違う
わたしは世の中の幸福のすべてを
ズライカひとりのなかに集めている
ズライカがわたしに総てを注ぐときに
わたしは価値ある「自分」になる

そっぽを向いてしまうようなら
たちまちわたしは自分を失う

さてそうなってハーテムは終り
だがそのとき瞬時に運命を変えて
わたしは素早く変身する
ズライカが愛撫するほかの男に(14)

もう一つのお話は、夢理論に対する補足です。夢の発生を理解するためにはどうしてもこう仮定せざるをえないのですが、睡眠にとって有利になるように、自我に依存している対象備給がすべて引っ込められるとしても、抑圧された無意識のほうは自我からある程度の独立を得ており、睡眠欲望に服さないで備給を受けつづけるのです。こう仮定することによってはじめて、この無意識が、夜間での検閲の廃止ないし低下を利用して、日中残渣をわがものにでき、それを材料として禁じられた夢の欲望を形成する、ということが理解できるわけです。反面からすれば、日中残渣が、睡眠欲望によって命じられたリビードの引き込みにある程度まであらがえること自体がすでに、この抑圧された無意識とあらかじめ結びついていたことによっている、と言えるのかもしれません。そういうわけですので、この力動論的に重要な特徴を、遅ればせながら、夢形成についての私たちの見解のなかへ挿入しておきたいと思います[15]。

痛みの刺激や器官炎症など器質的な疾患も、はっきりリビードを対象から引き離すような状態をもたらします。このとき引っ込められたリビードは、自我において、病変をきたした身体部位への備給の強化のために再利用されます。こう言っても過言ではないでしょうが、こうした条件のもとでは、対象からのリビードの引き離しのほうが、外界からの利己的な関心(インテレッセ)の引き上げよりもいっそう顕著なのです。ここからは、心気症、すなわち、どこかの器官が、診たところ病変を起こしていないにもかかわらず、病気のときと同じように自我をわずらわせる疾患を理解するための道が開けているように思われます。ですが、ここでは、心気症の話を続けたり、あるいは、対象リビードの自我への移行という仮定を通して理解可能ないし説明可能となるその他の状況について検討しようといった誘いにはのらないようにしたいと思います。と申しますのも、きっと今皆さんの頭のなかで響いているにちがいない二つの異議に答えることが、私にとって焦眉の急だからです。皆さんが私に答えてもらいたいと思っておられるのは、まずは、なぜ睡眠や病気やその他同様の状況において、リビードと関心、性欲動と自我欲動をあくまで区別しようとするのかという点でしょう。あるときは対象に、あるときは自我に備給を行う自由に動けるただ一つの統一的なエネルギー、自我欲動にも性欲動にも奉仕するようなただ一つのエネルギーを仮定すれば、これらの考察はすんなり片をつけられるはずだからです。第二の異議は、対象リビードが自我リビード――もっと広く言えば自我エネルギー――へとこのように転換することが、心の力動というかたちで毎日毎晩繰り返される正常な出来事に属すということであれば、いったいどうして、対象からのリビードの引き離しを、あえて病的状態の源泉として扱わねばならないのかということです。

これらの異議に対してはこう答えることができます。第一の異議はもっともなように響きます。なるほど、睡眠や病気や恋着の状態を検討するだけでしたら、けっして自我リビードを対象リビードと区別したり、リビードを関心（インテレッセ）と区別したりする必要はなかったにちがいありません。しかしそれでは、私たちの出発点となった探究、問題となっているこれらの心の状態を考察するために今光を投げかけてくれている諸々の探究の意義を無視することになるのです。リビードと関心、性欲動と自己保存欲動の区別は、転移神経症を引き起こす葛藤を洞察することを通して、逃れがたい必然性をもって迫ってきたものです。それ以来私たちは、二度とこの区別を捨てられなくなっているのです。他方、対象リビードが自我リビードに転換可能であり、したがって、自我リビードなるものを考慮に入れなければならないという仮定のほうは、早発性痴呆などのいわゆるナルシス的神経症の謎を解き明かすことのできる唯一の仮定、ナルシス的神経症とヒステリーや強迫神経症とのさまざまな類似点や違いについて説明することのできる唯一の仮定として、登場させられたものです。つまり私たちは、病気や睡眠や恋着といった事態に、それ以外のところで不動のものとして確証されたことを、適用しているわけなのです。こうした適用を続けていって、どこまで行けるか試してみることは許されているでしょう。精神分析の経験そのものから沈殿してきたものではありませんが、ここで私たちが主張しておりますことは、唯一、リビードは、対象に向けられようが自身の自我に向けられようが、あくまでリビードであって、けっして利己的な関心に転換されないし、またその逆も成り立たないということに尽きます。ですがこの主張は、すでに批判的（クリーティッシュ）に考察しました性欲動と自我欲動の区別と等価のものでして、私たちはこれを、真理を発見せんがためにも、もはややっていくことができなくなる地点までしかと保持していくつもりでいるのです。

皆さんの第二の異議も、問題提起としてはもっともでありますが、目指している方向は正しいとは言えません。たしかに、対象リビードを自我に引っ込めることがそのまま病原となるわけではありません。ご存じのように、そんなことは眠りに入る前に毎度なされていることでして、やがて目覚めるとともに再びもとに戻るわけです。原形質動物が偽足を引っ込めては、次の折にまたそれを外へ伸ばすようなものです〔本講、本書下巻、二九二頁参照〕。しかしながら、何かある非常に強力な過程に強いられてリビードが対象から引きはがされることになれば、それはこれとはまったく違った事態と言わねばなりません。そうした場合には、ナルシス的となったリビードは対象への帰り道を見出せなくなるのでして、リビードの動きがこうして妨げられますと、言うまでもなく、これが病気を引き起こす原因になるわけです。どうやら私たちは、一定の量を越えたナルシス的リビードの蓄積には耐えられないようです。対象備給ということが生まれたのも、まさにそれゆえであるとも考えられます。つまり、自我が、自らのリビードの鬱積によって病気にならないように、これを外へ送り出さざるをえなかったということです。もし早発性痴呆の問題に詳しく取り組むのがこの講義の計画に入っているのでしたら、私は皆さんに、リビードを対象から引き離し、これが対象へと戻ってゆく道を遮断するこの過程が、抑圧過程に近いものであり、抑圧過程と同類のもの(16)として理解できるということを、ご説明することになろうかと思います。しかし、そうなったとしましても、皆さんは、この過程の条件が――これまで私たちの知るかぎりで――抑圧の条件とほとんど同じであるということをお知りになって、何はともあれ、おなじみの土台の上に立っているとお感じになるだけのことでしょう。どうやら葛藤は、〔転移神経症の場合と〕同じ類いのもので、同じ力〔性欲動と自我欲動〕のあいだで起こっているようです。むろん、引き起こされる結果は、たとえばヒステリーの場合とは大きく違ってはいるのですが、それはただ、素因が異なっているからにすぎません。これら精神病者の場合には、リビード発達における弱点は、ヒステリーなどとは違った段階に宿っています。つまり、決定的な固着——想い出していただきたいのですが〔第二二講、本書下巻、一七五頁参照〕、これが症状形成を突発させるものです——は、別のところ、おそらくは原始的なナルシシズムの段階にあるということです。早発性痴呆が最終的に戻ってゆくのはこのナルシシズムの段階なのです。まさに注目すべきところなのですが、すべてのナルシシス的神経症に対して、ヒステリーや強迫神経症の場合よりもはるかに早期の発達段階に遡るリビードの固着個所を想定せざるをえないのです。ですが、すでに申しましたように、私たちが転移神経症の研究で手に入れた諸概念があれば、実践面でこれよりはるかにやっかいなナルシシス的神経症の説明の手ほどきくらいにはじゅうぶんなのです。共通している点は多岐にわたっております。つまるところ、これらは同一の現象領域だということです。じっさい、皆さんも想像がおつきでしょうが、すでに精神医学の領域に取り込まれているこれらの疾患を解明できる見込みは、この課題を解くための転移神経症に関する精神分析の側からの知識をもたない者にとっては、無きにひとしいのです。

早発性痴呆の症状像はたいへん多様なのですが、それはもっぱら、リビードを対象から無理やり逸らせ、これをナルシス的リビードとして自我に蓄積させることから発する諸症状によってのみ規定されているわけではありません。ここにはむしろ、それとは別の現象、再び対象に戻ろうとするリビードの努力に帰されるような現象が目立っています。つまり、快復ないし治癒の試みにあたる現象です。こちらの症状のほうが、より人目をひく、騒々しいものでさえあります。それらは、ヒステリーの症状、あるいはよりまれですが強迫神経症の症状と紛れもない類似を示しておりますが、しかしあらゆる点で別のものです。早発性痴呆の場合、リビードは、再び対象に到達しよう、対象の表象を得ようと努めるなかで、実際には対象のもつ何か、いわば対象の影のようなものをかすめ取るにすぎないようです。私はそれを、対象に属している語表象と考えております。ここではこれについて、これ以上のことは言えません。しかし、対象に戻ろうとするこのリビードの振舞いのおかげで、私たちは、意識的表象と無意識的表象の違いを実際上なしているのは何かということについて、いくらかの洞察を得ることができたようにも思えるのです。[17]

さて、これまで皆さんをご案内してきました領域は、このあと精神分析研究の進歩が間近に見込める領域です〔第二四講、本書下巻、一二九頁〕。あえて自我リビードの概念を扱うようになって以来、私たちにはナルシス的神経症が手の届くものとなりました。そして、それとともに、これらの疾患の力動論的解明にこぎつけ、同時に、自我を理解することを通して心の生活についての知識を完全なものにするという課題が生じてまいりました。私たちの目指しております自我心理学[18]は、私たちの自己知覚のデータにではなく、リビードを扱った場合にそうでしたように、自我の受けた障害と破壊の分析にもとづいて打ち立てられるものでなくてはなりません。この大仕事が成就された暁には、おそらく、転移神経症の研究で得られたリビードの運命についてのこれまでの私たちの知識は、たいしたものではなくなってしまうでしょう。ですが、この仕事はまだそこまで達してはおりません。ナルシス的神経症に対しては、転移神経症の場合に役に立った技法でもっては、ほとんど太刀打ちできないのです。その理由についてはのちの講義でお話しいたします〔第二七講、本書下巻、三四九―三五〇頁参照〕。ナルシス的神経症の場合はいつも、ちょっと進んだかと思うとすぐに壁に突きあたり、停止が命じられるのです。ご存じのように、転移神経症の場合も私たちはこのような抵抗の障壁にぶちあたりましたが、それらは一つ一つ取り払うことができました。ナルシス的神経症の場合、抵抗は克服できません。ここで私たちに許されておりますのは、せいぜいのところ、壁の高みを越えて好奇の眼差しを投げかけ、壁のあちら側で何が起こっているのかうかがってみるくらいです。ですから、私たちの技法は別のものと取り替える必要があるのですが、そうした取り替えがうまく運ぶかどうかは、私たちにもなお定かではありません。もちろん、これらの患者たちも、私たちに素材を提供してくれていないというわけではありません。彼らは、私たちの問いに対する答えとしてではないにしましても、さまざまに自己を語り出しておりますので、さしあたり私たちはそれらの発言を、転移神経症の諸症状から得られた理解を助けとして解釈することでやっていくしかありません。この両者の一致は、手始めの利得をもたらしてくれるにはじゅうぶんです。しかし、この技法でどこまでやっていけるかはなお未定の状態なのです。

これ以外にもいろいろ困難がありまして、私たちの進歩をはばんでいます。ナルシス的疾患と、これとつながっている精神病の謎を解明することができるのは、転移神経症の分析的研究を通して訓練を積んだ観察者に限られているのは動かせないところなのですが、なにしろわが国の精神医学者たちは精神分析の研削を積んでおりませんし、私たち精神分析家のほうは精神病の症例を目にする機会が少なすぎます。まずは、予備科学としての精神分析の訓練を受けてきた精神医学者の一群が育ってこなければなりません。その第一歩は目下アメリカでなされております。そこでは、たいへん多くの主だった精神医学者が学生たちに精神分析の学説を講じておりますし、施設の所有者や精神病院の院長たちが、精神分析の学説にもとづいて患者たちを観察する努力をしております。同じくわが国では、少なくとも私たちが、ナルシシズムの壁の向こう側を覗き込むのに幾度か成功しております。以下、私たちに摑めたと思えるところを、いくつかご報告させていただきます。

系統立った慢性的な狂気であるパラノイアという疾病形態は、今日の精神医学の側からの分類の試みのなかでは、その占める位置が確定しておりません。しかし、ともかくこれが早発性痴呆と近い関係にあることは、疑いを容れないところです。かつて私は、パラノイアと早発性痴呆をパラフレニーという共通の名称で一括してはどうかという提案をしたこともあったほどです(19)。パラノイアの形態は、その内容からみて、誇大妄想、迫害妄想、恋愛妄想(色情症)、嫉妬妄想などとして分類記述されております。が、これらを解明しようという試みは、精神医学からは期待できません。まともな価値があるものではありませんが、その種の古くさい例をひとつ挙げますなら、知的合理化によってある症状を別の症状から導き出そうとする試みなどがまさにこれに当たるものかもしれません――たとえば、自分が迫害されているとまずもって思い込んでいる患者は、その迫害をもとに、自分は相当重要な人物にちがいないと結論し、そこから誇大妄想を膨れ上がらせる、といった類いの推論の試みです。私たち分析家の見解からしますと、誇大妄想は、対象へのリビード備給が自我へと引っ込められたことによる自我拡大の直接的帰結であり、もともとあった幼児期初期のナルシシズムの回帰としての二次ナルシシズムなのです。しかし私たちはまた、迫害妄想のいろいろなケースから、いくつかのことを観察し、そこからある種の糸口をつかんでもおります。まず目につきましたのは、これらのケースの圧倒的多数において迫害者が被迫害者と同性だという事実です。通例これは、他愛ない説明ですませることができたのですが、詳しく研究されたいくつかのケースから明らかになりましたのは、当人が発病して以来、正常だった時代にもっとも愛していた同性の人物が迫害者に変わってしまったという事実でした。そしてこれによって、この愛されていた人物が、どこか似通っているという類似性のもとにだれか別の人物に代替されることによって、事態がますます進展してゆくわけです。たとえば、父親が先生や目上の人によって代替されるということです。この種の経験がどんどん積み重なってきたため、私たちは、迫害パラノイアを、個人が度を越した同性愛的蠢きから身を守るためにとる形式であると結論いたしました[20]。そうしますと、ここで生じておりますす情愛の憎悪への変化、周知のように、愛されかつ憎まれる当の対象にとっては重大な命の危険ともなりかねないこの変化は、〔転移神経症において〕リビードの蠢きが、抑圧過程のお定まりの結果である不安へと転化すること〔第二五講参照〕に対応しているということになります。以上の点にかかわる私の観察を、やはり最近のケースを例にとってご紹介いたしましょう。ある若い医者が故郷の町から追放に処されました。それは、彼が、その地に在住のある大学教授の息子――それまでは彼の無二の親友だった人です――の命をおびやかしたからです。彼は、このかつての親友には、悪魔めいた意図と魔神的（デモーニッシュ）な力があると思い込みました。この何年間かのあいだに家族を襲った不幸、家庭内ならびに社会的な不運は、すべてこの友人のせいだと考えられました。そればかりか、この邪悪な友人とその父親の大学教授は、あの大戦を引き起こし、ロシア軍をわが国土に呼び込んだ張本人と目されてもいました。この友人はそれまでに何千回となく命を失ったと思われていましたが、同時にまた私たちの患者は、この非道な男が死んではじめてあらゆる災厄が終わりになるだろう、という確信を抱いてもおりました。とは申しましても、この友人に対する患者のかつての情愛はなお強く、この敵を至近距離から射殺できるチャンスがころがり込んだとき、手が麻痺して動かなくなったほどでした。患者とかわした短い会話のなかで分かったことですが、二人の友人関係ははるかギムナジウム時代にまで遡るということでした。その間、少なくとも一度は、この関係が友情の域を踏み越えたことがあり、一晩いっしょに過ごしたことがきっかけとなって、二人は文句なしの性行為にまで及んだようです。私たちの患者は、年齢からしても感じのいい人柄からしても、女性との感情的つながりがあって当然だと思えるのですが、それまで一度もそんなことはありませんでした。一度、美しく家柄のいい少女と婚約したことがありましたが、少女のほうが、このフィアンセには情愛というものが見出せないということで、婚約を破棄しております。何年かのちになって、彼ははじめてある女性をじゅうぶん満足させることができたのですが、まさにその瞬間、病気が勃発したのです。この女性が悦んで夢中になって彼を抱きしめたとき、彼は突然、脳天を鋭い刃物で切りつけられたような不思議な痛みが走るのを感じたようです。のちになって彼は、このときの感覚を、解剖されて脳を切開されるような切り方だったと解釈するようになり、例の友人が病理解剖学者になっていたこともありましたため、しだいに、誘惑のためにこの殺し屋の女性を自分のところに送って寄こしたのはこの友人しかありえないと思い込むようになりました。そしてそのとき以来、彼は、このかつての友人の仕業でその他さまざまな迫害を受け、その犠牲になったのだと、固く信じるまでになったのです。

では、迫害者が被迫害者と同性ではない場合、したがって、同性愛的リビードに対する防衛という私たちの以上の説明に反しているように見える場合には、どう考えればいいのでしょうか。しばらく前、私は、こうしたケースを調べる機会にめぐまれ、このいっけん矛盾したところから、逆にある確証を引き出すことができました。問題の若い女性は、ある男性――彼女はこの男性と二度、ねんごろな情事をもったことがありました――から迫害を受けていると信じていたのですが、じつは、その前にまず、彼女の母親を代替していると考えられるある女性にある妄想観念を向けていたのです。二度目の情事のあとになってはじめて、彼女は、この同じ妄想観念をその女性から引き離して、その男性に転移させる段階へと進んだわけです。つまり、迫害者は同性だという条件は、もともとはこのケースにおいても成り立っていたということです。弁護士や医者への訴えのなかでは、この患者は、自分の妄想のこの前段階について言及することをしなかったため、パラノイアについての私たちの理解とは矛盾するような外観が生じたわけなのです(21)。

同性愛的対象選択は、異性愛的対象選択と比べますと、もともとナルシシズムに近いところに位置しております。ですから、あってはならぬ強烈な同性愛的蠢きが拒絶されることになりますと、そこにナルシシズムへの帰路がとりわけたやすく開けてくることになります。これまで私は皆さんに、性愛生活の根底にあるもの――むろん私たちの知っている限りでのものですが――について、ほとんどお話しする機会をもてないでまいりましたが、今回もまたその埋め合わせをすることはできないようです。ここではただ、対象選択、ナルシス的段階のあとにくる新たなリビード発達の段階としての対象選択が、二つの異なった型にしたがって生じる、ということだけを強調するにとどめさせていただきます。その二つの型とは、自身の自我に代えて、それにできるだけ似た自我が選ばれるというナルシス的な型と、リビード以外の生の欲求を満足させてくれることによってかけがえなくなった人物がリビードによっても対象に選ばれるという依托型です。(22) 私たちは、ナルシス型対象選択への強いリビード固着を、同性愛が顕在化してくるための素因のひとつとも数えているのです。

覚えておいででしょうが、この学期のはじめにお集まりいただいたときに、ある婦人の嫉妬妄想の症例についてお話しさせていただきました〔第一六講、本書下巻、一二五頁以下〕。そろそろこの学期もおしまいに近づいておりますところで、皆さんはきっと、妄想観念なるものが精神分析的にはどのように説明されるのかをお知りになりたいだろうと思います。ですが、私がそれについてお話しできることは、皆さんが期待なさっているほどのものではありません。妄想観念は、強迫観念と同じく、論理的な論証や現実的な経験によっては把捉不能なものでして、そうであるのは、これらが無意識と関係しているからです。無意識が、妄想観念もしくは強迫観念によって代理され、抑えられているわけです。妄想観念と強迫観念の違いは、この二つの疾患〔パラノイアと強迫神経症〕の局所論的ならびに力動論的な差異からくるものです。

パラノイアの場合と同じように、きわめて多様な臨床形態が報告されているメランコリーの場合も、この疾患の内的構造を洞察可能にしてくれる個所が見出されております。ここで分かりましたのは、これらメランコリー者たちをきわめて仮借ないやり方で苦しめている自己非難は、本来は別の人物に向けられているということです。別の人物とは、彼らが失った性的対象、あるいは、その人自身のせいで彼らにとって価値がなくなってしまった性的対象のことです。ここから推論できましたのは、メランコリー者は、たしかに自身のリビードを対象から撤収したわけですが、その対象は、「ナルシス的同一化」と呼ぶほかない出来事を通して、自我自身のなかに打ち立てられたということ、いわば自我に向けて投射されたということです。ここでは、比喩的な叙述の仕方しかできません。局所論的‐力動論的に秩序立った記述などとうてい不可能です。[23] ともあれ、こうなりますと、自身の自我が、放棄された対象のように扱われ、その対象に与えられるはずだったあらゆる攻撃をこうむり復讐心の的となることになるわけです。メランコリー者に顕著な自殺への傾向も、患者の怒りが、愛しかつ憎んでいる対象に向けられるのと同じ強さでもって自身の自我に向けられるという点を考えれば、理解しやすくなるでしょう。他のナルシス的疾患と同じようにメランコリーの場合にも、ブロイラー以来両価性と呼びならわされております感情生活のひとつの特徴が、きわめてはっきりしたかたちで現れているのです。この概念が意味していますのは、同一の人物に対する、情愛と敵意の二つが対立し合っている感情の方向です。ですが、これまでの講義では、遺憾ながら、この感情両価性(アンビヴァレンツ)について皆さんにもっと詳しくお話しすることができなかったのです〔第二七講、本書下巻、三四二頁参照〕。[24]

ナルシス的同一化に加えて、私たちにはこれよりはるか以前から知られているヒステリー的同一化というものもあります。[25]この両者の違いを、すでに明らかになっているいくつかの確定的なものを通して皆さんにご説明できればと思っているのですが、なかなかそうはいきません。メランコリーが周期的かつ循環的なかたちをとることにつきましては、皆さんがお知りになりたいだろうことをいくらか報告することができます。つまり──私は二度ほどそうした経験をしたことがあるのですが──状況がよければ、病気の中間休止期に分析治療をほどこすことによって、それまでと同じもしくは反対の気分状態が回帰してくるのを防止することができるということです。ここから知れますのは、メランコリーと躁(マニー)もまた、他の神経症の前提とまったく同じ前提のもとに発している葛藤を処理するための特別のやり方なのだということです。ご想像いただけるとは思いますが、この領域には、この先精神分析が知りうることがまだまだたくさんあるのです。

これもまたすでに申し上げたところですが〔本講、本書下巻、二九〇頁以下〕、ナルシス的疾患の分析を通して、自我の組み立て、ならびに自我を構成している諸審級について何らかの知識を得ることができるとも期待できます。じじつある個所で私たちはその第一歩を踏み出しています[26]。注察妄想の分析から私たちは、自我の内部には、たえず注察し批判し〔理想に〕照らし合わせる審級、そうしたかたちで自我のそれ以外の部分に対立している審級が存在しているのではないかと推論いたしました。つまり、患者が、自分の一挙手一投足がスパイされ注察されている、自分の考えがすべて外に筒抜けになって批判されているなどと訴えてくる場合、患者のその告白には、これまでまだじゅうぶんに検討されなかった真理がもれ出ている、と考えられるということです。この告白で間違っているのは、唯一、患者がこの不愉快な力を自分とは無縁のものとして外に置き換えている点だけです。患者はじつは、自身の自我の内部で、ある審級が支配しているのを感取しているのです。現実の自我とそのいちいちの活動を、発達の途上で作り上げられてきた理想‐自我をもとに測定している審級です。私たちはまた、この理想‐自我の樹立は、かつての自己満足――幼児期の一次ナルシシズムと結びついてはいますが、以来数々の妨害と毀損をこうむってきたあの自己満足――を回復しようという意図のもとになされたものだとも考えております。この自己注察を行う審級とは、自我検閲官[27]すなわち良心のことなのでして、夜のあいだに夢の検閲を行い、許されない欲望の蠢きに対して抑圧を発動させるあの審級と同じものです。注察妄想の場合はこの審級が分裂をきたすことになるわけですが、そこからはっきりしますのは、この審級が、両親や教育者や社会的環境からの影響、ないしこれら個々の模範的人物との同一化に出自をもっているということなのです。

以上が、精神分析をナルシス的疾患に応用して得られたこれまでの成果の一端ということになるでしょう。たしかにまだまだ貧弱すぎるものでして、ここにはしばしば、新しい領域にしっかりなじむことによってしか獲得できない切れ味の鋭さが、なお欠落したままです。これらの成果はすべて、自我リビードないしナルシス的リビードの概念を利用したことから得られたものでして、私たちは、この概念を拠り所として、転移神経症で確証された見方を、ナルシス的神経症にまで及ぼしているのです。しかし、皆さんはここで、ナルシス的疾患ないし精神病の障害をすべてリビード理論でうまく説明できるのか、心の生活のリビード的要因ばかりを病気を引き起こす要因とみなし、自己保存欲動の機能の変化にはまったくその責任がないとすることができるのか、とご質問なさりたいことでしょう。しかし、皆さん、この問いに決着をつけることは、今急いでなさねばならないことだとは思えませんし、なによりも、まだ決着がつくまで熟していないようです。この決着は、科学研究の今後の進展に委ねてしかるべきだと思います。病原としての作用を引き起こす力がじっさいにリビード的欲動の特権であることが判明し、リビード理論が、個々人のもっとも単純な現勢神経症からもっとも重篤な精神病的離反にいたるまでの全戦線において幅を利かせることになるやもしれませんが、そうなったとしましても、私としましては、何ら驚くにはあたらないと思います。なにしろ、世界の現実としての《必然(アナンケー)》への服従に対して反抗することこそ、リビードの特徴だからです。ですが、自我欲動がリビードの病原的刺激に二次的に巻き込まれて機能障害に陥るという結論にいたったとしましても、それはそれで、じゅうぶんありうることだと思います。それどころか、重篤な精神病の場合には自我欲動そのものが第一次的に混乱をきたすといった認識に立ちいたることになりましても、それによって私たちの研究方向が頓挫したとは思いません。それは、未来が、少なくとも皆さんには、教えてくれることです。しかし、それはともかく、ちょっとだけ不安の問題に立ち戻って、最後まで積み残しておきましたすっきりしない点に光を当てることにいたしましょう。すでに申しましたように〔第二五講、本書下巻、二八四頁〕、現実不安が危険を目の前にしたときの自己保存欲動の現れであることは、ほとんど議論の余地のないところなのですが、この事実(28)は、これ以外のところではすんなり理解できる不安とリビードの関係についての捉え方と齟齬をきたしているのです。しかし、不安情動が利己的な自我欲動によってではなく、自我リビードによって賄われていると考えれば、どうなるでしょうか。不安状態というものが、いずれにせよ目的に適っていないことは動かせないところですし、これが目的に適ったものでないことは、不安の状態が度を増すほど明白になります。そうなりますと、不安状態は、逃走であれ防衛であれ、唯一目的に適って自己保存に奉仕する行動を妨げることになるからです。つまり、現実不安の情動部分を自我リビードからくるものとみなし、そのときの行動を自己保存欲動によるものと考えますと、理論的困難をすっきりさせることができるということです。ちなみに、皆さんも、人は不安を感じるがゆえに逃走するのだなどと、まさか本気で思ってはおられないでしょう。そうではありません、人は不安を感じ、そのうえで、危険を感知することによって呼び覚まされる誰にも共通の動機にもとづいて逃走にとりかかるのです。大きな生命の危険を克服した人たちは、その時まるで不安を感じることはなかった、たとえば〔なにも考えずに〕猛獣に銃口を向けたといったふうに、ただ行動しただけだった、と語るものですが、これこそがもっとも目的に適ったことであるのは、まちがいないところです。

第二七講　転　移(1)

皆さん、私たちの講義もいよいよ終わりに近づいてまいりましたので、そろそろ皆さんのうちにもある期待が動きはじめているころだと思いますが、その期待にまどわされてはなりません。皆さんはきっと、私が精神分析の材料圏のあちこちへと連れまわしたのは、療法ということに一言も触れないままさよならをするためではなかったはずだ、とお考えのことだと思います。そもそも精神分析が可能性をもつかどうかは、療法にこそかかっているからです。むろん私のほうもまた、このテーマについてお話ししないわけにはまいりません。と申しますのも、私は皆さんに、ぜひともご自身で観察のうえ、ある新しい事実(2)を知っていただきたいからです。この事実をお知りにならないと、私たちが探究してまいりました発病について理解することがじつに不完全なままになってしまうのです。

精神分析をどのように治療目的に用いるべきかといった技法上の手ほどきを求めることが皆さんのご希望ではないことは、私も承知しているところです。皆さんはただ、精神分析療法がどのような道筋をとって効果をもたらすのか、この療法はおよそどのようなことを成し遂げるのか、といったことをごく一般的にお知りになりたいだけなのだろうと思います。むろん、それをお知りになることは、文句なしに皆さんの権利でもあります。ですが私といたしましては、そうしたことをご報告するつもりはありません。それはぜひご自分で推測していただきますようお願いいたします。

よくお考えいただきたいと思います。これまで皆さんは、発病の諸条件の核心部、ならびに発病した人に働きかけている諸要因について、あらかたお知りになられたわけですが、ならば、治療が介入しうる余地は、いったいどこにあると言えるでしょうか。まず考えられますのは、遺伝的な素因です。――この遺伝的素因につきましては、私たちはさほど問題にはいたしません。それは、これがよその方面で大いに重視されており、私たちとしましては、これに何ひとつ新しいことを付け加えることができないからです。とは申しましても、私たちがこれを過小に評価しているなどとはお考えにならないでいただきたいと思います。私たちは、ほかでもない施療者として、この遺伝的素因の力を嫌というほど感じております。いずれにしましても、この遺伝的素因は、私たちの力でどうにかなるようなものではありません。それは、私たちにとってすでに与えられたもの、私たちの努力が突き当たる限界でもあるのです。その次に考えられますのは、早期の幼児期体験の影響です。この影響は、私たちが分析において真っ先に目を向けるならわしになっているものですが、これら幼児期の体験はなにしろ過去に属するものですので、手出しはできても、なかったことにはできないものです。その次に考えられますのは、「現実での不首尾」として総括されているすべてのことです。貧困、家庭的不和、配偶者選択の失敗、社会関係でのトラブル、個々人を圧迫している倫理的要求の厳しさなど、人生において愛の欠乏をもたらすすべての不幸がこれにあたります。もちろんここには、あるきわめて有効な療法をもち込む余地がじゅうぶんにあるとは言えるのですが、その療法は、ウィーンの民衆のあいだでうわさにもなっているヨーゼフ皇帝(3)が行った類いのものでしかありません。つまり、権力者が介入して慈善を行うということ、権力者がその意志によって人びとを言いなりに動かし、もろもろの困難を消滅させるといったやり方です。しかし私たちは、こうした類いの慈善を、手段として私たちの療法に取り入れることができるでしょうか。自身が貧しく、社会的にも無力で、医者としての活動によって日々の糧を得ざるをえない私たちは、別の治療方法を用いているお医者さんたちとは違って、貧しい人にも治療努力を振り向けることなどとうていできないありさまなのです。私たちの療法は、そうするには手間がかかりすぎ、長期にわたりすぎるからです。しかし、もしかしたら皆さんは、今挙げました要因のうちのひとつを取り上げて、そこをわれわれのあげている治療効果を攻撃するための起点にしようとお思いになるかもしれません。社会の要請する倫理的制限が、患者の負っている不自由にいくらかでもかかわっているわけですから、治療は、そうした制限を踏み越えて、満足と快復を取り戻す——もちろんその際には、社会から尊重されてはいますが往々にして遵守されていない理想を満たすことは放棄されることになりますが——といった勇気を患者に与えても、あるいはずばりそうした指示を患者に出してもいいわけです。つまり、性的に「放縦に生きる」ことによって、健康を取り戻すということです。もちろん、そんなことをしようものなら、分析治療は、社会一般の倫理に貢献していないと後ろ指をさされるのがおちです。分析治療は、社会一般には許されないものを、個人に与えているということになってしまうからです。

ですが皆さん、いったい誰が皆さんにこんなまちがったことをまことしやかに吹き込んだのでしょうか。性的に放縦に生きなさいといった助言が、分析療法において何か役割をもつなどとは、的はずれもいいところです。患者においては、リビードの蠢き（うごめき）と性的抑圧のあいだ、官能的方向と禁欲的方向のあいだに執拗な葛藤が存続しつづけている、というのがこれまでの私たち自身の持論だったわけですが、その事実ひとつとりましても、そうした見方が的はずれであるのは明らかなところです。この葛藤は、官能的方向と禁欲的方向のどちらか一方に私たちが加担して、他方を打ち負かしたところで、廃棄されることはありません。現に私たちの見るところでは、神経質症の患者にあっては、禁欲のほうが優勢になってしまっております。その結果として、ほかでもありません、抑え込まれた性的追求が症状のかたちをとってひと息つくということになるのです。もし私たちが、これとは反対に、官能のほうに勝利を得させるようなことにでもなりますと、押しのけられた性的抑圧のほうが、症状となって出てくるにちがいないでしょう。どちらに転びましても内的葛藤が止むことはありえず、どちらの場合でも一方が満足させられないままでありつづけるわけです。葛藤があくまでどっちつかずのため、医者がどちらに加担するかでことが決着するといったケースはごくまれですし、もしあったとしてもその場合は、そもそも分析治療の必要はないと言ってよろしいでしょう。医者からそうした影響を受け取ることができるような人でしたら、医者がいなくとも同じ道を見出していたにちがいないからです。ご存じのように、禁慾している若い男性が違法な性交に踏み切ろうとしたり、あるいは、満たされていない妻が誰か夫以外の男性に埋め合わせを求めたりしようとする場合、ふつう医者の許可や、ましてや分析家の許可が待たれたりはしないものです。

こうした状況で見逃されがちなのは、神経症者の病原的な葛藤は、同じ心理学的土俵上のいくつかの心の蠢きがおりなす通常の葛藤と混同されてはならない、という本質的な一点です。神経症者の場合に生じておりますのは、前意識ないしは意識の段階にまでのぼってきた力と、無意識の段階にとどめ置かれた力との抗争です。ですから、この葛藤は決着がつかないのです。ここで争っている二つの力は、よく知られたシロクマと鯨の例(4)のように、ほとんど出会うことがありません。現実的な決着は、二者が同じ土俵上で取っ組み合ってはじめてつけられるものです。この取っ組み合いを可能にすること、これが私たちの療法の唯一の課題であると私は考えております。

加えてもうひとつ断言できますのは、もし皆さんが、人生のさまざまな問題に助言と指導を与えることが分析の影響力の不可欠の部分であるとお考えでしたら、それもまちがった吹き込みのせいだということです。反対に、私たちはできるかぎりそうした助言役を引き受けないようにしておりますし、達成目標としていますのはむしろ、患者が自分ひとりで決定を下すこと以外にはありません。そのような意図のもとに、私たちはまた、患者が、治療期間中は、職業選択、経済的な企て、結婚、離婚などについて重大な決定をすることを見合わせ、治療終了後に実行に踏み切るよう求めてもおります。いかがでしょうか、皆さんが想像なさっていたのとはまるで違っているでしょう。ただし、年端のいかぬ子供だとか、頼りも支えもないような人の場合は、望むべきこの制限を固守するわけにはいきません。そういう人たちの場合には、医者の仕事を教育者の仕事と合体させなければなりません。むろん、そうした場合には、私たちは、責任を重々自覚し、当然、振舞いにはじゅうぶん注意を払うよう心がけております(5)。

しかし、分析治療では神経質(症)の人は放縦に生きるよう指導されているという非難に対して私が弁護するときの熱心さを見て、逆に、私たちが社会的良識のために患者に働きかけているなどと結論されても、これまた困ります。こちらもまた、少なくとも同じくらい私たちの考えとかけ離れているからです。私たちは、たしかに改革者ではなく、観察者にすぎないのですが、どうしても批判の目でものを観察しないわけにはいかず、因習的な性道徳の片棒を担いで、社会が性生活の諸問題を実践的にさばいていくやり方を尊重することなどできないと考えてまいりました。社会倫理と呼びならわされているものがその価値以上に大きな犠牲を要求していること、社会のそうしたやり方が正直さにもとづいたものではなく、思慮深さを証するものでもないことを、私たちは、社会に向けてはっきり非難することができます。私たちは患者に、こうした批判に同調するようにしむけているわけではなく、むしろ、性的な問題にせよその他の問題にせよ、偏見をもたないで検討することができるような習慣を養ってもらうことを心がけています。ですから、治療が終わったあと患者たちが一本立ちして、自らの判断で、完全な放縦生活と有無を言わさぬ禁欲とのあいだのどこか中間的な位置を選び取るということになれば、私たちは、その結果がどうあろうとも、それによって良心の呵責を感じることはないのです。私たちが自らに言い聞かせておりますのは、自分自身を真実に向けて教育してゆくことをきちんと成し遂げた人は、その倫理尺度が社会で通用しているものとそりの合わないところがあろうとも、その先ずっと無倫理に陥る危険から守られているということです。ついでに申し上げさせていただきますが、神経症を引き起こす力という点で、禁欲の問題がもっている意義を過大視しないよう注意いたしましょう。病原的状況としての〔満足の〕不首尾とそのあとに続くリビード鬱積を、なんなく達成できる類いの性交によって終わらせることができるのは、ごくまれな場合にかぎられているからです。

ともかく、性的放縦を容認するということによっては、精神分析の治療効果を説明することはできない、ということです。他の説明を求めてみましょう。皆さんのこうした邪推をはねつけているあいだに私の口にのぼった発言のひとつが、皆さんに正しい手がかりを与えたのではないかと思っております。利用できますのはおそらく、意識的なものによる無意識的なものの代替、無意識的なものの意識的なものへの翻訳という点であるにちがいありません。ずばり、その通りなのです。私たちは、無意識を意識へとつなげることによって、抑圧を廃棄し、症状形成のための条件を除去し、病原性の葛藤を、何らかのかたちで決着が見出せるはずの普通の葛藤に変えるわけです。私たちが患者に呼び起こしますのは、ほかでもありません、唯一こうした心的変化だけでして、この変化が起こるかぎりでのみ、私たちの援助は実を結ぶことになります。抑圧ないし抑圧に似た心的出来事が取り消されること以外に、私たちの療法は求めるものをもたないのです。

私たちの努力の目標はさまざまな定式で言い表すことができます。無意識の意識化、抑圧の廃棄、健忘による空隙の補填などがそれですが、これらはみな同じところに帰着します。ですが皆さんは、こんなふうに公言されたところで満足なさらないかもしれません。皆さんは、神経質(症)の人が健康を取り戻すということを、それとは別なふうに、つまり精神分析の骨の折れる作業を受けたあと患者ががらっと別人になるというふうにイメージされていたはずなのに、患者のなかにはただ、以前よりも無意識的なものが少なくなり、意識的なものが多くなるだけというのが、結果のすべてだとされるからです。思いますに、皆さんはきっと、こうした内的変化の意義を過小に評価しておられるのです。神経質(症)の人は、快復するとほんとうに人が変わってしまうのですが、もちろん根本においては同一でありつづけます。すなわち、もっとも好都合な条件のもと、もっともうまくいった場合に成りえたかもしれない人物に成り変わるということです。しかし、これがじつに大変なことなのです。いっけん取るに足りないように見えるこの変化を心の生活のうちに引き起こすために、どれほどのことがなされねばならず、どれほどの努力が必要となるのかを、これからお話しいたしますが、それをお知りになれば、きっと皆さんも、心的水準のこうした相違がもっている重要さをお信じになるだろうと思います。

ちょっと話は逸れますが、皆さんは原因療法と言われているものをご存じでしょうか。病気の個々の現れに攻撃の鉾先を向けるのではなく、病気の原因を除去することを狙いとする方法のことです。では、私たちの精神分析療法は原因療法なのでしょうか、それとも、そうでないのでしょうか。答えは一筋縄ではいきませんが、もしかしたら、この種の設問自体が無意味であることをはっきり分からせてくれるきっかけにはなるかもしれません。分析療法は、症状の除去をいちばんの課題としてはおりませんので、そのかぎりではこれは原因療法のように見えます。しかし別の観点からしますと、これは原因療法とは言えなくなります。つまりこういうことです。――私たちは、因果の連鎖を追跡し、抑圧ということを越えて、その先にある欲動素質、すなわち体質におけるその相対的強度とその発達の道筋における偏向というところにまで、ずっと前に到達しております。さてここで、たとえば化学的方法をとれば、この欲動装置に介入して、その時その時のリビードの量を増やしたり減らしたり、あるいは、一方の欲動を犠牲にして他方の欲動を強化したりできるだろう、と皆さんがお考えになるのでしたら、これは本来の意味での原因療法ということになり、私たちの分析は、原因を探し出すための不可欠の下準備をしたことになるでしょう。しかし、皆さんもご承知のように、目下のところ、リビード過程にそうした化学的影響をおよぼすことはおよそ不可能なのでして、ですから私たちは、私たちの心的療法でもって、因果連関における原因とは別の地点を攻撃せざるをえないわけです。その地点とは、私たちがはっきり見てとった、病気の個々の現れの根本原因となっている地点というわけにはまいりませんが、症状そのものからはじゅうぶんかけ離れた地点、じつに奇妙な状況〔転移〕を通して私たちが近づくことができるようになった地点なのです。

では、患者の無意識を意識で代替させるために、いったい何がなされなければならないのでしょうか。かつては、私たちはそんなことはごく簡単にできると思っておりました。この無意識的なものを推し当てて、それを患者に言って聞かせさえすればよいと思っていたのです。しかし、今では、それが浅はかな誤りであったことが分かっています

〔第一八講、本書下巻、七六―七八頁〕。私たちが無意識的なものについて知ることと、患者がそれについて知ることは等価ではなく、私たちが患者に私たちの知っていることを伝えたとしましても、患者のほうはそれを、自分の無意識に代わるものとしてではなく、それと並存するものとして受けとりますため、事態はごくわずかしか変化しないのです。私たちはむしろ、この無意識的なものを局所論的にイメージし、これを、患者の想い出のなかの、それが抑圧によって産み出された場において探し当てなければなりません。そして、この抑圧が除去されねばならないということになるのですが、これが除去されますと、意識による無意識の代替はスムーズに運ぶのです。しかし、この抑圧はどのようにすれば廃棄できるのでしょうか。私たちの課題はここで第二の局面に入ります。はじめに抑圧を探し当て、つづいて、この抑圧を支えている抵抗を除去するというわけです。

ならば、抵抗はどうやって取り除けばいいのでしょう。やり方は同じです。つまり、推し当てて、患者に突きつけるということです。抵抗もまた抑圧から、私たちが解消しようとしているその当の抑圧から発している、あるいは、それより以前に生じていた抑圧から発しています。抵抗とは、ゆゆしき欲動の蠢きを抑圧するために持ち出された対抗備給によって生じたものだからです。ですから、ここでは、私たちは、解釈し、推し当て、伝えるという、もともと私たちがやろうと狙っていたのと同じことを行うわけですが、今度は、場を変えて、まさに当を得たところでこれを行うのです。対抗備給ないし抵抗は、無意識に属しているのではなく、私たちの共働者である自我に属しております。たとえこの対抗備給が意識的になされたものではない場合でも、そうであることに変わりはありません。ご承知のように、「無意識」という言葉には二重の意味があります。ひとつは現象としての意味、もうひとつは系としての意味です。たいへんやっかいではっきりしないように思えますが、これはすでに前にお話ししたことの繰り返しにすぎません。(6) この点につきましては、私たちとしましても、とっくの昔に覚悟の上のことなのです。――ともあれ、私たちの予想は、私たちの解釈を通して自我にこの抵抗を認識することを可能にしてやれば、抵抗は放棄され、対抗備給は引っ込められるだろう、ということです。では、そうした場合、どんな駆動力があてにできるでしょうか。まずは、健康を回復しようとする患者の努力です。これは、患者に私たちとの共同作業を受け入れさせたものです。もうひとつは、患者の知性の力です。私たちは私たちの解釈を通してこの力の下支えをするわけです。患者の知性に妥当な予想を与えることで後押ししてやりますと、抵抗を認識し、抑圧されたものを翻訳するのがより容易になるのは、疑いないところです。空を見上げてください、気球が浮かんでいますね、と皆さんに言ったほうが、ただたんに、何か見つかるかどうか空を見上げてくださいと促す場合よりも、皆さんははるかに容易に気球を見つけることでしょう。はじめて顕微鏡を覗く学生も、何を見るべきかを先生から前もって教えられます。そうしないと、学生には、目の前にあって見えるはずのものがまるで見えないものなのです。

さて、ここで問題の事実(7)の話に入っていくことにしましょう。これまで述べてまいりました私たちの前提が有効なのは、ヒステリー、不安状態、強迫神経症など、多くのかたちの神経質症の場合です。じっさいこれらの場合、こうして抑圧を探り当て、抵抗を暴き出し、抑圧されたものを示唆することによって、抵抗を克服し、抑圧を廃棄し、無意識を意識に変えるという課題を解決するのに成功いたします。このときさわめて鮮明に印象づけられますのは、ひとつひとつの抵抗の克服をめぐって患者の心のなかでいかに激しい闘いが繰り広げられているかということ、しかもそれが、同じ心理的土俵の上でなされている通常の心の闘い、対抗備給を維持しようとする動機と、これを放棄しようとする動機とのあいだでなされる闘いだということです。この前者のほうは、かつて抑圧を貫徹した昔の動機ですが、後者のほうには、新たな動機が付け加わっており、この新しい動機が、私たちの望むかたちで葛藤を解決してくれるだろうと期待できるわけです。こうして私たちは、古い抑圧葛藤をあらためて蘇らせ、かつてけりをつけられていた過程を修正するのに成功してきたのです。この事実からもたらされる新しいことは、まずは、あの早期の決定が病気を引き起こしたのだという警告と、他方の新しい決定が快復への道を開いてくれるだろうという見込み、そしてもうひとつは、あの最初の拒絶の時点以来続いてきたすべての状況ががらっと変化するという事実です。自我は、当時はまだ弱体で未成熟だったため、リビードの要求を危険なものとして目の届かぬところへ追放する必要があったのかもしれません。しかし今は、自我は強くなり、経験を積んで、しかも医者を援助者として味方につけています。ですから私たちは、この新たに蘇らせられた葛藤を、抑圧というかたちの結末よりもましな結末へと導いていけると期待できるわけですし、じじつその成果は、今述べましたように、〔転換〕ヒステリー、不安ヒステリー[8]、強迫神経症においてはこのやり方が原則として正しかったことを示してもおります。

しかしながら、事情は同じなのに私たちの治療措置がけっして成果をもたらさないような、これらとは別の形態の病気も存在しています。そうした病気の場合でも、自我とリビードのあいだの根源的な葛藤が問題となっておりまして、これが抑圧――たとえ局所論的には異なった特徴をもっている抑圧だとしましても――を引き起こしておりました。患者の生活において抑圧が生じた地点を探り当てることはここでも可能ですので、私たちは、同じやり方を用い、同じ約束をかわし、予想を伝えることを通して同じ援助の手を差し伸べるわけです。するとここでもまた、現在と抑圧の生じた時点との時間差が、葛藤を別の結末へともたらす働きをしてくれます。しかし、そうだとしましても、抵抗を廃棄すること、あるいは抑圧を除去することは、うまくいかないのが現状なのです。パラノイア、メランコリー、早発性痴呆の患者たちがそうしたケースにあたるのですが、彼らは、基本的に我関せずといった状態で、精神分析療法に対しては不死身でありつづけるのです。いったいなぜこんなことになるのでしょうか。知性が欠けているからというわけではありません。これらの患者にも、治療にはもちろん一定程度の知的能力が必要とされますが、たとえば、連想・組み合わせの能力にたけたパラノイア患者〔第四講、本書上巻、一〇九頁参照〕にそうした知的能力が欠落していないことは、はっきりしているところです。その他のさまざまな駆動力も欠けてはおりません。あるいはメランコリー患者の場合には、自分が病気であって、ひどく苦しい思いをしているといった、パラノイア患者には見られない意識が非常に強くあるのですが、だからといって、より手を差し伸べやすいというわけではまったくないのです。ここで私たちの目の前に立ちはだかっている事実は、私たちの理解の及ばないものなのでして、したがって、これはまた、私たちが、他の神経症の場合に可能だった成果を、ほんとうにあらゆる条件下において理解していたのかどうかを、疑うよう私たちに命じてもいるわけなのです。

ヒステリーや強迫神経症の人たちとかかわりつづけていますと、やがて、まるで予想していなかった思いがけない事実に出くわすことがあります。しばらく経つと否応なしに気づくことになるのですが、これらの患者たちが私たちにじつに特別ともいえる振舞いをみせてくるのです。それまで私たちは、治療で考慮に入れるべき駆動力についてはすべて了解済みと思っておりましたし、私たちと患者のあいだの状況も、何か計算問題のようにすっきりと見きわめられるほど合理的にとらえることができたと思っていたわけなのですが、あろうことかここにはどうやら、この計算で勘定に入れられていなかったことが、もうひとつ忍び入ってくるようなのです。この思いがけない闖入事は、それ自体さまざまなかたちをしておりますので、以下まず、そうした現れのうち、より頻繁かつより理解しやすいものからご説明したいと思います。

ひとえに病的な葛藤からの逃げ道を求めなければならないはずの患者が、こともあろうに医者の人となりに特別の関心を向けてくるのが感知されるというのがそのひとつです。患者には、医者当人にかかわるいっさいのことが、自身の抱えている問題よりも重要で、そのため自分が病気であることが上の空になってしまうほどなのです。ですので、そうした患者とのつきあいは、しばらくのあいだは、たいへん快適なものになります。

患者はとても丁重で、ことあるごとに感謝の気持ちを表そうとし、それまでそうだとは思えなかったような繊細ですぐれた人柄を示しはじめます。そうなりますと、医者のほうも、患者に好印象をもつようになりますし、こんなとびきりすぐれた人物に援助の手を差し伸べる機会を恵んでくれた偶然をありがたいと思うことにもなります。患者の身内の人たちと話す機会がありますと、医者は、そちらでも喜んでいると聞かされて悦に入ります。患者は家で医者を褒めまくり、医者の長所を繰り返し新たに見つけ出しては讃えるらしいのです。身内の人はこう言います。「あれはもう先生に心酔しているようで、先生のことを信じきっています。先生のおっしゃることなら何でも、神さまのお告げのようなものなのです」。こうした合唱のなかに、ときにより辛辣な人がいますと、こんな言葉が漏らされたりもするほどです――「もううんざりです、先生のこと以外何ひとつ話題にしませんし、口をつくのはいつも先生のことばかりなのですからね」と。

私たちとしましては、患者が自分の人となりをこれほど高く評価してくれるのは、自分が患者に希望をもたらすことができるからであり、治療が開く驚くべき解放的な見通しによって患者の知的視界を広げることができるからなのだと、医者たる者はそんなしかるべき謙虚さを備えているべきだと願うばかりです。ともあれ、このような条件のもとでは分析はめざましく進展し、患者は、示唆されただけでことを理解し、治療の持ち出す課題に没頭し、かくして想起と連想のための素材もたっぷり流れ出してくるわけです。医者は、患者の解釈の確実さと説得力に驚かされるとともに、患者が、外の世界の健常な人たちにはきわめて激しい反感を引き起こすにきまっている新しい心理学的試みを、すべてすすんで受け入れてくれるのを目の当たりにして、ひたすら満足の気持ちでいっぱいになったりします。分析作業中のこうした協調的態度に応じて、病気の状態も、客観的に、どこからみてもはっきり分かるほどよくなってくるわけです。

しかし、いつもいつもこんな晴れの日ばかりではありません。ある日、空が曇りはじめます。治療に困難が出てきます。患者は、もう何ひとつ思いつかないと言い張ります。患者の関心がもはや分析作業にはなく、患者が、思い浮かんだことをすべて話さねばならず、これにいかなる批判的留保もしてはならないという課された規則を、やすやすと無視していることが、じつにはっきり見てとれるようになります。患者は、まるでそんな約束などしなかったかのように、治療中の身ではないように振舞います。どうやら何かに心を奪われているらしく、それを頑なに自分だけのうちに留めておこうとしているようなのです。これは治療にとってゆゆしき状況と言わざるをえません。激しい抵抗が立ち現れてきていることはまちがいないところです。しかし、いったい何が起きたというのでしょうか。

これも含めてこの状況を説明できるとすれば、この障害を引き起こした原因は、患者が医者に強烈な情愛感情を転移していたことにあると認めるしかありません。患者のこの感情は、医者の振舞いからも治療中に生じた関係からも根拠があるとは言えないようなものです。この情愛がどんなかたちをとって出現し、何を目標にしているかは、もちろん二人の当事者の個人的関係によってそれぞれ異なっています。患者が若い女の子で、医者もやはり若手の男性の場合ですと、これは通常の恋着にすぎないといった印象が強く、若い女の子が、二人っきりになって打ち明け話もできる機会が多い男性、上位の援助者という都合のいい位置で自分に対峙している男性に恋着するのも、さもありなんと納得できるでしょう——むろんそのように受け取りますと、この神経症の女の子の場合には愛情能力の障害が予想されるという事実が、見逃されてしまうことになります。加えて、医者と患者の個人的な関係が、今想定しました若い女の子と若い男性のケースとは違った場合でも、そこになお同じような感情関係が産み出されているのが見出されて、私たちとしましても、いっそう奇異な感じが拭えなくなります。結婚生活がうまくいっていない若い人妻が、まだ独身でいる医者に深刻な熱情を傾けているような場合、あるいは、その医者といっしょになろうとやっきになって離婚の努力をしたり、離婚することに社会的な差し障りがある場合には、ためらわず彼と人目を忍ぶ愛人関係を結んだりする場合もあるかもしれません。もちろんこんなことは、精神分析以外の場でも、いくらでも見られることです。しかし、驚いたことに、このような事情のもとで女の子や人妻の口から突然、療法の問題に対する確たる態度表明ともいえる発言が飛び出してくるのです。いわく、「私は、愛情によってしか健康を回復することができないことなど、もとより承知の上でした。ですから、そもそも治療の初めから、このお付き合いを通して最後には、これまでの人生で恵まれなかったものをきっといただけるにちがいないと期待していたのです。そのような希望があればこそ、私は治療に心血を注いだのですし、心のうちをご報告申し上げる困難もすべて克服してきたのです」と。私たちの側から追加をさせていただきますと、「だからこそ、そうでなければ信じるのが難しいことを、いともやすやすと理解できたのです」ということになるでしょう。ですが、こうした告白は、私たちには不意打ちです。私たちの計算がいっぺんにひっくり返されてしまうからです。もしかしたら、私たちの作戦には、いちばん重要な歩哨が欠落していたのではないでしょうか。

じっさい私たちは、経験を積むほどに、こうした修正を導入せざるをえなくなってまいります。たとえこの修正が私たちの科学性なるものを恥じ入らせることになったとしてもです。最初のうちは、たとえば、分析治療が、何か偶然の出来事、すなわち治療の意図からはずれた、治療によって引き起こされたのではないような出来事を通して、何らかの障害にぶち当たったのだといったふうに思い込むこともできました。しかし、医者に対する患者のこうした情愛的拘束は、手を替え品を替えたかたちできまって繰り返され、先行のかんばしくない条件のもとでも、グロテスクとさえいえるような誤解のもとに、繰り返し生じるのです。年をとった女性においても、髭の白くなった男性に対しても、はたまた、私たちから見れば誘惑などかけらも存在していないと思える場合でも繰り返されるわけです。そうなりますと、私たちはやはり、偶然が障害として働いたという考えは捨てるほかなく、これは、病気の本質そのものともっとも奥深いところでかかわっている現象であると認めざるをえなくなるのです。

こうしてしぶしぶながら承認せざるをえないこの新しい事実を、私たちは転移と呼んでおります。言わんとするのは、さまざまな感情が医者という人物に転移されるということです。治療の状況がそうした感情を産み出すとは考えられないのです。むしろ私たちは、この感情態勢はすべて、治療状況とは別のところから発し、女性患者のなかですでに準備されていて、分析治療の機会をとらえて医者という人物に転移されると推測しております。転移は嵐のごとき愛情要求として出現することもありますし、もっと抑えられたかたちで現れることもあります。若い女の子と年をとった男性のあいだでは、愛人になりたいという欲望の代わりに、お気に入りの愛娘（まなむすめ）とみなされたいという欲望が出てくることもありますし、リビード的努力がやわらげられて、離れがたいが理想的に非官能的な友情といった申し出になることもあります。女性たちのなかには、転移を昇華させ、これを変形させて、これに一種の存続能力をもたせるすべを心得ている人もいますし、転移を、そのもともとの粗野なかたち、ほとんどの場合いかんともしがたいかたちのまま、表出せねばおさまらないような人もいます。しかし、それらの根底にあるのはいつも同じものなのでして、同じ源泉から発したものであることは見まがいようのないところなのです。

転移というこの新しい事実をどこに位置づけるかを問う前に、その記述をもう少し補って完全にしておくことにしましょう。男性患者の場合、事情はいったいどうなっているのでしょうか。男性患者の場合は、性の違いだとか性的魅力といったものがややこしいかたちで混ざり込んでくることがないと思われるかもしれません。ところがじつは、女性患者の場合とさほどちがわないというのが答えなのです。医者への拘束という点にしましても、医者の特性の過大評価という点にしましても、医者の関心事への立ち入りという点にしましても、はたまた、日ごろ医者と親しく生活しているあらゆる人に対する嫉妬という点にしましても、いずれも男性の場合と女性の場合で違いはないのです。

むろん、男対男の場合には、同性愛の欲動成分が他に向けられ、そのぶん顕在的な同性愛は背後に退くことになるわけでして、したがってそれに応じて、転移の昇華された形態がより頻繁になり、直接的な性的要求はより頻度が低くなります。医者の目によりますと、男性患者の場合には女性の場合よりも、一見したところこれまでの説明に反するような、敵対的ないし陰性の転移といった現象形態が、より頻繁になってきます。

まずはっきりさせておきたいのは、転移が治療の最初から患者の側に生じており、しばらくのあいだは、これが分析作業のもっとも強力な発条（ばね）となっていることです。転移が、患者と共同でなされる分析作業のために好都合な作用をしているかぎり、これに何ら痛痒を感じることもなく、これを気にとめる必要もありません。しかし、やがて転移が抵抗に変わりますと、私たちはこれに注意を向けないではおれなくなり、これが、次の二つの正反対の条件のいずれのもとに現れたとしても、治療に対する関係を一変させてしまうことを認めることになります。ひとつは、転移が、情愛の傾向をたいへん強くし、それが性的欲求に発するものであることをきわめて明瞭に漏らすようになって、自らに対する内的反抗を呼び覚まさずにはすまなくなる場合、もうひとつは、転移が、情愛的な蠢きからではなく敵対的な蠢きから成っている場合です。敵対的な感情は、通例、情愛的な感情よりもあとに、情愛的な感情の陰に隠れて出現します。この二つの感情が並存していることから分かりますのは、ここには、私たちの他人に対する親密な関係ほとんどすべてにおいて支配的な感情両価性(アンビヴァレンツ)〔第二六講、本書下巻、三一二―三一三頁〕が、はっきりと映り出ているということです。敵対的感情は、情愛的感情と同じくひとつの感情拘束なのでして、それはちょうど、反抗が、それとは正反対のしるしをもった服従と同様、依存ということを意味しているのと同じです。医者に対する敵対的感情が「転移」という名前を付されてしかるべきものであることは、疑う余地のないところです。治療の状況には、そもそも、そうした敵対的感情が発生するためのじゅうぶんな根拠が存在していないからです。このように陰性転移という捉え方がどうしても必要だということは、私たちが、陽性ないし情愛的な転移を判定するうえで誤っていなかったことを、はっきりと保証するものでもあるのです。

　転移が何に由来し、私たちにいかなる困難をもたらすものなのか、どのようにして克服され、そして結局は私たちにどのように利用されるのか、そうしたことは、分析の技法の授業で詳しく扱われるべきものですので、今日のところは、ほんのちょっと触れるにとどめさせていただきます。転移に発する患者の要求に応じることはもってのほかですが、他方、その要求をむげに拒絶したり、ましてや憤慨して拒絶したりすることも、また理にかなったやり方とはいえないでしょう。転移を克服するには、患者のその感情が、今現在の状況から発しているものではなく、医者当人に向けられたものでもなく、患者の身にかつてどこかで降りかかったことの反復だということを、患者に証明してやればいいのです。[9] 私たちはこうして、この反復を想起に変えるよう患者に強いるわけです。そうすれば、情愛的であれ敵対的であれ、いずれにしても治療のもっとも強大な脅威と見えていた転移は、治療のための最高の道具となり、その助けを借りて、心の生活のもっとも閉ざされた抽斗を開くことができるようになるのです。しかし、この転移という予期していなかった現象の出現に対して皆さんが感じておられる戸惑いを払拭するためにも、ここでいくらか付け加えさせていただきたいと思います。ぜひともお忘れにならないでいただきたいのは、私たちが分析にあたっております患者の病気は、完結し硬直したものではなく、生き物のように成長しつづけ、発展しつづけるものだということです。治療が開始されてもこの発展が打ち止めになることはありませんが、しかし、患者が治療に制圧されてしまった暁には、病気が新たに作り出すものはすべて、医者との関係という一点に向かって集中してくることになります。つまり、転移は、樹木でいえば木質部と樹皮のあいだの形成層にたとえられます。樹幹が新しい組織を作り、太くなっていくもとになる形成層です。転移がこうした意義をもつものに格上げされますと、そこではじめて、想い出にかかずらう患者の作業は、はるか後景に退くことになります。

そうなりますと、今相手にしているのが、もはや患者の以前の病気ではなく、それに代わって新たに作り出された、いや作り変えられた神経症だと言っても、あながちまちがいではなくなります。この古い疾患の新版は、私たちが治療のそもそもの初めから見守ってきたものです。私たちは、これが発生し成長するのをずっとこの目で見てまいりましたし、その中心にいるのは私たち自身、対象としての私たち自身なのですから、これにはとくに精通していると言えます。患者の症状はすべて、そのもともとの意義を放棄して、転移との関係にその本質をもつ新しい意味合いを帯びるようになってきます。言い換えますと、うまくこうした改変ができた症状だけが存続することになるということです。しかし、この新しい人為的神経症を制覇することは、治療の場に引き入れられた当の病気そのものを片づけること、つまり、私たちの治療課題を解決することに一致することになります。こうして医者との関係が正常にもどり、抑圧された欲動の蠢きの作用を免れた患者は、医者の手を離れたひとり立ちの生活においても、その状態をつづけてゆくことができるのです[10]。

転移がこうした並々ならぬ、治療にとってまさに核心的な意義をもっていますのは、〔転換〕ヒステリー、不安ヒステリー、強迫神経症の場合ですので、これらの病気は、「転移神経症」として一括りにされてしかるべきでしょう。分析作業を通じて転移の事実についてめいっぱい印象をこうむったならば、これらの神経症症状となって出現している抑え込まれた欲動の蠢きがいかなる種類のものかについて、もはや疑いをもてなくなるでしょうし、また、これらの蠢きがリビード的な性質のものであることのこれ以上明白な証明を求める必要も感じなくなるでしょう。こう言ってよろしいかと思いますが、症状はリビードの代替満足を意味しているという私たちのこれまでの確信は、転移を考慮に入れることによってはじめて、決定的に不動のものになったのです。

以上、私たちには、治癒過程に関するそれまでの力動論的見方を修正し、これを新たに得られた洞察と食い違いのないようにしなければならないじゅうぶんな理由があるわけです。患者は、分析のなかで明るみに出された抵抗〔本講、本書下巻、三三一頁〕との正常な葛藤を戦い抜かねばならないのですが、そのためには、快復をもたらすという意味で私たちの願いにそった決断を促してくれる強力な動因を必要としております。そうした動因がなければ、患者は、以前生じた結末をただ反復することを選びとり、意識にまで高められたものを再び抑圧のなかへと滑り込ませてしまうことになりかねないからです。この場合、この闘いで決定的なのは、患者の知的洞察ではなく――知的洞察にはこのような働きをするにじゅうぶんな強さもありませんし、また自由もありません――、ひとえに患者の医者に対する関係だけです。患者の転移は、陽性のしるしをもったものであるかぎり、医者に権威の衣装を着せ、その報告と見解を信じるといったかたちに転化します。この種の陽性転移がみられない場合、あるいは転移が陰性である場合は、患者は、医者ならびに医者の持ち出す論証に耳を傾けることさえないでしょう。つまり、信じるという行為はその発生史を反復しているということです。それは愛の蘖（ひこばえ）なのでして、もともとは論証などを必要とするものではありませんでした。あとになってはじめて、それは、論証に多くの譲歩を示し、自分の愛する人が論証を持ち出した場合には、それを吟味しつつ考慮するようになるわけです。このような支えをもたないような論証は、有効ではありませんでしたし、たいていの人にあっては、人生で何ひとつ価値をもたないものです。つまり、人間とは総じて、リビード的対象備給の能力があるというかぎりでしか、知的な面から接近することができないような存在だということです。ですから、私たちには、最上の分析技法を用いても、ナルシシズムの大きさいかんによって、人間に及ぼす作用に限界があることを認め、かつその限界を恐れなければならないじゅうぶんな理由があるのです。

リビード的対象備給をさまざまな人物にも向ける能力は、正常な人間にならだれにでもそなわっているはずのものです。今挙げました神経症者たちの転移の傾向は、この一般的特性が桁外れに高まったものにすぎません。となりますと、これほど広範かつ重要な人間の特徴が、これまで気づかれず利用されてもこなかったとすれば、それは大いに奇妙なことだと言わねばなりません。じじつ、これは気づかれ利用されてまいりました。ベルネームが慧眼をもって催眠現象の学説を打ち立てましたのは、すべての人間は何らかのかたちで暗示にかかりうるという「被暗示性」の命題にもとづいてのことでした。彼のいうこの被暗示性とは、いくぶん狭く考えすぎて陰性転移が入り込む余地がなくなってしまってはおりますものの、まさしく転移への傾向のことにほかなりません。しかしベルネームは、暗示とはそもそも何であるのか、どのようにして暗示が生じるのかという点について、何ら説明することはできませんでした。ベルネームにとって暗示とは、その由来については何ひとつ立証できない根源的事実でした。彼は、「被暗示性」が性欲、すなわちリビードの活動に依存していることを認識していなかったのです。となりますと、ここではたと気づくのですが、私たちが私たちの技法において催眠を放棄したのは、ひとえに、転移というかたちで暗示を再発見するためだったということになるわけです。

しかし、ここでちょっとお話を中断させていただいて、皆さんのほうに発言をお願いしたいと思います。皆さんの胸のうちに異議がどんどん膨れ上がってきて、それを言葉にするのが許されないとなれば、人の話に耳を傾けるという能力が皆さんから奪われてしまうのではないかと思えるからです。皆さんがおっしゃりたいのはこういうことでしょう。「つまり、先生はとうとう、催眠術師と同じように暗示の力を借りて作業をなさっていると、お認めになったということです。私たちも、ずっと前から、そんなことだろうと思ってはいました。でも、そうだとしましたら、いったい何のために、過去の想起だとか、無意識の暴露だとか、歪曲されたものの解釈ないし逆翻訳といった回り道をおとりになったのでしょうか。もし効果があるのが唯一暗示だけということでしたら、いったいなぜ何のために膨大な労力と時間とお金をかける必要があったのでしょうか。いったいなぜ先生は、他の人たち、誠実な催眠療法家たちがしているように、症状に対して直接的に暗示をかけないのでしょうか。もうひとつ、たとえ先生が、その回り道を進んでいる途上で、直接的な暗示の場合には隠れている数々の重要な心理学的発見をした、と弁解なさりたいのだとしましても、それらの発見の確かさを保証できる人など、どこにもいないのではないでしょうか。それらの発見もまた、暗示の結果、意図しない暗示の結果なのではないでしょうか。いったい先生は、この領域においても、ご自分がお望みになり、ご自分にとって正しいと思えることを、患者に押しつけることができないとでもおっしゃるのでしょうか」と。

皆さんの異議は、とても興味深いものですし、ぜひとも答えなければならないところです。ですが、今日のところは無理です、時間がありません。次の講義にいたしましょう。次回きっとお答えいたします。今日のところは、話し始めたことにけりをつけなければなりません。私がお約束しましたのは、ナルシス的神経症の場合にはなぜ私たちの治療努力が無に帰してしまうのかということを、転移という事実の助けを借りて、皆さんにご理解いただくことでした〔本講、本書下巻、三三二―三三四頁〕。

わずかな言葉で済みます。謎はいとも簡単に解けますし、すべてはじつにすっきりとつじつまが合います。観察から分かりますのは、ナルシス的神経症の患者たちには、転移の能力がない、ないしはその不十分な残滓しかないということです。彼らが医者に対して拒否的な態度をとるのは、敵意を向けているからではなく、関心がないだけのことです。ですから、彼らは医者から影響を受けることもないのです。医者が何を言おうと、彼らは、どこ吹く風といったままですし、そこから何ひとつ感銘を得ることもありません。ですから、他の患者の場合にはうまく働かせることができる治癒機制、すなわち病原としての葛藤の新版作成と抑圧抵抗の克服ということも、彼らの場合には打ち立てることができないわけです。彼らはいつまでも、もとのままです。彼らもすでにしばしば、自力で修復の試みをやってはきたのですが、その試みは病理的な結果を引き起こしただけでした〔第二六講、本書下巻、三〇二―三〇四頁〕。これは、私たちの手に負えるものではないのです。

前に私たちは、これらの患者たちについての臨床上の印象にもとづいて、彼らにあっては対象備給が断念され、対象リビードが自我リビードに転換されてしまったにちがいないと、主張いたしました〔第二六講、本書下巻、二九九－三〇〇頁〕。そして、そうした特徴をもとに、彼らを、第一のグループの神経症者たち（〔転換〕ヒステリー、不安ヒステリー、強迫神経症）から区別いたしました。治療を試みているときの彼らの振舞いは、じっさい、この推測を裏づけております。彼らは、まるで転移を示しませんし、そのため私たちがいくら努めようともまったく近寄ることができず、私たちの力では治癒不可能なのです。

第二八講　分析療法[1]

466

皆さん、本日のテーマが何になるかは、ご承知のとおりです。皆さんが前回お尋ねになったのは、こういうことでした——私たち自身が認めていますように、私たちの影響力は本質的に転移、すなわち暗示にもとづいているわけですから、それならなぜ私たちは、精神分析療法において、直接的な暗示を用いないのか、と。そして皆さんは、この問いに絡めて、暗示がかくも支配的になっているのであれば、私たちの心理学的発見の客観性の保証はどこにもなくなるのではないか、という疑義を提示されたわけです。これに対して詳しくお答えするというのが私のお約束でした。

直接的な暗示とは、症状の発現を抑えるための暗示のこと、言い換えれば、皆さんの〔施療者としての〕権威と、病気であろうとする〔患者の〕動機とのあいだの闘争のことです。この直接的暗示を施す際には、皆さんは、患者の動機のほうにかかずらうことはせず、患者にただ、ともかくその動機が症状となって現れ出るのを抑え込むことだけを要求するわけです。その場合、患者を催眠状態に置こうが置くまいが、原理的には何の違いもありません。ベルネームは、ここでもまたその並はずれた慧眼でもって、暗示こそが催眠術という現象の本質であって、催眠はそれ自体がすでに暗示の結果、つまり被暗示的状態であると主張し(2)、覚醒状態での暗示を好んで施しましたが、それはまぎれもなく催眠中に施された暗示と同じ力をもっているのです。

さて、この問題で皆さんがまずお聞きになりたいのは何でしょうか。経験談でしょうか、それとも理論的考察のほうでしょうか。

経験談のほうから始めましょう。私はかつてベルネームの門下でして、一八八九年にはナンシーの彼のもとを訪れていますし、暗示に関する彼の本をドイツ語に翻訳してもいます(3)。私自身、何年かのあいだじっさいに催眠治療を用いてもおります。最初は禁止の暗示と組み合わせて、のちには、患者に問い尋ねるというブロイアー式のやり方〔第一九講、本書下巻、九三頁参照〕と組み合わせてのことです。ですから私には、催眠療法ないし暗示療法のもたらす成果について、じゅうぶんな経験にのっとってお話しすることが許されていると思います。古くからの医者の言葉によりますと、理想的な療法とは、迅速で、患者に不快をもたらさず、かつ信頼がおけるというのが通り相場となっていますが、だとしますと、ベルネームの方法は、これらの要請のうち、たしかに二つは満たすものでした。それは、分析療法よりもはるかに迅速、お話にならないくらい迅速に施せましたし、患者に、労力も苦痛も与えるものではありませんでした。医者にとりましては、こんなことが四六時中続きますのは――単調きわまりないことでした。なにしろ、どんなケースでも同じ方法、同じ儀式めいたやり方でもって、じつに多種多様な症状が現れ出てくるのをともかく封じるだけで、それらの意味や意義については何ひとつ把握できなかったのです。それは、下働きの職人の仕事でして、科学的な活動とはとても言えたものではありませんでした。思い当たるのは、出したり消したりの奇術でした。むろん、そうしたことは、患者の得る利益のことを考えますと、問題とするには及ばないものでした。しかし、このやり方には、三つ目のことが欠けていました。このやり方は、信頼できるなどとは、お世辞でも言えないものでした。ある人には使用できましたけれども、別の人にはできませんでしたし、ある人にはいろいろ成功がありましたが、別の人にはほとんど成功しませんでした。そして、なぜそうなるのかは皆目分からなかったのです。しかし、この方法のこうした気まぐれさよりもいっそう始末におえないのは、成果が長続きしない点でした。あとで患者に聞いてみますと、しばらく経ってから、昔の疾患が再発しただとか、代わって新たな疾患が出はじめただとかいうことになったわけです。あらためて催眠をやりなおすことも可能でしたが、そうするには背後に、経験豊かな人たちからの警告が立ちはだかってもいました。すなわち、催眠を頻繁に繰り返すことによって患者の自立性を失わせてはならない、患者を麻薬に慣れさせるようにこの療法に慣れさせてはならない、といった警告です。たしかに、ときには思い通りの成功がもたらされることもありましたし、わずかな労力で十全かつ持続的な成果が得られることもありました(4)。しかし、その場合でも、そのように結果がうまくいったことの条件が何であったかは、分からずじまいでした。あるときこんなことがありました。私は、短い催眠治療を通してある重篤な状態をすっかり除去できたのですが、こちらとしては何もした覚えはないのに当の女性患者が私に対して恨みを抱くようになり、そのあとこの病状がもとのままぶり返してしまったのです。そして、患者との関係を修復したのち、あらためて、前よりもはるかに徹底的に病状を消失させたのですが、患者との関係が再度疎遠になると、またこの病状が戻ってきたのです。もうひとつ、こんなことも体験いたしました。私は、ある女性患者を、催眠を通してそれまで繰り返し神経質症の状態から救い出していたのですが、その患者が、不意に生じたすこぶる頑固な事態の治療中に、突然私の頸に抱きついてきたのです(5)。誰しもそうでしょうが、こんなことがあって私は、好むと好まざるとにかかわらず、自分の暗示がもっている権威の本性と出自について問題にしないではおれなくなってしまったのです。

経験の話は、これくらいにしておきましょう。これらの経験が示しておりますのは、私たちは、直接的な暗示というものを断念せざるをえなかったのですが、それとともに、かけがえのない肝心要（かなめ）のものまで放棄したわけではないということです。さて、このことにつなげて、少し考えてみることにしましょう。催眠療法を実施すれば、医者にも患者にもごくわずかな作業量が課されるだけでことは済みます。つまり、催眠療法は、今なお大多数の医者がよしとしている神経症に対する判断と、じつにみごとに合致しているということです。医者は神経質症の人によくこう言うものです。「どこも悪いところはありませんよ、ただの神経質です。これくらいの不調でしたら、ちょっと言葉をかけるだけで、二、三分で吹き飛ばしてさしあげますよ」と。適当な装置による外部からの助けなしに、じかに手だけを使う場合、大きな荷物をわずかな力で動かせるなどというのは、エネルギーの法則にもとる考え方です。事情はこれと似たようなものなのですので、そのかぎりで言わせていただきますと、神経症の場合もこんな手品のようなやり方で首尾よくいくわけがないということは、経験から分かるところでもあります。むろん私としましても、この議論にも難がないわけでないことは承知のうえです。いわゆる「誘発」(6)というものも存在しているからです。

精神分析で得られた認識の光のもとでは、催眠暗示と精神分析的暗示の違いはこう説明することができます。すなわち、催眠療法は、心の生活のなかのあるものを覆い隠し、漆喰で塗り固めようとするのに対して、分析療法は、そのあるものを露出させ、取り除こうとするのです[7]。前者は美顔術、後者は外科術のようなものです。前者は、暗示を利用して症状の出現を禁じ、抑圧を強化するわけですが、症状形成を引き起こしたそれ以外の出来事はすべてそのままにしておきます。分析療法は、症状発生のもとになった葛藤の根っこをどんどん掘り進み、暗示を利用してこの葛藤に与えられた〔かつての〕結末に変更を加えようとするものです。催眠療法は、患者に何もさせませんし、患者に何の変化も与えません。そのため患者はまた、罹患へのいかなる新しいきっかけに対しても、同じように無抵抗のまま捨ておかれることになります。分析治療は、医者と患者の双方に、内的抵抗を廃棄するために使われるやっかいな仕事を課します。これらの内的抵抗を克服することによって、患者の心の生活は、持続的に変化をこうむり、より高い発展段階へと高められて、新たな罹患の可能性から守られつづけるわけです[8]。この克服作業が分析治療の本質的な仕事なのでして、患者はこれをやり遂げねばならず、また医者は、**教育**という意味で作用する暗示の助けを借りて、患者にこの克服作業を可能にしてやるのです。精神分析治療が一種の**後教育**[9]であると言われてきたのは、その意味で的を射てもいるのです。

以上で、暗示を治療に利用するという私たちのやり方が、催眠療法においてのみ可能なやり方とどの点で異なっているのかを、ご説明できたかと思います。分析療法が自らの限界をきちんと計算しつくしているのに対して、催眠療法では気まぐれさが目立っていた点につきましても、暗示が結局は転移によるものであることを考えれば、皆さんも納得のいくところだと思います。催眠を用いますと、患者の転移能力——私たちはこの能力そのものには何ひとつ影響を行使することができません——の状態いかんに左右されることになるからです。催眠にかかる人の転移は陰性であるかもしれませんし、あるいは、ほとんどが例外なくそうなのですが、両価的(アンビヴァレント)であるかもしれません。当人が、特別の態度をとって転移が生じないように守っていたということもありえます。これにつきましては何も分からないのが実情なのです。精神分析においては、私たちは、転移そのものにもとづいて作業し、転移の邪魔をしているものを解消して、私たちが介入してゆくための道具を整えます。そうすれば、暗示の力をまったく別のかたちに利用することが可能になり、私たちはこれを意のままにできるわけです。患者が、ひとりで、気のむくままに暗示にかかるのではありません。そうではなくて、私たちが、患者に暗示の影響が届きうるかぎりにおいて、患者の暗示の先導をするのです。

さて、ここまでまいりますと、皆さんはこうおっしゃることでしょう。分析を推進させる力を転移と呼ぼうが暗示と呼ぼうが、いずれにしても、こうして患者に影響を与えることになれば、私たちが発見したことの客観性が疑わしくなりかねないではないか、と。治療にとってプラスになることが、研究にとっては害になるというわけです。これは、精神分析に対してもっとも頻繁に挙げられてきた異議でして、私たちとしましては、たしかに的を射てはいないものなのですが、愚論だとして切り捨ててしまうわけにもいきません。しかし、仮にこの異議が正当だとしますと、精神分析は、ほかでもない、とりわけうまく偽装され、とびきり実効のある暗示治療の一種ということになり、生に対する影響や心的力動論や無意識などについての精神分析の主張はすべて、重視しなくてもかまわないということになります。じじつ、精神分析の敵対者はそのように考えております。とりわけ、性的体験そのものではないにせよ、性的体験の意義にかかわる議論はいっさい、私たちが、私たち自身の下劣な空想(ファンタジー)のなかでそうした性的連想を膨れ上がらせたあげく、患者に「吹き込んだ」ものだとされるわけです。こうした非難を反駁するには、理論の助けを借りるよりも、経験を引き合いに出すほうがうまくいきます。精神分析を実地に行ったことがある人でしたら、患者にそのように暗示を吹き込むことが不可能であることは、いやというほど分かっております。患者を何かある理論の信奉者に仕立て上げ、まちがっているかもしれない医者の考えに与させることは、もちろんむずかしいことではありません。そうなりますと患者は、患者ならぬ門弟のような態度をとることになるわけですが、しかしそれは、彼の知性が感化を受けたということでして、彼の病気に影響がおよぼされたということではありません。首尾よく患者の葛藤が解決され、抵抗が克服されるのは、医者が彼に与えた予想が、彼のなかで現実と一致する場合にかぎられています。医者が推測したことのうち的を射ていなかったものは、分析が経過するなかでふるい落とされますし(10)、撤回されて、もっと正しいものに取り替えられねばなりません。慎重な技法を駆使して、暗示の一時的な成果が現れ出ないよう心がけられはしますが、そうした成果が出てきたとしましても、案ずるには及びません。と申しますのも、私たちは、最初の成果で満足ということにはしないからです。事例のもつ不分明な点が解明されず、想起の隙間(すきま)が埋められず、抑圧の発生した機会が特定されていないならば、分析は終わったとはみなされません。早く現れすぎる成果は、分析作業を促進させるものではなく、むしろそれを妨げるものとみなされ、その成果をもたらしている転移が繰り返し解消(11)されることによって、再び取り壊されるのです。つまり、この特徴こそが、分析治療を暗示だけによる治療と分かち、分析による結果を、暗示によるる成果なのではないかという疑いから解き放つものだということです。他の暗示治療の場合ですと、いずれも、転移が後生大事にされ、手つかずのままにされますが、分析治療の場合は、転移自体が治療の的なのでして、転移のどんなかたちの現れも解体させられるわけです。分析治療が終わるときには、転移自体は取り払われていなければならず、ですから、終わりに臨んで成果が出てくる、ないし成果がつづいているとするなら、その場合、その成果は暗示によるものではなく、暗示の力を借りてなされた内的抵抗克服の仕事のおかげ、患者のなかで達成された変化の賜物なのです。

私たちは治療のあいだ、いつ陰性の(敵対的な)転移に変わるかもしれない抵抗と絶えず戦っていなければならないのですが、このことからしましても、個々の暗示がすんなりと行われていないのは明らかなところです。それにまた、さもなければ暗示の産物と思われかねない数多くの個々の分析結果が、異論の余地のない他の方面から確証されているのですが、その事実も引き合いに出させていただきましょう。ここで証人となってくれますのは、言うまでもなく暗示による影響をまったく受けつけない早発性痴呆患者やパラノイア患者です。これらの患者たちは、自分たちの意識にのぼってきた象徴翻訳や空想（ファンタジー）を私たちに語ってくれるのですが、それらのいくつかは、転移神経症者たちの無意識をもとに私たちが探究した結果とぴたり一致しており、しばしば疑われてきた私たちの解釈の客観的正しさを裏づけてくれているのです。これらの点につきましては、どうぞ分析のほうを信じていただければ、道を誤ることはないだろうと私は思っております。

つづいて、治癒の機制についてこれまで述べましたことを、リビード理論の言葉に言い換えることで、補いをつけておきましょう。神経症者は、楽しむ能力もありませんし、仕事をする能力もありません。楽しむ能力がないのは、そのリビードが現実の対象に向けられていないからですし、仕事の能力がないのは、リビードを抑圧しつづけその猛威から身を守るために、その他のエネルギーを大量に消費しなければならないからです。神経症者は、自我とリビードのあいだの葛藤が終わり、自我が再びリビードを意のままにする力をもつようにならなければ、健康を取り戻すことができません。ですから、治療の課題は、リビードを、自我の手が届かない目下の拘束から解き放ち、再び自我に奉仕できるようにしてやるところにあることになります。では、神経症者のリビードは、どこに押し込められているのでしょうか。答えは簡単です。リビードは症状に拘束されています。症状がリビードに、目下唯一可能な代替満足を与えているのです。ですから私たちは、症状を制御し解消しなければならないわけです。これこそ、ほかでもない、私たちが患者から求められていることなのです。症状を解き放つために必要なのは、症状発生の時点にまで立ち戻り、症状を発生させた葛藤を新たにし、かつては意のままにできなかった駆動力を助けとして、この葛藤を別の結末へと導いてゆくことです。抑圧過程のこうした修正は、抑圧を引き起こした出来事の想い出‐痕跡にもとづいてなされねばならないのですが、それは部分的にしかすぎません。作業の決定的な部分は、医者との関係、すなわち「転移」のなかに、あのかつての葛藤の新版〔第二七講、本書下巻、三四四頁〕を作り出すことによってなされます。この新版のなかで、患者は、かつて振舞ったのと同じように振舞いたいとは思いつつ、自由になる心の力を総動員して、かつてとはちがった決定をするよう強いられるわけです。つまり、転移は、格闘し合うすべての力が集結させられる戦場になるということです。

すべてのリビード、ならびにリビードに対するすべての対抗の動きが、医者に対する関係一点に集中させられるわけですから、そうなりますと必然的に、症状からはリビードが撤去されることになります。患者自身の病気に代わって、転移という人工的に作り出された病気、すなわち転移病が出現し、多種多様な非現実的リビード対象に代わって、同じく空想的（ファンタジー）ではありますがただひとつの対象として、医者という人物が現れ出ることになります。しかし、この医者という対象をめぐる新しい闘いは、医者の暗示に助けられて、このうえない心的段階へと高められ、心のなかで正常な葛藤として進行してゆきます。ここで新たに抑圧が生じないようにすることによって、自我とリビードとの離反に終止符が打たれ、患者の心における統一が回復されます。リビードはこうして、医者という一時的な対象から再び引きはがされることになりますが、そうなりますと、もう以前の対象に戻ってゆくことができず、自我の意のままに使われることになるのです。ですから、この治療作業のあいだに闘われてきた相手というのは、ひとつは、リビードのある方向を嫌悪する自我の傾向、すなわち抑圧への傾向として現れていた自我の傾向、もうひとつは、かつて所有した対象を手放そうとしないリビードの耐久性ないし粘着性〔第二二講、本書下巻、一七七頁〕ということになるわけです。

以上のように治療作業は二段構えとなります。つまり、第一段階で、リビードがすべて症状から追い出されて転移へと結集させられ、つづく第二段階では、転移のなかで新しく設定された対象をめぐる戦いが行われて、リビードがこの対象から解放されるということです。ここで芳しい結果がもたらされるために生じる決定的な変化は、この新版の葛藤において抑圧が起こらないようにされること、リビードが無意識へと逃亡して、再び自我の手の届かないところに行ってしまわないようにされることです。この変化が可能になりますのは、医者による暗示の影響のもとに生じる自我変容(12)を通してのことです。自我は、無意識を意識に転換させる解釈作業を通して、この無意識が力を失うことによって拡大され、教えられることを通してリビードと宥和させられて、リビードにいくらかの満足を与えるのを是認するようになるわけです。加えて、リビードの要求に対する自我の怖れも、リビード量の一部を昇華によって処理できる可能性のために、小さくなるのです。治療の進捗具合がここで記述した理想のかたちに近づけば近づくほど、精神分析療法の成果はそれだけいっそう大きくなってきます。この成果に制限をかけるのは、対象からどうしても離れたがらないリビードの可動性の乏しさと、対象への転移を一定以上に増大させないナルシシズムの硬直性です。私たちは、転移を通してリビードの一部を私たちのほうへと引き寄せることによって、自我の支配から逃れ出たすべてのリビードを捕捉することができるのでして、だとするとこれは、治癒過程の力動論にさらなる光を投げかけるものだと言えるのかもしれません。

ちなみに、治療中および治療を通して作り出されるリビード配分から、患者の病気中のリビード格納状態を直接的なかたちで推論してはならないという戒めもまた、当を得ていないわけではありません。いま仮に、医者に対する強い父親転移を作り出し、これを解体することによって首尾よく事態に片を付けるのに成功したとしましょう。その場合でも、この患者が以前に父親への無意識的なリビード拘束をもっていたと推論するのはまちがっているでしょう。父親転移はあくまで、私たちがリビードを制圧するための場としての戦場にすぎず、患者のリビードは、他のさまざまな部署からそこへと誘導されてきたものだからです。この戦場は必ずしも、敵側の重要な砦のひとつにあたっているとはかぎりません。敵の首都の防衛は、必ずしも首都の市門のすぐ前で行われる必要はありません。病気中に存続していたリビード配分は、転移が再び解体されたあとになってはじめて、思考のうちに再構築されうるものなのです。

リビード理論の観点からしますと、夢について決定的なことを述べることもできます。神経症者たちの夢は、彼らの失錯行為や自由な連想と同じように、症状の意味を推し当て、リビードの格納状態を明らかにするのに役立ちます。彼らの夢は、いかなる欲望の蠢きが抑圧の手に落ちたのか、自我の手の届かなくなったリビードがいかなる対象に付着したのかを、欲望成就というかたちで教えてくれます。ですから、それらの夢の解釈は、精神分析治療において大きな役割を果たしますし、症例によっては、長期にわたってもっとも重要な作業手段となる場合もあります。言うまでもありませんが、睡眠状態はそれ自体が、抑圧のある程度の減少をもたらすものです。抑圧された欲動の蠢きにかけられた圧力がこうして緩和することによって、夢のなかでは、この蠢きが、昼間に症状から見てとれるよりもはるかにはっきりと姿をあらわにするのです。ですから夢の研究は、自我の手が届かなくなったリビードが属している抑圧された無意識を知るためには、もっとも好都合な通路となるわけです。

しかし、神経症者たちの夢は、本質的な点では、正常な人たちの夢と異なってはいません。それどころか、両者はそもそも区別できないと言ったほうがいいかもしれません。正常な人の夢にも通用しないようなやり方で神経質症の人たちの夢を説明することは、ナンセンスでしょう。つまり、神経症と健常の区別は、昼間にだけ通用するにすぎず、夢の生活にまでは及んでいかないと言わねばならないということです。私たちがしなければならないのは、神経症者において夢と症状の関連から結果的に導きだされる数々の仮定を、健常な人たちにも転用してみることです。健常な人の心の生活にも、夢形成ならびに症状形成を引き起こすに不可欠の要因があることは否定できないところですので、私たちとしましてもこう推論しないわけにはいきません。すなわち、健常な人もこれまで抑圧を行使してきており、今その抑圧を維持するためにある程度のエネルギー消費を行っているということ、健常な人の無意識の系には、抑圧されはしているものの、まだエネルギーが備給されたままの欲動の蠢きが潜んでいるということ、そしてもうひとつ、健常な人のリビードの一部も自我の意のままになってはいないということです。したがって、健常な人も潜在的には神経症者なのですが、彼が形成できる唯一の症状は夢だけに限られているようなのです。ただし、健常な人の覚醒生活をもっと鋭い目で吟味してみますと――症状は夢だけだという外観には反して――そのいわゆる健常な生活にも、取るにたらず、実生活面でもさして重要ではないとしても、無数の症状形成がちらばっているのが、はっきり見えてくるのです。

ですから、神経質でありながらも健常な状態と神経症の違いは、〔理論的ならぬ〕実際的な面にのみ限られており、当人に楽しむ能力と仕事をする能力がじゅうぶん残っているかどうかの結果によって決まるわけです。その違いはおそらく、自由なままのエネルギー量と抑圧を通して拘束されたエネルギー量の相対的な比率いかんに帰着するのでして、したがって質の問題ではなくて、量の問題だということです。言わずもがなのことですが、この洞察こそ、神経症が体質にもとづくものであるにもかかわらず原理的に治癒可能であるという確信を、理論的に根拠づけるものなのです。

健常とは何かという特徴をつかむために、健常な人の夢と神経症者の夢が同じであるという事実から、以上のように推論することは許されるでしょう。しかし、夢そのものに対しましては、さらにこう推定することができます。つまり、夢は、神経症症状との関係から切り離してはならないということ、夢の本質は、もろもろの思考を太古の表現形式へと翻訳する公式〔第一三講、本書上巻、三五〇頁以下〕だけに尽きる、などと早合点してはならないということ、そして、夢は、現に存在しているリビード格納状態と対象備給のありようを教えてくれる、と考えなければならないということです(13)。

話はもうすぐおしまいになります。もしかしたら皆さんは、精神分析療法と銘打たれているこの章で理論的な話ばかりがなされ、治療がなされるときの条件や治療が達成する成果などについては何ひとつ話されなかったことで、失望なさっておられるかもしれません。私としましては、これらの話は二つともするつもりはありません。前者の治療の実施条件につきましては、皆さんに精神分析実施のための実際的な手ほどきをしてさしあげるつもりはないからですし、後者の治療成果につきましては、諸般の事情からこの話は差し控えざるをえないからです。このたびの一連のお話の入り口あたり[14]で強調しておきましたように、私たちはうまくいけば、内科療法の分野でのどんなにすばらしい治癒成果にもひけをとらないほどの治癒成果をあげることができます。さらに言わせていただきますと、これに匹敵するほどの治癒成果は、他のいかなる方法を用いてもきっとあげることはできなかったと思えるほどです。これ以上はやめておきましょう。精神分析をけなす声がいよいよ高くなってきたのを打ち消そうと、自己宣伝にやっきになっているといった疑いをかけられかねないからです。じっさい、精神分析家に対しましては、これまで繰り返し、公式の会議の席でも、また「同僚」としての医者からも、分析が失敗に終わった例や有害な作用をもたらした例を収集してみれば、世の病人たちもこの治療法が無価値であることに目が開かれるはずだ、などといった脅しめいた言葉が発せられてまいりました。しかし、そうしたものを収集したところで、それは、悪意に満ちた密告的なやり口であることは措くとしましても、分析の治療効果についての正しい判断を可能にするにふさわしいやり方などとは、どう転んでも言えるものではありません。皆さんもご存じのとおり、分析治療はまだできて日が浅いものですが、その技法は、たっぷりと時間をかけて確立されたものでして、しかも、分析作業中にだんだんと経験を積むことによってのみ練り上げられたものでもあります。ですので伝授するにもむずかしいところがあり、精神分析をはじめたばかりの医者にはどうしても、他の専門医よりもはるかに大きな度合いで、自分で自分を育て上げてゆく能力が必要となります。ですから、そうした初心者の最初の何年かの成果をみて、分析療法の能力を判定することはとうていできない相談なのです。

分析の草創期には、たくさんの治療の試みが失敗に終わりましたが、それは、そもそもこの方法に適していない症例、今日では事前の適用検査を通して除外されている症例に対して治療の試みがなされていたからです。むろんこの今日の適用指針も、まずは試してみることによって得られたものにすぎません。もとより、当時は、はっきりしたかたちをとったパラノイアや早発性痴呆が私たちの手に負えないものであることが分かっておりませんでしたので、あらゆる疾患にこの方法を試してみることは、それなりに正しいことでもあったわけです。しかし、あの最初の何年間かの失敗は、ほとんどの場合、医者の責任でも、不適切な対象選択〔患者の取捨選択〕のせいでもなく、外的な条件の悪さによるものでした。これまで私たちは、内的な抵抗、すなわち必然的にして克服可能な患者の内的な抵抗のみを相手にしてまいりました。しかし、外的な抵抗、すなわち患者をとりまく諸事情や、患者の生活環境によって分析へともちこまれる外的な抵抗は、理論的な関心をさほど引くものではないとしましても、実際的にはきわめて重要な働きをしているのです。精神分析治療は、外科手術にも比されるものでして、外科手術と同じく、成功のためのこのうえない準備を前もって整えたうえでとりかからなければなりません。ご存じのように、外科医は手術の前に、しかるべき手術室、すぐれた照明、助手、患者の身内の排除など、あらゆる準備対策をいたします。ためしにご想像いただきたいと思いますが、もしも、患者の家族全員が手術に立ち会って、手術の現場に余計な口を出し、メスを入れるたびに金切り声をあげるといった状況では、成功などとてもおぼつかないのはあたりまえです。精神分析治療においては、身内の人の干渉が入るのがいちばんの危険、しかも対処するすべのない危険です。患者の内的な抵抗は必然的なものですので、これに対しては対策を講じることができますが、こうした外的な抵抗はどうやって防げばいいのでしょうか。患者の身内というのは、説明してどうにかなるような相手ではなく、治療の問題にいっさい首を突っ込まないよう説得することなどおよそ不可能です。むろん、身内の人とぐるになってことにあたるのは断じてゆるされません。そんなことをすれば患者の信頼を失うことになりかねません。患者は——これはともかく正当だと言ってよろしいでしょうが——自分が信頼している人が自分の味方もしてくれることを要求しているからです。家族の中には往々にして亀裂が走っているものでして、そのことをわきまえている分析家なら、ときに患者の近親者たちが、患者が健康になることよりも、今のままでいてくれることのほうを望んでいると気づいたとしても、別段驚きはしません。神経症が家族どうしのあいだの葛藤とかかわっていることはよくあることですが、その場合、病気になっていない家族の人は、自分の利益を選ぶか、患者の快復のためを選ぶかとなれば、さほどためらったりしないものです。たとえば、夫が妻の治療に対していい顔をしない場合があっても、まったく不思議ではありません。これまで自分のなした罪業の数々が治療において暴き出される、といったことが当然予想されるような場合にはそうなります。ですから、夫の抵抗が病気の妻の抵抗に付け加わったために、私たちの努力が成果をみないまま打ち切りになったとしましても、驚くにはあたらないのですが、しかし、私たちとしましては、これを私たち自身のせいにするわけにはいかないのです。私たちがやろうとしましたのは、ほかでもありません、そのときの周囲の状況では実行不可能なことだったのです。

数多くのケースに代えて一つだけお話しさせていただきます。医者としての配慮をしたために、私自身がつらい役回りを負わせられることになったケースです。ある娘さんの分析治療を引き受けたこと――もう何年も前になりますが――があったのですが、その娘さんは、すでにかなり前から、不安のために通りに出ることも家にひとりでいることもできなくなっていました。患者がだんだんと口に出したところによりますと、彼女の空想（ファンタジー）は、母親と、ある裕福な情夫とのねんごろな交わりの場面をたまたま見てしまったことから始まったとのことでした。しかし彼女は、まずいことに――いや、うまいことにと言ったほうがいいかもしれませんが――分析の時間に話したことを母親にそれとなく気づかせたのです。母親に対するそれまでの態度を変え、ひとりでいるときの不安から守ってくれるのは母親だけだと言い張って、母親が外出しようとすると、不安に満ちて戸口の前に立ちはだかり、外出をはばむそぶりを見せたわけです。母親のほうも以前、自身ひどい神経質症に苦しんでいたのですが、何年か前に、ある水浴治療の施設で治癒したようです。いや、むしろこう言ったほうがいいのでしょうが、彼女はその施設で、例の男性と知り合い、彼とあらゆる面で満足した関係に入ることができたということです。娘さんの猛烈な要求に面食らった母親は、即座に、娘の不安が何を意味しているかを悟りました。娘さんはわざと病気になって、母親を縛りつけ、愛する男性との付き合いに必要な行動の自由を母親から奪おうとしたわけです。母親は、急遽決断して、娘さんのこの有害な治療を止めさせました。娘さんは、神経病の施設に入れられ、何年ものあいだ、「精神分析のあわれな犠牲者」として見せものにされたのです。その間ずっと、分析治療の結果が悪かったのだとひどい悪口が私につきまとって離れることがありませんでした。私は、医者には守秘義務があるとの縛りから、沈黙を守りつづけました。それからずいぶんあとになって、私は、例の施設を訪れて当の広場恐怖症の娘さんに面会したある同僚から、あの母親と裕福な情夫との関係は、町中に知れわたっており、彼女の夫である娘の父親も、おそらくこれを黙認しているのだろう、と聞かされました。つまり、この「秘密」のために私の治療が犠牲にされたというわけです。

大戦前の何年間かは、さまざまの国から大勢の患者の訪れがあって、私は、私の住むウィーンの町で評判がよかろうが悪かろうが、そんなことにおかまいなしにおれましたので、《自分のスープを食べている》のではない患者、つまり、基本的な生活面で他人から独立できているのではないような患者の治療は引き受けないという規則を曲げる必要はありませんでした。しかし、こんなことはすべての精神分析家に許されているわけではありません。もしかしたら皆さんは、身内に注意という私の警告から、精神分析の目的を全うするためには患者をその家族から引き離すべきである、つまりこの療法は神経病の施設に隔離されている者にかぎってほどこすべきである、と結論なさるかもしれません。しかしながら、この点では、私はみなさんと意見を同じくすることができません。患者にとっては——よほどひどい疲弊状態にあるのではないかぎり——治療期間中は、自分に課された課題と格闘しなければならない状況のうちにとどまっているほうが、はるかにためになるからです。私としましては、ただ、身内の者が、おかしな振舞いをすることによってこの利点を帳消しにしないようにしてくれさえすればよい、医者の側からの努力にけっして敵意をもって反対しないようにしてくれさえすればよいのです。しかし、いったいどのようにすれば、私たちの手出しできないこれらの要因をそうしたところにまでもっていけるというのでしょうか。ご推察のとおり、治療の見込みがどれほどであるかは、家族という社会的環境ならびに文化的状態に規定されているのです。

私たちの失敗の圧倒的多数が、このように、妨害として働く外的な契機によるものだとして釈明できるわけですが、そうだとしましてもやはり、これが精神分析の療法としての有効性に暗い見通しを投げかけるという点は、動かせないところでしょう。ですから、精神分析の側に立つ人たちは、こちらも成功例の統計をとって、失敗例を集めるやり方に対抗したらどうか、といった助言をしてもくれました。私はこれにも同意いたしませんでした。私が主張しましたのは、統計というものは、収集されたその一つ一つの単位にあまりにも同質性が乏しい場合には、価値がないということでした。じじつ、私たちが治療を引き受けた神経症の症例は、じつにさまざまで、けっして等価とは言えないものだったわけです。加えて、治癒の持続性ということについて判断するには、私たちが見通すことのできた期間はあまりにも短すぎましたし、この点についてそもそも報告できないような症例も多々あったのです。報告できない症例と申しますのは、自分の病気と治療を秘密にして隠していた人たち、そして快復したことも同様に秘しておかねばならなかった人たちの場合でした。しかし、何よりも強く私に二の足を踏ませましたのは、人間というものは、こと療法ということになりますと、きわめて非合理な反応をし、この点で人間を理に適った方法によって少しでも正しい方向に向けることなどとうていできないという認識でした。療法の革新は、たとえばコッホが結核撲滅のためにツベルクリンをはじめて公表したときのように、陶酔のごとき熱狂でもって迎えられるか、あるいは、本当は恩恵をもたらすことになったジェンナーの種痘法——今日でもこれに頑強に反対する人がいます——のように、とてつもない不信をもって扱われるかのどちらかなのです。精神分析に対しては、どうやら、これに反対する先入観が存在していたようです。重篤な症例を治癒にまでこぎつけた場合でも、そんなことくらいで何の証明にもならない、時の経つうちに自然治癒したのかもしれない、などと言われかねない状態でした。鬱屈状態と躁状態のサイクルをすでに四度も繰り返していたある女性患者が、メランコリー状態のあとの休止期に私の治療を受け、そして三週間後に再び躁状態を現しはじめたことがありましたが、このとき、彼女の家族全員、ならびに助言を求めて担ぎ出された医者のお偉方までが、この新たな発作は、彼女に施された分析の結果にすぎないかもしれない、と信じて疑わなかったほどなのです。先入観に対してはなすすべがありません。それは、現在でも、戦争をしている民族の一方の集団が他方の集団に対して作り上げてきた先入観をごらんになれば、明らかなところでしょう。もっとも理性的なやり方は、待つこと、先入観を時間に委ねることです。時間が先入観を擦り切れさせてくれます。ある日、同じ人間が同じことがらについて、それまでとはまるで違った考え方をするようになります。なぜもっと早くそうした考えにならなかったのかは、謎のままなのです。

　もしかしたら、分析治療に敵対的な先入観は、現在ではすでに小さくなりつつあるのかもしれません。分析の学説がどんどん知れわたり、分析治療を行う医者が多くの国々で増加しているという事実からしましても、このことはまちがいないように思えます。まだ若い医者だったころ、私は、催眠による暗示治療に対する医者たちの憤激の嵐のただなかに立たされたことがありましたが、今日でも、精神分析は、この催眠治療を施しているということで、いわゆる「中立の人たち」から抗議を受けております[18]。しかし、催眠法のほうは、治療主体として、本来の約束を果たせずじまいになったのに対しまして、私たち精神分析家のほうこそ、催眠法のまさに正嫡と申していいかと思います。忘れもいたしません、私たち精神分析家は、催眠法から多くの刺激と理論的解明をいただいているのです。精神分析がもたらすと言いふらされている患者に対する障害は、本質的には、分析がうまくいかなかったり、治療半ばで中断されたりしたときに、葛藤が強くなるという一時的な現象にかぎられています。皆さんは、私たちが患者にどのような処置をするかについて説明をお聞きになったわけですから、私たちの努力が持続的な障害を引き起こす類いのものであるかどうかについては、ご自分で判断することがおできになると思います。精神分析の誤った使用は、さまざまな方面で起こりえます。わけても転移は、良心的でない医者の手にかかりますと、危険な手段となります。しかし、誤用ということになりますと、いかなる医学的な手段や方法といえども、これから守られているものなど存在しません。じっさい、メスは、切れなければ、治療の役に立たないのです。

皆さん、以上でもって私の講義はおしまいです。これまでやらせていただきましたお話は欠点だらけで、私自身遺憾にたえない気持ちがしているのですが、この言葉には、ありきたりの決まり文句としての告白以上のものをこめております。とりわけ遺憾に思っておりますのは、ちょっと触れただけのテーマにつきましては、別のところでもう一度立ち戻ると何度もお約束しましたのに、話のつながり上、約束を果たすことが許されなかったことです。私がやろうといたしましたのは、いまだ完成していない発展途上のものについて、皆さんにご報告申し上げることでしたが、切り詰めた要約をせねばならず、そのため、話自体が不完全なものになってしまいました。いくつかの個所では、素材をお示しして何らかの結論までもってゆこうとしたのですが、その結論自体が出せずじまいになってしまいました。ですが、私としましても、皆さんを専門家にしてさしあげようなどという大それた望みなど、もとよりもてるはずもありませんでした。私はただ、皆さんにいくらかの啓蒙と示唆をもたらしたいと思っただけなのです。

訳注

注本文に［SE］マークのあるものについて、マーク以下の個所はSE（英語版全集、巻頭凡例参照）の注を翻訳引用したものである。翻訳引用部分中の〔　〕で括った部分は訳者による補足を示す。［SE］マークのない注は訳者による注である。また注本文に、とくにことわりなく「全集」とある場合は、岩波書店刊行の日本語版『フロイト全集』（全二十二巻・別巻一、二〇〇六―二〇一〇年）を指す。なお『日常生活の精神病理』の参照個所については、岩波文庫版（高田珠樹訳、二〇二二年刊）の頁番号等もあわせて示した。

第三部　神経症総論

第一六講　精神分析と精神医学

（1）［SE］フロイトは当時六十歳くらいであった。

（2）古代ギリシアの哲学者、ヘラクレイトス（紀元前五四〇年頃―四八〇年頃）の言葉。続く一文でフロイトはヘラクレイトスをソフィストの一人であるかのように記しているが、ヘラクレイトスは通例ソフィストとはみなされない。

（3）〔SE〕この論争で問題となったのは、フロイトが〔その「ヒステリー諸現象の心的機制について」（全集第一巻）で〕述べていた初期の不安理論である。「「不安神経症」に対する批判について」〔全集第三巻〕は全面的にレーヴェンフェルトの批判を取り扱っている。レーヴェンフェルト自身はフロイトの見解の信奉者となることはなかったが、最終的にはかなり好意的になった。レーオポルト・レーヴェンフェルト（一八四七―一九二四年）はミュンヒェンの精神科医。一八九五年一月に発表されたフロイトの「ある特定の症状複合を「不安神経症」として神経衰弱から分離することの妥当性について」〔全集第一巻〕を批判した。〔全集第一巻、第三巻の当該論文「解題」を参照。〕

（4）〔SE〕この一節にはまだ大して過去のものとなっていない、アードラー及びユングとのフロイトの諍いが含意されている。この諍いについては特に、「精神分析運動の歴史のために」〔全集第十三巻〕に記されている。

（5）〔SE〕この講義起草時点までのフロイトの見解の変更でおそらく最も重要なものは、神経症が純粋に外傷によって惹き起こされるという点に関するものである。この考えは放棄され、生まれつきの欲動の力と空想（ファンタジー）の役割の大きさが強調されることになる。この点については「神経症病因論における性の役割についての私見」〔全集第六巻、四一六―四二三頁〕を参照。それ以外にもさらに、不安の本質（『制止、症状、不安』〔全集第十九巻、八四頁以下〕参照）や女性の性的発達に関する見解など、理論の決定的変更が続くだろう。しかしなにより、フロイトは後には欲動理論の改訂にとりかかり(『快原理の彼岸』〔全集第十七巻〕)、心の新たな構造モデルを導入する(『自我とエス』〔全集第十八巻〕)。こうした新たな知見はすべて十五年後の『続・精神分析入門講義』〔全集第二十一巻〕で叙述される。

(6)〔SE〕オーストリアの、日用雑貨チェーン店。戦時中買い物客の長蛇の列が並んだ。

(7)「症状行為」の原語はSymptomhandlung. GWではSymptombehandlung(「症状の治療」)となっているが、SAは明白な誤植として訂正している。本邦訳もこの訂正に従う。

(8)〔SE〕『トーテムとタブー』第I論文〔全集第十二巻、二〇頁以下〕を参照。

(9)〔SE〕精神治療の方法としての精神分析については、最終第二八講〔本書下巻、三五一頁以下〕で論及される。

第一七講　症状の意味

(1) 症例「アンナ・O」(本名ベルタ・パッペンハイム)のこと。『ヒステリー研究』〔全集第一巻、二四頁以下〕に所収。

(2)〔SE〕フランソワ・リュレ(一七九七―一八五一年)『狂気の心理学断片』パリ、一八三四年、一三一頁。

(3)〔SE〕たとえばジャネ「無意識的行為と記憶」(『哲学雑誌』第十三巻、一八八八年、二三八頁)。

(4)「ものの言いよう」の原語はフランス語でune façon de parler.〔SE〕ジャネ「精神―分析――

ピエール・ジャネ博士による報告」（『国際医学会議』第十七巻、一九一三年、第十二纂（精神医学）第一号、一三頁）。

（5）〔SE〕この症例のより簡便な、ただし細部に若干の追加がある叙述は、「強迫行為と宗教儀礼」〔全集第九巻、二〇五—二〇七頁〕にみられる。

（6）〔SE〕強迫神経症者が時計類に対して感じる嫌悪感のもう一つの理由が「強迫神経症の一例についての見解〔鼠男〕」〔全集第十巻、二五七頁〕で言及されている。

（7）〔SE〕類似の繋がりについてフロイトは「精神分析理論にそぐわないパラノイアの一例の報告」〔全集第十四巻、三〇五頁〕で言及している。

（8）〔SE〕『トーテムとタブー』第Ⅰ論文における「集団結婚」に関する指摘〔全集第十二巻、一四頁〕、ならびに「処女性のタブー」〔全集第十六巻、七二頁以下〕および同所に付された原注〔同巻、七七頁、原注(10)〕での議論を参照。

（9）〔SE〕「ある象徴と症状の関係」〔全集第十六巻〕を参照。そこには当該症例への短い言及がある。

（10）〔SE〕ほとんど同じだけ丹念な就寝儀礼がはるか以前に「防衛—神経精神症再論」の原注〔全集第三巻、二〇五頁、原注(5)〕で報告されている。

（11）症例「アンナ・O」（本講の訳注(1)参照）を指す。

（12）〔SE〕C・G・ユング『早発性痴呆の心理学』ハレ、一九〇七年。

（13）「ある幼児期神経症の病歴より〔狼男〕」（全集第十四巻、九頁）を参照。

（14）〔SE〕『夢解釈』第五章、D節「類型夢」〔全集第四巻、三一二頁以下〕を参照。

第一八講　トラウマへの固着、無意識

(1)〔SE〕この症状は「強迫行為と宗教儀礼」〔全集第九巻、二〇五頁〕でより詳しく記述され説明されている。

(2)〔SE〕アンナ・Oは生涯未婚であった。アーネスト・ジョーンズ『フロイト　生涯と作品』第一巻、一九五三年、二四七―二四八頁〔英国版。米国版では二二五頁〕。〔アンナ・Oに関する邦語文献として、田村雲供『フロイトのアンナO嬢とナチズム　フェミニスト・パッペンハイムの軌跡』ミネルヴァ書房、二〇〇四年がある。〕

(3)「いずれの人」をフロイトは男性名詞で記している。つまり、上述の二人の女性の症例に限らず、一般に症例すべてに該当するという趣旨の書き方となっている。

(4)〔SE〕外傷性神経症については、さらに〔第二四講、本書下巻、二三二―二三三頁〕で言及される。後にフロイトは戦争神経症にさらにいっそうの光を当てることができた。「『戦争神経症の精神分析にむけて』への緒言」〔全集第十六巻〕を参照。

(5)〔SE〕この特殊な点は数年後フロイトが初めて「反復強迫」を論じる際に一定の役割を果たす。『快原理の彼岸』〔全集第十七巻、六一―六二頁、七四―七五頁〕。

(6)〔SE〕このことはすでに『ヒステリー研究』の「ヒステリー諸現象の心的機制について――暫定報告」四節〔全集第一巻、一八頁以下〕で認識されていた。

(7)〔SE〕フロイトは後に〔第二二講、本書下巻、一八九頁で〕この点にもう一度立ち戻る。

（8）〔SE〕たとえば、『ヒステリー研究』中の「ヒステリー諸現象の心的機制について――暫定報告」二節〔全集第二巻、一二頁以下〕、特に最後の二段落〔同巻、一五―一六頁〕を参照。〔SAは、これらの観察と理論の概略は、講演「ヒステリー諸現象の心的機制について」（全集第一巻）に見られる、とする。〕

（9）〔SE〕このテーマは第二二講〔本書下巻、一六四頁以下〕で再び取り上げられる。

（10）〔SE〕この点についてはメタサイコロジー論文「喪とメランコリー」〔全集第十四巻〕を参照。「喪とメランコリー」は本講義後に出版されたが、執筆されたのはその二年前である。第二六講〔本書下巻、三一二―三一三頁〕でもう一度簡単にメランコリーに触れられる。

（11）〔SE〕フロイトは、自分も居合わせたこのエピソードについて、その最後の未公刊論文「精神分析初歩教程」〔全集第二十二巻、二五九頁以下〕でより詳しく報告している。

（12）ブロイアーによるこの出来事の記述は、『ヒステリー研究』「観察一　アンナ・O嬢」中に〔全集第二巻、四〇―四一頁〕見られる。

（13）原文はフランス語で **Il y a fagots et fagots.**『いやいやながら医者にされ』第一幕、第五場（SEの「第六場」を訂正）。

（14）〔SE〕この問いにフロイトは第二七講〔本書下巻、三二八頁〕でもう一度立ち返る。

（15）〔SE〕フロイトはこのテーマについて「精神分析のある難しさ」〔全集第十六巻、四九頁以下〕でより詳しく展開している。

第一九講　抵抗と抑圧

（1）〔SE〕抑圧に関するフロイトの見解のエッセンスはすでに『ヒステリー研究』〔全集第二巻、三四〇―三四三頁〕で示されている。抑圧の発見についてフロイトは「精神分析運動の歴史のために」〔全集第十三巻、五三―五四頁〕でも同様の描き方をしている。フロイトが抑圧のテーマを最も徹底的に論じているのは、論文「抑圧」〔全集第十四巻〕と「無意識」Ⅳ節〔同巻、二二八頁以下〕とにおいてである。

（2）〔SE〕抵抗の概念はすでに第七講〔本書上巻、一九八―一九九頁〕で紹介されている。第二の経験は本講の後出個所〔本書下巻、一〇二―一〇三頁〕で記述される。

（3）〔SE〕フロイトはこの根本規則にすでに第七講〔本書上巻、一九七頁〕で、夢解釈との繋がりで言及している。この規則は最初『夢解釈』第二章〔全集第四巻、一三五、一三六、一三八頁〕および「フロイトの精神分析の方法」〔全集第六巻、三七九―三八〇頁〕で提示された。「根本規則」という語自体は技法論文「転移の力動論にむけて」〔全集第十二巻、二一九頁〕で導入された。そのおそらく最も詳しい説明は、今ひとつの技法論文「治療の開始のために」〔全集第十三巻、二五七―二六〇頁〕に見られる。より後の言及としては『みずからを語る』Ⅳ節冒頭近く〔全集第十八巻、一〇一―一〇二頁〕が挙げられる。この規則の遵守を妨害するより深い理由に関するコメントが、『制止、症状、不安』Ⅵ節の後半部〔全集第十九巻、四八―四九頁〕に見られる。後者においてフロイトは、通常の方向性をもった思考の際に「孤立化」の防衛過程が果たす役割について議論しながら、その繋がりでとくに強迫神経症者が〔根本規則の遵守に対して〕感じる困難に言及している。本講義の後の部分〔本書下巻、八九―九〇頁〕も参照。

(4)［SE］前注の最後部分参照。

(5)［SE］強迫神経症における疑念の役割については第一七講〔本書下巻、四一―四四頁〕で言及されている。このような症例を取り扱うには特別な技法上の方法が必要になることが「精神分析療法の道」〔全集第十六巻、一〇一―一〇二頁〕で触れられている。

(6)［SE］この現象については、第二七講全体〔本書下巻、三一八頁以下〕が捧げられる。

(7)［SE］この点は分析技法上の比較的後期の発展であることが、たとえば「精神分析療法の将来の見通し」b節〔全集第十一巻、一九五頁〕で示されている。

(8)［SE］抵抗一般の諸形態の記述としてはここが最も詳しいが、転移による抵抗という特殊事例に関する議論は「転移の力動論にむけて」〔全集第十二巻〕がより詳細である。

(9)［SE］フロイトの催眠術の正確な使用期間（一八八七―九六年）に関する言及は、『ヒステリー研究』の「病歴B　ミス・ルーシー・R」〔全集第二巻、一三七頁〕に付された注〔編注（1）〕を参照。

(10)［SE］フロイトの言では、抵抗の多大なる重要性に初めて気づいたのはエリーザベト・フォン・R嬢の分析を通してであった。その当時彼は催眠術なしに「圧迫」技法を用いていた。『ヒステリー研究』〔全集第二巻、一九五―一九七頁〕を参照。

(11)［SE］「精神分析運動の歴史のために」の中のよく似た言い方〔全集第十三巻、五三頁〕を参照。同論文のもっとはじめの方〔同巻、四三―四四頁〕では、そこまではっきりとした区切りを付けようとはしていない。

(12)〔SE〕第一四講の訳注(13)を参照。以下の抵抗や抑圧の空間的アナロジーは『精神分析について』第Ⅱ講〔全集第九巻、一三一―一三三頁〕におけるそれと類似している。

(13)〔SE〕この例外にしかしフロイトは立ち戻らないが、疑いなく外的感覚知覚のことである。

(14)〔SE〕フロイトがここで何を念頭においているかははっきりしない。

(15)アンドレ＝マリー・アンペール（一七七五―一八三六年）は電磁気学説の創始者の一人。OCによれば、電気によって磁針の振れる方角をはっきりさせるために、電流の中にその方向に沿って横たわる観察者を想定し、それを「小僧 bonhomme〔フロイトのドイツ語では Männchen〕」と呼んだ。

(16)〔SE〕「下意識」なる語に反対する理由を、フロイトは『素人分析の問題』Ⅱ節の最後〔全集第十九巻、一二二―一二三頁〕で説明している。

(17)〔SE〕第二六講〔本書下巻、二八五頁以下〕におけるナルシシズムの叙述を参照。

(18)〔SE〕事例の解説が「強迫神経症の一例についての見解〔鼠男〕」Ⅰ章、e節〔全集第十巻、二一六―二一八頁〕および同所に付された原注〔同巻、二一九頁、原注(24)〕に見られる。

第二〇講　人間の性生活

(1)〔SE〕このテーマに関するフロイトの主著は『性理論のための三篇』〔全集第六巻〕であるが、いろいろ版を重ねていく同書にフロイトはその後二十年間にわたって、多数の補遺や訂正を追加した。本講と次講の素材は主として同書からとられている。

（2）〔SE〕ジルベラーは『神秘主義とその象徴論の問題』（ウィーン、一九一四年、一六一頁）においてこの語を用いて、実際には二つの重なり合ったものを知覚しているのに、一つしか目にしていないように時として思う現象を記述しようとした。

（3）〔SE〕フロベール『聖アントワーヌの誘惑』最終稿（一八七四年）、第五部。

（4）〔SE〕I・ブロッホ『性的精神病質の病因論への寄与』全二巻、ドレスデン、一九〇二―〇三年。

（5）〔SE〕パラノイアについては、このほかに第二六講〔本書下巻、三〇六頁以下〕でも論究されている。

（6）〔SE〕このことは「精神分析的観点から見た心因性視覚障害」〔全集第十一巻、二一七頁以下〕でより詳しく述べられている。

（7）〔SE〕強迫行為の発達機制については「強迫行為と宗教儀礼」〔全集第九巻〕で詳細に記述されている。

（8）〔SE〕相互に通じている水脈による、この支流のアナロジーは『性理論のための三篇』第一篇、六節〔全集第六巻、二一六―二一八頁〕でよりはっきりと説明されている。

（9）〔SE〕後者の点は「「文化的」性道徳と現代の神経質症」、とりわけ〔全集第九巻、二七三―二七四頁〕で詳しく論じられている。

（10）〔SE〕第一の事項は、神経症において倒錯的性欲が演じる重要な役割のこと。以下のことはすでに一度、第一三講〔本書上巻、三六七頁以下〕で簡単に触れられていた。

（11）〔SE〕この直接的観察の最も早期のものは「ある五歳男児の恐怖症の分析〔ハンス〕」〔全集第十

巻〕で成し遂げられた。

(12)〔SE〕S・リントナー「子供に見られる指や唇などの吸引(しゃぶる行為)」(『小児医療年報』続報第十四巻、一八七九年、六八頁)。

(13)〔SE〕ルー・アンドレアス＝ザローメ「「肛門的なもの」および「性的なもの」」(『イマーゴ』第四巻、一九一六年、二四九頁)。

(14)〔SE〕糞と金との関係についてフロイトは「性格と肛門性愛」〔全集第九巻〕および、その後当入門講義と同時期の「欲動変転、特に肛門性愛の欲動変転について」〔全集第十四巻〕という二つの肛門性愛に関する論文において論究した。排尿と矜持の結びつきについては、『夢解釈』第六章〔全集第五巻、二四〇―二四一頁〕で示されていた。

(15)〔SE〕このテーマに関するフロイトの最も詳細な見解は「自慰についての討論のための緒言・閉会の辞」〔全集第十二巻〕に見られる。

(16)〔SE〕「幼児の性理論について」〔全集第九巻〕を参照。

(17)〔SE〕この仮定及びこれと関連する、次段落最初の仮定をフロイトは後に訂正した。それは「解剖学的な性差の若干の心的帰結」の原注〔全集第十九巻、二〇九頁、原注(3)〕においてである。同個所でフロイトは、いずれにせよ女の子の場合、解剖学的性差の問題が最初に浮上し、そのあと初めてどこから子供が来るのかの問いがでてくる、と説明する。

(18)〔SE〕これについてはすでに第一三講〔本書上巻、三六六頁〕で言及されている。第二三講〔本書下巻、二一二頁以下〕の評言も参照。去勢コンプレクスに関するフロイトの最初の議論は「ある五歳男児の恐怖症の分析〔ハンス〕」〔全集第十巻〕の症例描写にある。エディプスコンプレクスとの関係については後の論文「エディプスコンプレクスの没落」〔全集第十八巻〕および「解剖学的な性差の若干の心的帰結」〔全集第十九巻〕でより詳しく述べられている。

第二一講　リビードの発達と性的編成

(1)〔SE〕W・フリース『生命の流れ』ウィーン、一九〇六年。

(2)ウィーンのコメディー作家、ヨハン・ネーポムク・ネストロイ(一八〇一—六二年)による、ヴァーグナーのオペラとほぼ同名のパロディ。

(3)GWにおいてはihrem「幼年期の」となっており、SA、TBも同様であるが、ここはSE、OCに従ってIhremと読み、「あなた方」と訳した。

(4)〔SE〕この語は「欲動と欲動運命」〔全集第十四巻、一七六頁〕で最初に用いられた。『続・精神分析入門講義』〔全集第二十一巻、一二七頁〕でも再び用いられている。概念としてはむろん『性理論のための三篇』(たとえば、〔全集第六巻、二五三頁〕)以来おなじみのものである。

(5)〔SE〕フロイトは後にサディズム肛門編成段階と性器的編成段階の間に「男根」期を挿入した。「幼児期の性器的編成(性理論に関する追加)」〔全集第十八巻〕を参照。

(6)〔SE〕K・アブラハム「リビード発達の性器期前の最初期段階についての研究」(『国際医療精神分析雑誌』第四巻、一九一六年、七一頁)。

(7)〔SE〕このことは第二六講〔本書下巻、三一〇—三一一頁〕でもっと詳しく解説される。

（8）第二〇講の訳注（18）を参照。〔SE〕エディプスコンプレクスについての最初の公刊された記述は『夢解釈』第五章〔全集第四巻、三三八―三四六頁〕にみられる。しかしフロイトは『夢解釈』以前に、フリース宛書簡（一八九七年十月十五日付）でエディプスコンプレクスを提示していた。「エディプスコンプレクス」という語自体はもっとあと、「男性における対象選択のある特殊な型について」〔全集第十一巻、二五二頁〕が初出である。〔ジェフリー・ムセイエフ・マッソン編、ミヒァエル・シュレーター＝ドイツ語版編『フロイト　フリースへの手紙――一八八七―一九〇四』河田晃訳、誠信書房、二〇〇一年、「手紙一四二」（二八二―二八五頁）参照。〕

（9）OCによれば、おそらくオットー・ランクのこと。

（10）ソポクレスの『エディプス王』で、イオカステはエディプスに向かって言う。「あなたも、母君との婚姻のことで、恐れてはなりませぬ。世にはこれまで、夢の中で母親と枕を交した人びとも、たくさんいることでございます。けれども、そうしたことを何ひとつ、気にもとめない人こそが、この世の生をいちばん安らかに、送る人だと申さねばなりませぬ」〔藤沢令夫訳『オイディプス王』岩波書店（岩波文庫）、一九六七年、一九九九年改版、九一頁〕。

（11）〔SE〕この術語は第二六講で何度も出てくる。〔本書下巻、二九〇頁〕に付された訳注（5）も参照。

（12）〔SE〕しかし、次注（13）を参照。

（13）〔SE〕何年も後になって初めてフロイトは、両性間のエディプス的事態の不均衡を十分に考慮するようになる。この不均衡は「解剖学的な性差の若干の心的帰結」〔全集第十九巻〕で登場し、「女性の性について」〔全集第二十巻〕で練り上げられた。彼はこれを『続・精神分析入門講義』第三三講〔全集第二十一巻、一四五頁以下〕で再び論じ、最後に「精神分析概説」第二部、第七章〔全集第二十二巻、二三二頁以下〕で取り上げた。

(14)［SE］Th・ライク「野性人の思春期儀式」（『イマーゴ』第四巻、一九一五―一九一六年、一二五・一八九頁）。

(15)［SE］『トーテムとタブー』〔全集第十二巻〕を参照。

(16)［SE］『ハムレット』および『エディプス王』、ならびにエディプスコンプレクスに関するフロイトの公刊された最初の注釈は、『夢解釈』第五章、D節、β〔全集第四巻、三三八―三四六頁〕にある。

(17)［SE］すなわち、エネルギーの充塡のこと。「備給」の概念――心理的エネルギーの充塡――はフロイト理論の基本的仮定の一つである。

(18)［SE］フロイトはこの言い方を数年来採用している。すでに「強迫神経症の一例についての見解〔鼠男〕」の原注〔全集第十巻、二三五頁、原注(32)〕に現れている。〔そこでの訳語は「神経症の中核的コンプレクス」である。〕

(19)［SE］この最後の点をフロイトは『自我とエス』Ⅲ節〔全集第十八巻、二七頁以下〕で最も詳しく取り扱っている。

(20)［SE］O・ランク『詩と伝説の近親姦主題』ライプツィヒ―ウィーン、一九一二年。

(21)　原文はフランス語。［SE］フロイトはこの一節を「ハルスマン裁判における医学部鑑定」〔全集第二十巻、一九七頁〕ではゲーテの独訳で、「精神分析概説」第二部の終盤〔全集第二十二巻、二三三―二三四頁〕ではフランス語で引用している。

(22)〔SE〕すなわち、対象に向けて集中される、心理的エネルギーの充塡。本講の訳注(17)を参照。

第二二講　発達と退行という観点、病因論

(1)〔SE〕これはごく初期のフロイトの二つの論文「アンモシーテス（ペトロミゾン・プラネリ）の脊髄における神経後根の起点について」、「ヤツメウナギの脊髄神経節と脊髄について」の簡単な要約である。フロイトは一八七七年から九七年までの学術的な仕事の簡単な内容紹介の一覧を上梓した。この一覧では、これらの二論文も神経学上の重要なあらゆる著述同様に紹介されている（「私講師ジークムント・フロイトの学問的業績一覧」〔全集第三巻、二五九―二六〇頁〕）。

(2)〔SE〕これについては第二六講〔本書下巻、二八五頁以下〕で解説される。

(3)〔SE〕これは、フロイトが本講義の最後〔本書下巻、三七七―三七八頁〕で述べているように、時間の制約から立ち戻ることができなかった諸点の一つであるように思われる。

(4)〔SE〕ここで引き合いに出されているアードラー学派とユング学派について、「精神分析運動の歴史のために」Ⅲ節〔全集第十三巻、八四頁以下〕である程度詳しく論じられている。SAは、『続・精神分析入門講義』第三四講〔全集第二十一巻、一八三頁以下〕を参照させている。

(5)〔SE〕フロイトは「相補系列」という言い方を、ここで初めて用いているように思われる。ただし概念としては古くに遡る。それは「病因論方程式」という違った形で「「不安神経症」に対する批判について」〔全集第三巻〕に登場する。この概念は、第二三講〔本書下巻、一九九頁、二〇三

頁〕に二度登場し、『続・精神分析入門講義』第三三講〔全集第二十一巻、一六四頁〕、『モーセという男と一神教』第Ⅲ論文、第一部、C節〔全集第二十二巻、九一頁以下〕で再び取り上げられる。

（6）〔SE〕この要因は様々な名称を用いて、遅くとも『性理論のための三篇』の初版〔全集第六巻、三〇九―三一〇頁〕の頃から議論されていた。この要因に関する多数の参照個所については、「精神分析理論にそぐわないパラノイアの一例の報告」への編注（10）〔全集第十四巻、三八八―三八九頁〕参照。

（7）〔SE〕A・ビネ『実験心理学の研究――愛におけるフェティシズム』パリ、一八八八年。

（8）「フェティシズム」〔全集第十九巻〕を参照。

（9）OCは、この一文の表記について、GWではDas schiene nun nichts Besonderes（「それはなにも特別なこととは思われません」）であるが、SAではDas schiene uns nichts Besonderes（「それは私たちには特別なこととは思われません」）となっていることを指摘している。TBはGWと同じ文面である。

（10）〔SE〕次の第二三講〔本書下巻、一九二頁以下〕で論じられる。

（11）〔SE〕第二三講〔本書下巻、二一五―二一六頁〕を参照。神経症の原因としての不首尾の問題全体は「神経症の発症類型について」〔全集第十二巻〕で論じられている。

（12）「駆動力」の原語はTriebkräfte. 辞書的には「駆動力」であるが、字義的には「欲動力」とも解しうる語である。

（13）〔SE〕ナルシス的神経症については、第二六講〔本書下巻、二八五頁以下〕で解説される。

(14)〔SE〕S・フェレンツィ「現実感覚の発達段階」(『国際医療精神分析雑誌』第一巻、一九一三年、一二四頁)。

(15)〔SE〕W・ベルシェ『自然の中の性愛生活』全三巻、イエーナ、一九一一―一三年。

(16)〔SE〕フロイトがここで仄めかしているのは、ゲーテ『ファウスト』〔第一部「夜」、六八二―六八三行〕からの詩句である。〔手塚富雄訳では、「先祖から承け継いだ物でも、／それをおまえの真の所有にするには、おまえの力で獲得しなければならぬ。」〕これは彼のお気に入りの引用句である。その引用句は『トーテムとタブー』〔全集第十二巻、二〇三頁〕および「精神分析概説」の末尾〔全集第二十二巻、二五〇頁〕に見られる。

(17)「アナンケー」の原語はギリシア語で、Ἀνάγκη.

(18)〔SE〕以下については「心的生起の二原理に関する定式」〔全集第十一巻、二六三―二六四頁〕を参照。

(19)〔SE〕折に触れてフロイトはこの仮説を「恒常性原理」としても語る。第二三講〔本書下巻、二二二頁〕に付された「恒常性原理」と「快原理」の関係についての注〔訳注(28)〕を参照。

(20)〔SE〕この語は「心的生起の二原理に関する定式」〔全集第十一巻、二六〇頁〕が初出である。

第二三講　症状形成の道

(1) 第二二講〔本書下巻、一六四頁以下〕を参照。蛇足ながらフロイトは、前者の早期のリビード編成への退行は強迫神経症にかかわり(サディズム肛門段階への編成退行)、後者の早期のインセスト的対象へのリビード退行はヒステリーにかかわっていると想定している。

（2）原語は Libidovertretung.〔SE〕身体的なものとしてのリビードの心的代理表現のこと。〔さらに言い換えると、無意識の系においてリビードのエネルギーを備給された心的諸表象のこと。〕

（3）〔SE〕一次的な欲動エネルギーを妨害する力のこと。論文「無意識」Ⅳ節〔全集第十四巻、二二九頁〕を参照。

（4）ヒステリー性神経症とは、転換ヒステリーと不安ヒステリーの二つのことであるが、本講の訳注（1）でも少し触れたように、フロイトの説明の大筋からすると、やや異なった点があるにせよ、強迫神経症もここに含めてしかるべきであろう。フロイトがここで強迫神経症をひとまず排除しようとしているのは、本講のこの後にも言及されているように（二二二頁）、強迫神経症では、他に比べて、とりわけ対抗備給による反動形成が主役を演じていると考えられているからである。

（5）〔SE〕ヴィルヘルム・ルー（一八五〇―一九二四年）。実験発生学の創始者のひとり。

（6）〔SE〕次のような系統図〔次頁参照〕のかたちにしたほうが、この図式は読者には分かりやすいかもしれない。〔ここでは、図中の「（外傷的な）偶然の体験」に「成人の」という妥当な付加がなされているので、本邦訳でもそれにならった。〕

（7）なお、この参照指示の該当個所でも説明されているように、「相補系列」とは、神経症の病因において、外的要因と内的要因が、一方が強いほど他方は弱くなるといった相補的ないしは代行的な関係にあることをいう。したがって、この系列の両極端においてのみ、どちらか一方しか存在しない場合が見られることにもなる。第二二講の訳注（5）も参照。

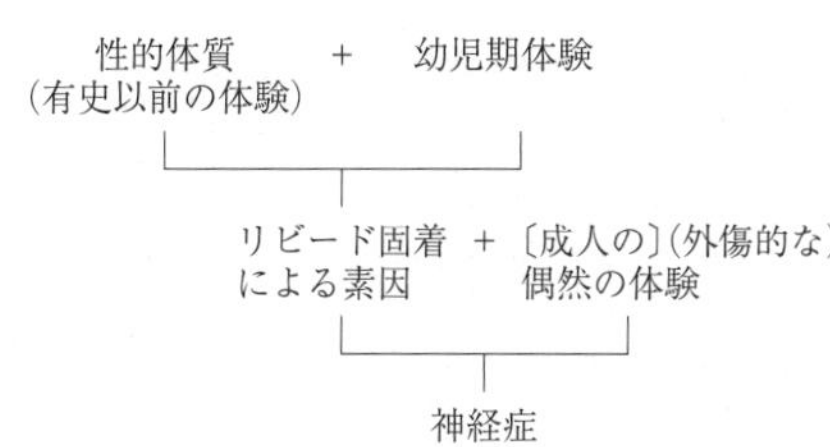

(8) この参照指示の該当個所では、エディプスコンプレクスの現時的な重要性が強調されているとともに、「遡行的空想作用(リュックファンタジーレン)」について触れられることで、エディプスコンプレクスの事後的な重要性も強調されている。

(9) [SE]第八講〔本書上巻、二一七頁以下〕を参照。フロイトがここで念頭に置いていたのが、「ある幼児期神経症の病歴より〔狼男〕」〔全集第十四巻〕であることはまちがいないだろう。当時フロイトはこの分析をすでに終えてはいたが、まだ公表してはいなかった。

(10) [SE]「ある五歳男児の恐怖症の分析〔ハンス〕」〔全集第十巻〕を参照。

(11) [SE]この問題は『続・精神分析入門講義』第三四講〔全集第二十一巻、一九四頁以下〕で詳しく論じられている。

(12) 本講の訳注(1)を参照。

(13) [SE]たとえば、第一八講の冒頭部〔本書下巻、六五—六七頁〕を参照。

(14) 「適応」の原語は Anpassung. 生物学ないし心理学の用語で、周囲の環境の要請に応じながら、自身の内的要求もかなえつつ、その二つのはざまで均衡をとりつつ生を営むことを意味する。ここのフロイトの文脈ではもちろん、外界からの拒絶を受け、これに対して、内界からの要求を空想を通して外的なかたちにしてかなえるという行為を意味する。

(15) ここで含意されているのは、「遮蔽想起」のことである。「遮蔽想起について」(全集第三巻、三二七頁以下)および「想起、反復、反芻処理」(全集第十三巻、二九五頁以下)を参照。

(16) よく知られているようにフロイトは、一八九五年から九七年ころまでの一時期、幼児期に現実にあった性的誘惑が、神経症の病因として決定的であるとみなしていた(これは誘惑理論と呼ばれる)。しかし、やがて実際の現実以外にも心的現実というものを考慮しなければならないとの見方に達し、この誘惑理論を放棄するようになった。

(17) フロイトは、これら三つにもう一つ、あとにも少し触れられている子宮内生活の思い出を加えたものを「原空想(ウアファンタジー)」と呼び、神経症者には、個人的な経験を越えた、こうした遺伝的、系統発生的な類型的空想が顕著に見られると考えた。

(18) ハインリヒ・ホフマン(一八〇九―九四年)。長らくフランクフルト(a.M.)の精神病院院長をつとめながら、子供をうまく管理し育てるための児童書を書いたりした。彼の『もじゃもじゃペーター』(一八四五年)は、ドイツ最初の児童書の一つで、今なお根強い人気をもっており、日本語訳で出版されてもいる(二〇〇七年、ブッキング社)。ちなみに「親指しゃぶりの話」は、コンラート坊やが母親の留守中に、禁じられていた親指しゃぶりをしたために、突然部屋に闖入してきた仕立屋に大鋏で親指を切り離されるという、ややグロテスクともいえる怖いお話。

(19) [SE]これについてはのちに、一九三一年のフロイトの論文「女性の性について」〔全集第二十巻、二一五頁以下〕でさらに説明されている。この問題についてのフロイトの見解の変遷については

『続・精神分析入門講義』の第三三講「女性性」〔全集第二十一巻、一五六―一五七頁〕の編注（8）のSE注に詳しい。

（20）本講の訳注（17）を参照。

（21）〔SE〕「原空想（ウアファンタジー）」ならびにその遺伝の可能性についてのここでの議論の大部分は、すでに二、三年前に分析を終えていた「ある幼児期神経症の病歴より〔狼男〕」での見解にもとづいたものである。フロイトが「狼男」を公刊したとき（この講義の出版の翌年にあたる）、もとの草稿に二つの長い追加が付けられ〔全集第十四巻、五九―六二頁、一〇一―一〇三頁〕、その中で再度ここでの議論がなされている。

（22）〔SE〕空想（ファンタジー）についての最も重要なこれ以前の詳論は、「詩人と空想」および「ヒステリー性空想、ならびに両性性に対するその関係」〔ともに全集第九巻〕にみられる。〔第五講（本書上巻、一六三―一六五頁）も参照。〕

（23）〔SE〕あることがらが現実なのか、そうでないのかを判断する過程のこと。そのさらに深い意味に関しては、「夢学説へのメタサイコロジー的補遺」〔全集第十四巻、二六五―二七〇頁〕で議論されている。

（24）〔SE〕このフォンターネの文章は、『文化の中の居心地悪さ』II節の似たような文脈〔全集第二十巻、八〇頁〕においても再度引用されている。〔テーオドール・フォンターネ（一八一九―九八年）、および彼の小説『エフィ・ブリースト』（一八九五年）の中のこの言葉については、同所に付された編注（23）を参照。〕

(25)〔SE〕『性理論のための三篇』第三篇に一九二〇年に追加された長い原注〔全集第六巻、二九一頁、原注(14)〕を参照。

(26)「内向」の原語は Introversion. ユングの論文「子供の心の諸葛藤について」(『精神分析・精神病理学研究年報』第六巻、一九一〇年、三三―五八頁)で持ち出された用語。リビードの空想(ファンタジー)への逆流というフロイトのこの語の定義は以下にも明らかであるが、ユングは、リビードが空想へと後退してゆく事態以外に、たとえば早発性痴呆のようにリビードが自我へと引き戻される事態にも用いた。フロイトは、ナルシシズムを引き起こすこの後者の事態には、とくに「撤収 Zurückziehung」という用語をあてて「内向」とはっきり区別し、これをいわゆる精神病(ナルシス的神経症)解明のための要石とした。こうしたユングとの違いに関しては、「ナルシシズムの導入にむけて」(全集第十三巻、一一八頁)を参照。〔SE〕この点については、この講義以前に、「転移の力動論にむけて」の原注〔全集第十二巻、二一三頁、原注(6)〕で議論されている。そこには、ユングはこの「内向」という用語をもっぱら早発性痴呆に対してのみ用いようとしている、というフロイトの発言もある。〔同原注に付された編注(7)も参照。〕

(27)〔SE〕心的エネルギーの量を余分に積み込むこと。フロイトは普通はこの用語をこの意味で使用している。例えば、「無意識」〔全集第十四巻、二四五頁〕、『快原理の彼岸』〔全集第十七巻、八四頁〕、「フモール」〔全集第十九巻、二七二頁〕など。しかしその一方で彼は、はるかに特殊だが、この用語を無意識的思考と前意識的思考を区別するために用いてもいる。同じく「無意識」〔全集第十四巻、二四二頁および二五一頁〕、「精神分析概説」第一部、第四章〔全集第二十二巻、一九

九―二〇〇頁〕、「心理学草案」第三部（一）〔全集第三巻、七二頁以下〕を参照。

（28）〔SE〕ここではフロイトは、「快原理」を「恒常性原理」と同じものとみなしているように見える。しかし、少し前でこのテーマについて論じている個所〔第二二講、本書下巻、一八九―一九〇頁〕では、その可能性に対して疑いを漏らしている。のちに、この二つの原理にははっきりした区別がなされるようになる。〔「マゾヒズムの経済論的問題」（全集第十八巻、二八七―二八九頁）を参照。〕

（29）本講の訳注（4）を参照。

（30）抑圧された欲望に対する反動としての、それとは逆の心理的態度のことで、リビードの動きの観点から言えば、意識的な要素への対抗備給ということになる。

（31）転移神経症（転換ヒステリー、不安ヒステリー、強迫神経症）の範疇に入らない、いわゆる精神病ないしはナルシス的神経症（統合失調症（シゾフレニー）、パラノイア、メランコリー）のことを指す。

（32）〔SE〕「詩人と空想」〔全集第九巻、二三九―二四〇頁〕、『精神分析について』第V講〔同巻、一六二頁〕、「心的生起の二原理に関する定式」〔全集第十一巻、二六五―二六六頁〕、ならびに「精神分析への関心」第二部、F節〔全集第十三巻、二二九―二三〇頁〕を参照。

第二四講　通常の神経質（症）

（1）「神経質（症）」の原語はNervosität. 当時一般に用いられていた概念で、フロイトのいう「神経症Neurose」をカヴァーすると同時に、それよりもはるかに広く、心的ないし神経的な異常や変調全般を意味するものであった。本全集では、じつに漠然としてはいるものの、疾病の範疇に入る場合には「神経質症」、そうではない場合には「神経質」と訳し分けることにしている（そのどちらをも含意する場合は「神経質（症）」と表記する）。詳しくは、「「文化的」性道徳と現代の神経質症」（全集第九巻、二五二頁）に付された編注（4）を参照。ちなみに、以下でしだいにはっきりしてくることだが、ここで標題になっている「通常の神経質（症）gemeine Nervosität」で意味されているのは、フロイトのいうところの「現勢神経症 Aktualneurose」、ないしはその周辺に広がる心的、神経的失調にほぼ重なっている。

（2）参照指示の該当個所では、二人の典型的な強迫神経症の女性患者の例が詳しく紹介され、症状の意味について論述されている。

（3）治療の見込みが大であるとフロイトがみた神経症で、転換ヒステリー、不安ヒステリー（恐怖症）、強迫神経症の三つに分類される。

（4）「ヒステリー性神経症」とは、転換ヒステリーと不安ヒステリーのことを指す。症状形成がこの二つの疾病形態をもとに探究されたことについては、第二三講（本書下巻、一九七頁）参照。

（5）[SE]『神経質な性格について』は、アードラーの初期論文の一つ。

（6）「ナルシス的神経症」とは、当時のフロイトの術語では、リビードの自我への撤収を特徴とする疾患をいい、統合失調症（シゾフレニー）、パラノイア、メランコリーなど、いわゆる精神病を指す。「転移神経症」については本講の訳注（3）、「ナルシス的神経症」と「転移神経症」の関係については第二五講の訳注（24）を参照。

(7)〔SE〕フロイトはこのことを、第二六講でさらに詳しく説明している。

(8) 生命に関わるような出来事によるショックが外傷となって生じる神経症で、その外傷的事件を夢などで反復したり、そのために睡眠障害に陥ったりする症状を特徴とする。次の段落でも説明されているように、フロイトはここでは、この「外傷への固着」による外傷性神経症を、自我にとってのいわゆる「疾病利得」とかかわらせて理解している。

(9)〔SE〕「『戦争神経症の精神分析にむけて』への緒言」〔全集第十六巻〕ならびに「戦争神経症者の電気治療についての所見」〔全集第十七巻〕を参照。

(10)〔SE〕この言い方が最初に現れたのは「ヒステリー発作についての概略」〔全集第九巻、三一〇頁〕であり、そこでは、これについてもう少し踏み込んだ言及がなされている。

(11) 病気になることによって患者が直接的、間接的に得ることができるさまざまな利益や満足のことをいう。

(12)〔SE〕この異なった二種類の疾病利得の区別については、一八九七年十一月十八日付のフリース宛書簡〔本書下巻、第二一講訳注(8)を参照〕で述べられているが、最初にはっきり打ち出されたのは論文「ヒステリー発作についての概略」(一九〇九年)〔全集第九巻、三一〇頁〕においてである。この問題についてはすでに、「あるヒステリー分析の断片〔ドーラ〕」(一九〇五年)〔全集第六巻、五〇―五一頁〕でやや詳しく触れられてもいる。〔「ドーラ」のこの該当個所には、本講と同じように、身障者になった職人の話が持ち出されてもいる。〕

(13) 本講の前出個所(二三四―二三五頁)で指摘されているように、患者の諸状況に鑑みて、医者がむしろ疾病への逃避、ないし疾病利得を是認せざるをえないような例外的事態を指す。

(14) OCによれば、ドイツの風刺画家アードルフ・オーバーレンダー（一八四五—一九二三年）の名声の大部分は、人間の性格をもった動物のデッサンによっている。週刊誌『フリーゲンデ・ブレッター』に参加し、その定期的な寄稿者として活躍した。ちなみに『フリーゲンデ・ブレッター』誌は、一八四五年から一九四四年まで刊行された挿絵入りの風刺週刊誌で、第二講（本書上巻、四二頁）にも登場している。

(15)［SE］「現勢神経症（Aktualneurosen）」の「現勢（aktual）」は、フランス語の「actuel」に似て、「同時の（contemporary）」ないし「現在の瞬間の（of the present moment）」という意味である。このグループの神経症にこの形容詞が被せられるのは、その原因が純粋に同時的で、精神神経症のケースのように、患者の過去の生活から由来していないからである。〔続く議論にもあるように、フロイトはこの現勢神経症の症状を、現実における性的満足の欠如から直接的に生じた結果とみなし、これを神経衰弱、不安神経症、および心気症に分類している。本講の訳注（1）でも触れた通り、フロイトは、「通常の神経質（症）」という言い方をする場合、主としてこの現勢神経症を念頭に置いているようである。〕

(16)［SE］「神経症病因論における性の役割についての私見」（一九〇六年）〔全集第六巻、四一六頁〕からの自己引用。フロイトはこの十年以上前にこの結論に達しており、「ある特定の症状複合を「不安神経症」として神経衰弱から分離することの妥当性について」（一八九五年）〔全集第一巻〕でこれを、ほぼ同じ言葉で言い表している。そこには、以下に述べられていることの大部分がすでに確認されている。

(17)〔SE〕こうした例の一つとして、フロイトの初期論文「神経症の病因論における性」〔全集第三巻、三〇〇―三〇一頁〕を参照。

(18)〔SE〕この発言は明らかに、以下の第二六講で議論されるナルシシズムのテーマを暗示したものである。

(19)カール・アードルフ・フォン・バセドー（一七九九―一八五四年）。甲状腺異常による眼球突出症（バセドー氏病）を記述した。

(20)〔SE〕『続・精神分析入門講義』第三三講〔全集第二十一巻、一七一―一七二頁〕でフロイトは、この想定を断固退けている。

(21)〔SE〕心気症を第三の「現勢」神経症とするかどうかの議論は、「ナルシシズムの導入にむけて」Ⅱ節〔全集第十三巻、一二九―一三一頁〕にみられる。

(22)〔SE〕本講でのフロイトの発言から明らかなように、「現勢」神経症の病因および現勢神経症と精神神経症との区別は、たいへん早い時期に確定されていた。現勢神経症という着想は遅くとも一八九五年にまで遡るが、この用語が最初に登場するのは一八九八年の「神経症の病因論における性」〔全集第三巻、三〇六頁〕においてである。

第二五講　不安

(1)〔SE〕不安の問題は生涯を通じてフロイトの心を占めており、それについての彼の見解はさまざまに変化してもきた。これについてのフロイトの最初の大きな論述は、一八九五年の「ある特定の症状複合を「不安神経症」として神経衰弱から分離することの妥当性について」〔全集第一巻、四一三頁以下〕にはじまり、一九二六年の『制止、症状、不安』〔全集第十九巻、九頁以下〕にまで続いている。留意しておかねばならないのは、この講義で言われていることは、のちに、いくつかの重要な――根本的でもある――修正を被ることになるという点である。その変化は、『制止、症状、不安』の「補足A」でフロイト自身が要約しているところである。さらにのちに、一九三二年の『続・精神分析入門講義』第三二講〔全集第二十一巻、一〇五頁以下〕で、彼は、自らの最終的な見解をとりわけクリアな形で言い直してもいる。しかし、忘れてならないのは、本講義集の「序言」〔本書上巻、一六頁〕でも示唆されているように、この講義は、これが行われた時点では、この問題についての最も完璧なものだったということである。

（2）〔SE〕「一般的な」の原語は allgemein. 前回の講義ではフロイトは一貫して gemein（「通常の」）という言葉で通している。

（3）〔SE〕「不安」の原語は Angst. この語は、日常の意味とはちがった術語として用いられており、しばしば、fear（「恐れ」）、being frightened（「怯えている状態」）、being afraid（「怖がっている状態」）などの言葉で表す必要があるように思われる。

（4）「迷走神経」の原語はラテン語で nervus vagus. 脳の延髄から出ている末梢神経の一つ。

（5）〔SE〕フロイトは三十歳くらいのころ、二年間、延髄の組織構造の研究にたずさわったことがあり、このテーマに関する論文を三篇公刊している。一八八五年の「オリーブ間層の知見について」、一八八六年の「索状体と後索および後索核との関係について、ならびに延髄の二領野についての見解」（L・O・フォン・ダークシェヴィッチとの共著）、および同年の「聴神経の起点について」の三篇である。〔「私講師ジークムント・フロイトの学問的業績一覧」（全集第三巻、二五九頁以下）を参照。〕

（6）「守護」の原語は Verteidigung.

（7）「防衛」の原語は Abwehr. OCによれば、前注の Verteidigung とこの Abwehr の微妙なニュアンスの違いについて、前者が「〜のための守り」、後者が「〜に対する守り」とされている。全集では、Abwehr を統一的に「防衛」と訳しており、本講では Verteidigung に「守護」という訳語をあてて訳し分けている。

（8）［SE］不安を「信号」としてみる見方は、のちの『制止、症状、不安』〔全集第十九巻〕や『続・精神分析入門講義』〔全集第二十一巻、一一〇―一一一頁〕にも見られる。本講でも後出する〔二七三頁〕。

（9）［SE］後年の『快原理の彼岸』〔全集第十七巻、六一頁〕ならびに『制止、症状、不安』〔全集第十九巻、九三頁以下〕における同様の議論を参照。

（10）「情動」の原語は Affekt. ふつう心理学用語としては、怒り、驚き、喜び、憎しみなど、表情や身体行動の変化をともない、理性的に制御することが難しい一過性の感情をいうが、フロイトにおいては感情状態全般のことを指し、「表象 Vorstellung」とならんで、欲動が表現されるときの二つの領域のうちの一つとされている。情動は、医学の方面から大いに生物学的に研究された分野であるが、本文にもあるように、フロイトはそうした研究の流れとはきっぱり袂を分かっている。

(11)〔SE〕フロイトはヒステリー発作についてのこうした見解を、すでに「ヒステリー発作についての概略」〔全集第九巻、三一〇頁以下〕で打ち出している。ここで表明されている情動一般についての見解は、おそらく、本来は何か意味をもっていた行動の残滓としての情動というダーウィンの説（『人間と動物の情動表現』ロンドン、一八七二年）にもとづいたものと思われる。――フロイトはこのダーウィンの説を、『ヒステリー研究』所収の「病歴D　エリーザベト・フォン・R嬢」〔全集第二巻、二三二頁〕でも引いている。さらにこの議論は、『制止、症状、不安』〔全集第十九巻、一八頁、六〇頁〕でも繰り返されている。

(12)　ウィリアム・ジェームズ（一八四二―一九一〇年）がカール＝ゲオルク・ランゲ（一八三四―一九〇〇年）の説を発展させたかたちで打ち立てたもので、情動は末梢神経に起源をもつとする説（情動の抹消起源説）。

(13)〔SE〕「狭い場所」、「海峡」を意味するラテン語の angustiae やドイツ語の Enge は、「不安」を意味する Angst と語源を同じくしている。

(14)　誕生時の母親からの分離による不安状況は、幼児の人見知りの不安に直結している。

(15)　シェイクスピア『マクベス』第五幕、第八場。マクダフは、マクベスに妻子を殺害された貴族で、女から生まれたのではない男をおそれるマクベスを切り殺す。この闘いの場でのマクダフの台詞はこうなっている。「このマクダフは生れるさきに、月たらずで、母の胎内からひきずりだされた男だぞ」（『マクベス』福田恆存訳、新潮社（新潮文庫）、一一八頁）。

（16）［SE］このエピソードは、一八八〇年代早期のことにちがいなく、これが記録されているのは唯一ここにおいてのみである。不安と出産のつながりについて最初に言及されたのは、『夢解釈』第六章、E節に一九〇九年に追加された原注〔全集第五巻、一五七頁、原注（178）〕においてであり、執筆時期はおそらく一九〇八年の夏ころだと考えられる。しかし本入門講義が公にされてのち、これより早期の言及があることが『ウィーン精神分析協会議事録』（第一巻、ニューヨーク、一九六二年、一七九頁）で判明した。一九〇七年四月二十四日のある会合で、シュテーケルが「不安神経症の心理学と病理学」についての論文を朗読し、アードラーがこうコメントしたと記録されている。「フロイトのようにやりすぎる必要はないでしょう。なにしろフロイトは、不安を出産の過程のうちに見ていますからね。でも、不安は、幼児期にまでしか遡れませんよ」。このアードラーの発言に続いたフロイトの発言のうちにも、また他の人の発言のうちにも、この件についての再度の言及はない。しかし、このことから明らかだと思えるのは、フロイトのこの仮説が、ウィーン協会の内輪では、これが最初に公にされる少なくとも二年前に知られていたということである。

（17）「ある特定の症状複合を「不安神経症」として神経衰弱から分離することの妥当性について」（一八九五年、全集第一巻、四一三頁以下）参照。

（18）ここでの「拘束〔gebunden〕」の意味は、「自由に流動する〔freischwebend〕ことがない」という意味である。

(19)〔SE〕スタンリー・ホール（一八四六―一九二四）は、もともとはフロイト派の支持者であり、一九〇九年にフロイトをアメリカでの講演に招いたのもこの人であった。しかし、彼はのちにアードラーの信奉者となった。〔フロイトのアメリカ講演は『精神分析について』（全集第九巻）という標題で公刊されている。〕

(20)『旧約聖書』の「出エジプト記」に述べられているもので、イスラエル人を救うために神がエジプトにもたらした、「水を血に変える」、「蝗（いなご）を放つ」など十種の災いのことをいう。

(21)〔SE〕スタンリー・ホールは一三二もの恐怖症を数え上げている。アーネスト・ジョーンズによる評論「スタンリー・ホール「恐怖の総合的発生研究」について」（『アメリカ心理学雑誌』第二五巻、一九一四年、一四九頁）参照。

(22) チャールズ・ダーウィン『人間と動物の情動表現』（一八七二年）参照。

(23)〔SE〕不安ヒステリーについてのフロイトの最初の長い説明は、「ある五歳男児の恐怖症の分析〔ハンス〕」（全集第十巻、一四三頁以下）に見られる。

(24) この時期のフロイトの分類では、精神神経症とは現勢神経症（不安神経症、神経衰弱、心気症）に対立する神経症で、幼児期の葛藤の表現がその症状をつくっている類いの心的障害のことをいう。これには、大きくは、転移神経症（不安ヒステリー、転換ヒステリー、強迫神経症）とナルシス的神経症（統合失調症（シゾフレニー）、パラノイア、メランコリーなどのいわゆる精神病）が含まれる。

(25)〔SE〕メタサイコロジー論文「抑圧」（全集第十四巻、二〇三頁以下）参照。

(26)〔SE〕これは、不安発生のひとつの要因である母親からの分離の第一の重要性について述べたフロイトの最初の主張に当たる。この問題については、のちに『制止、症状、不安』〔全集第十九巻、六四頁以下〕でさらに詳しく論じられているし、また『自我とエス』〔全集第十八巻、六一頁〕でも簡潔に述べられている。

(27)〔SE〕このエピソードは、（少し違ったかたちながら）すでにフロイトの『性理論のための三篇』第三篇の原注〔全集第六巻、二八九頁、原注(11)〕で述べられている。

(28)〔SE〕これは、フロイトが「欲動〔Trieb〕」ならぬ「本能〔Instinkt〕」という言い回しを用いているきわめて少ない事例のひとつである。

(29)〔SE〕第一九講を参照。

(30)〔SE〕これについてのさらに詳細な説明は、「無意識」〔全集第十四巻、二二四―二二六頁〕ならびに『自我とエス』〔全集第十八巻、一二一―一二二頁〕に見られる。

(31)〔SE〕恐怖症の構造についてのより専門的な指摘は、「抑圧」〔全集第十四巻、二〇五―二〇六頁〕ならびに「無意識」〔同巻、二三〇―二三三頁〕に見られる。

(32) 本講の訳注(21)を参照。

(33) 現実不安は、自己保存欲動に発することは疑いを容れないが、これが高じれば自己保存の目的にもとったものとなるのはなぜかという問題。〔SE〕この問題の難しさについては、次の第二六講の末尾〔本書下巻、三一六―三一七頁〕で論じられている。

第二六講　リビード理論とナルシシズム

（1）［SE］C・G・ユング『リビードの変容と象徴』ライプツィヒ―ウィーン、一九一二年参照。

（2）「駆動力」の原語は Triebkräfte. Trieb は「欲動」の意であるので、文字通り「欲動力」、「欲動エネルギー」とも訳すことができる。

（3）［SE］フロイトはこうした生物学的議論を『快原理の彼岸』、とりわけそのⅥ節〔全集第十七巻、九八頁以下〕で、さらに詳しいかたちで行っている。

（4）第二四講の訳注（3）、および第二五講の訳注（24）を参照。

（5）「関心」の原語は Interesse.［SE］本講義には、「自我―関心」ないし、時にはこれに代えて「利己的関心」またはたんに「関心」という術語がしばしば出てくるが、フロイトがこの術語を初めて使ったのは一九一四年の「ナルシシズムの導入にむけて」〔全集第十三巻、一二八頁〕においてであり、一九一五年のメタサイコロジー諸論文〔全集第十四巻〕にも何度か登場している。この術語は、これらの文脈において（ここでの文脈と同様に）、きまって自己保存の力をリビードと区別するために用いられている。この区別は、「ナルシシズムの導入にむけて」では、まださほど明確にはされていなかったが、本講全体を通じて（とりわけ最後の段落において）フロイトは明らかに、「自我リビード」（ないしナルシス的リビード）を「自我―関心」（ないし自己保存欲動）から区別しようとつとめている。しかし、『精神分析入門講義』のしばらくあと（一九二〇年）、彼は考えを変え、ナルシス的リビードは「「自己保存欲動」と同一視されざるをえなかった」と表明することになった（『快原理の彼岸』Ⅵ節〔全集第十七巻、一〇九頁〕）。にもかかわらずフロイトは〔また〕、リビード的対象欲動とはちがう対象欲動——すなわち彼が破壊欲動ないし死の欲動として記述している対象欲動があるとも信じつづけた。だが、本講以後の著作では、この「関心」という術語は姿を消すことになる。

(6) ちなみに、「精神−性欲的 psychosexuell」とは、人間の性欲が、身体的と精神的(心的)に規定されていることをあらわすフロイトの概念。

(7)「誇大妄想 Größenwahn」とは、自分を過大に評価する妄想で、自分がとてつもない超能力や権力をもっているだとか、すごい発明の才をもっているだとか、様々なあらわれ方がある。

(8) SEでは「性愛生活」に「正常な」という補いがつけられている。

(9)〔SE〕この点については『性理論のための三篇』第一篇〔全集第六巻、一九二頁以下〕で論じられている。

(10) SAによれば、これはパウル・ネッケの論文「正常な性と病理的な性という問題の批判的検討」(『精神病理学・神経病論集』第十二巻、一八九九年、三五六頁)とのこと。ちなみにネッケは、ドイツの精神医学者。

(11)〔SE〕この用語は幾分かはハヴロック・エリスに帰すべきものでもある。このテーマを扱ったフロイトの重要な論文「ナルシシズムの導入にむけて」〔全集第十三巻、一一七頁〕を参照。

(12) この時期のフロイトによれば、リビードは、自我リビード(ないしナルシス的リビード)として主体自身を対象にすることもできるし、対象リビードとして外部のものを対象とすることもできる。この二つのリビードの間には、一方が増加すれば他方が減少するというかたちで、エネルギーの総量が一定しているという関係がある。「ナルシシズムの導入にむけて」〔全集第十三巻、一二〇頁〕を参照。

(13)〔SE〕当該のエネルギーの量的ファクターにかかわる、という意味。第二三講〔本書下巻、二二一―二二二頁〕も参照。

(14)ゲーテ『西東詩集（Westöstlicher Divan）』の「ズライカの書」。〔SE〕「Divan」とは、ペルシャ語の原語をそのままゲーテが採用したもので、「詩集」を意味する。〔残る第六連はこうなっている。「しかしまさかラビということはあるまい／こいつはどうもしっくりせぬ／だがフェルドゥシかモタナビか／やむなく皇帝ぐらいにはなるかもしれん」。フェルドゥシとモタナビは、それぞれ十世紀ころのペルシアとアラビアの詩人。以上、本文・訳注ともに、ゲーテの詩の部分は平井俊夫訳（『西東詩集――翻訳と注釈』郁文堂、一九八九年、一三〇―一三二頁）を借用した。〕

(15)〔SE〕この点については「夢学説へのメタサイコロジー的補遺」〔全集第十四巻、二五七頁以下〕でより詳しく扱われている。

(16)フロイトの「棄却 Verwerfung」の概念は、もとよりかなり多様な意味をもってはいるが、ナルシス的神経症（精神病）の領域で使用されるときは、こうしたリビードの外界への帰り道を遮断するといった、神経症における抑圧に近いような意味で用いられているようである。

(17)〔SE〕精神病の症状のいくつかは快復の企てを代理するものだとする見解がフロイトによって初めて述べられたのは、「自伝的に記述されたパラノイアの一症例に関する精神分析的考察〔シュレーバー〕」〔全集第十一巻、一七五頁〕である。ここでは仄めかされているにすぎない意識的表象と無意識的表象の基本的違いについては、論文「無意識」Ⅶ節〔全集第十四巻、二五〇頁以下〕で詳しく論じられている。

(18) ここでフロイトが自ら命名している「自我心理学 Ichpsychologie」なるものは、エスや超自我に対してとくに自我の重要性を強調する、のちのH・ハルトマンやE・エリクソンの唱える「自我心理学 ego-psychology」とは、そもそも狙いとするところが異なっていることに注意。ちなみに、フロイトのこの自我心理学は、第二二講末尾〔本書下巻、一九二頁〕にも予告されているように、「自我退行 Ichregression」の問題ともかかわっている。

(19)〔SE〕フロイトがパラフレニーという用語を初めて用いたのは、「自伝的に記述されたパラノイアの一症例に関する精神分析的考察〔シュレーバー〕」〔全集第十一巻、一八一頁〕においてである。〔このパラフレニーの概念の内実、およびその変容については、とりわけ同所に付された編注(52)を参照。〕

(20)〔SE〕「自伝的に記述されたパラノイアの一症例に関する精神分析的考察〔シュレーバー〕」Ⅲ節〔全集第十一巻、一六〇頁以下〕を参照。

(21)〔SE〕フロイトは本講義の少し前に、このケースについての詳しい報告「精神分析理論にそぐわないパラノイアの一例の報告」〔全集第十四巻〕を公表している。

(22)〔SE〕これについては、「ナルシシズムの導入にむけて」Ⅱ節〔全集第十三巻、一三四頁以下〕で存分に議論されている。第二一講〔本書下巻、一四九—一五〇頁〕も参照。

(23)〔SE〕これについての詳しい叙述は、「喪とメランコリー」〔全集第十四巻、二八三—二八四頁〕に見られる。

(24) 対象に対する相反する感情や態度（たとえば愛と憎しみ）が同時存在することをいい、E・ブロイラーの「両価性（アンビヴァレンツ）についての講演」（『精神分析中央誌』第一巻、一九一〇年、二六六頁）以来、フロイトはこの語を精神分析の術語として採り入れている。

(25) [SE]ヒステリー的同一化についての早期になされた説明のひとつが、『夢解釈』第四章（全集第四巻、二〇〇―二〇二頁）に見られる。ナルシス的同一化とヒステリー的同一化の違いについては、「喪とメランコリー」（全集第十四巻、二八二―二八四頁）で説明されている。〔ナルシス的同一化においては対象備給が停止され、対象が憎悪の的とされるのに対して、ヒステリー的同一化の場合は、対象備給がなお存続していて、対象への愛情がそこに込められている。〕

(26) [SE]以下の点については、「ナルシシズムの導入にむけて」Ⅲ節（全集第十三巻、一三九頁以下）を参照。

(27) [SE]ここで用いられている「検閲官〔Zensor〕」という人称的な言い方は、直後に用いられている非人称的な「検閲〔Zensur〕」という言葉と対照的に感じられるが、フロイトがほとんど常に採用しているのは、この後者の「検閲」のほうである。この例外的なかたちが用いられている前者の例は、『夢解釈』第六章（全集第五巻、二八六頁）、「ナルシシズムの導入にむけて」（全集第十三巻、一四六頁）、『続・精神分析入門講義』第二九講（全集第二十一巻、一七頁）などに見られる。

(28) 抑圧されたリビードが不安に転化するという、当時のフロイトの基本的な捉え方。

第二七講　転移

(1)〔SE〕フロイトが転移という考えを最初に持ち出したのは、ブロイアーとの共著である『ヒステリー研究』所収の「ヒステリーの精神療法のために」〔全集第二巻、三八五―三八九頁〕においてである。そして「あるヒステリー分析の断片〔ドーラ〕」〔全集第六巻、一五二―一五七頁〕でこの問題に立ち戻っている。しかし、本講での議論以前のこのテーマについての主たる議論は、彼のいくつかの技法論文に見られる。とりわけ、「転移の力動論にむけて」〔全集第十二巻〕では転移現象の技法面での問題が扱われているし、「転移性恋愛についての見解」〔全集第十三巻〕では陽性転移によって引き起こされる技法面での困難について論じられている。晩年になってフロイトは「終わりのある分析と終わりのない分析」〔全集第二十一巻、二五〇頁以下〕においてもう一度このテーマにアプローチしている。

(2) この新しい事実とは、標題にもあるように、転移という事実である。本講の三三一頁以下で説明されることになる。

(3)〔SE〕ヨーゼフ二世の行った奔放な慈善については誰もが知るところであった。〔ヨーゼフ二世は、マリア・テレジアを母にもつ神聖ローマ帝国皇帝（在位一七六五―九〇年）。〕

(4) OCによれば、これはフロイトの時代によく用いられた喩えで、もともとビスマルクが、当時同盟が不可能だと誤って思われていたロシアとイギリスの政治的関係を指すために用いたもの。「ある幼児期神経症の病歴より〔狼男〕」V節の冒頭（全集第十四巻、四八頁）を参照。

（5）〔SE〕この点については、『続・精神分析入門講義』第三四講〔全集第二十一巻、一九三一一九四頁〕でさらに詳しく論じられている。

（6）〔SE〕これ以前の考察がどうだったかについての説明、ならびに、この問題に対するフロイトのこのあとの修正された見解についての指摘に関しては、第一四講の訳注（13）を参照。

（7）本講冒頭の段落（三二八頁）の「ある新しい事実」および三二八頁の「じつに奇妙な状況」に対応している。

（8）GWでは「不安神経症 Angstneurosen」となっているが、ここではいわゆる転移神経症が問題となっており、現勢神経症でないのは明らかであるため、フロイトの術語上の混乱と見なし、恐怖症を含む「不安ヒステリー Angsthysterien」と改めた。本講末尾（三五〇頁）に訳出された「不安ヒステリー」も訳者による同様の訂正が加わっている。

（9）〔SE〕以下に述べられていることについては、「想起、反復、反芻処理」〔全集第十三巻、二九九頁以下〕を参照。

（10）〔SE〕フロイトがこの主張の正しさをきわめて強く打ち出しているのは、「終わりのある分析と終わりのない分析」〔全集第二十一巻〕だろう。

（11）本講の訳注（8）を参照。

第二八講　分析療法

（1）〔SE〕この講は、フロイトによる精神分析の治療効果についての理論の最も詳細な叙述となっている。が、のちに「終わりのある分析と終わりのない分析」〔全集第二十一巻〕でなされた、この問題についてのフロイトの議論は、いくつかの点でこの講と異なっているところがあるようにも思える。

(2)〔SE〕のちにフロイトは、ベルネームのこの見方とは考えを異にするようになる。『集団心理学と自我分析』に付された原注〔全集第十七巻、二〇三頁、原注(47)〕を参照。

(3)〔SE〕フロイトは計二冊のベルネームの著作を翻訳している。『暗示とその治療効果』(一八八六年刊、翻訳は一八八八―八九年)、および『催眠法、暗示、精神療法の新研究』(一八九一年刊、翻訳は一八九二年)。〔「H・ベルネーム著『暗示とその治療効果』への訳者序文」〔全集第一巻、一八三頁以下〕も参照。〕

(4)〔SE〕フロイトの早期の論文「催眠による治癒の一例」〔全集第一巻、三四一頁以下〕には、この種の成功例が報告されている。

(5)〔SE〕フロイトはこのエピソードを、のちに『みずからを語る』〔全集第十八巻、八七頁〕で繰り返している。

(6)「誘発」の原語は Auslösung.「作動」、「解放」、「解除」といった意味の広がりをもつ。SE における英訳では triggeraction（「引金行為」）となっている。ここでは、催眠が引金となって、他の行為ないし事態を引き起こすこと。何らかの行為が引金となって、神経症の症状に何か新たな動きが発生する可能性が示唆されている。

(7)〔SE〕この区別については、早期の論文「精神療法について」〔全集第六巻、四〇一―四〇二頁〕

でいくぶん詳しく展開されている。

（8）第二七講の訳注（10）を参照。

（9）「後教育」の原語はNacherziehung.「再教育」の意味に近いが、ここでは、新たなことを後になってから教育するという意味で、やや耳慣れないが「後教育」と訳しておいた。この個所に付されたSEの注でも、re-education ではなく after-education の意味にとるべきだとある。

（10）［SE］これについてフロイトは、「ある幼児期神経症の病歴より〔狼男〕」〔全集第十四巻、八四頁〕でささやかな一例を挙げている。

（11）「解消する」の原語はauflösen. OCによれば、フロイトはこの語をしばしば「分析する」と同義で用いている。

（12）フロイトにおいては、「自我変容 Ichveränderung」という術語はふつう、リビードとの葛藤を通じて自我が身につける、適応能力にとってマイナスの影響をもった制限のことを指す場合が多いが（たとえば「終わりのある分析と終わりのない分析」V節〔全集第二十一巻、二六八頁以下〕を参照）、ここではそれとは逆のかたちでの、自我の適応能力の拡大が意味されている。

（13）［SE］「嫉妬、パラノイア、同性愛に見られる若干の神経症的機制について」B節〔全集第十七巻、三四八―三五二頁〕には、精神病患者の夢についての興味深い言及がいくつか見られる。

（14）SEでは、ここの個所に「今年」（つまり、一九一七年）と本文注が挿入されている。またSAの注には、「この学期〔第三部〕の初め」を指すとある。第一六講末尾〔本書下巻、三八頁〕に当たる。

（15）［SE］『続・精神分析入門講義』第三四講〔全集第二十一巻、一九九―二〇〇頁〕でフロイトはこの類いの問題に立ち戻り、そこで再度、精神分析の治療としての価値について論じている。

(16)〔SE〕一八九〇年。ツベルクリンにかけられた治療への期待は失望に終わった。

(17)　一七九六年に発明され、予防接種のはじまりを築いた。

(18)〔SE〕フロイトは若いころに、よく知られたスイスの精神分析家オーギュスト・フォレルによる催眠法をテーマにした著作への論評「オーギュスト・フォレル著『催眠法』についての論評」〔全集第一巻、二一三頁以下〕を残しているが、そこには、催眠法に対する医学の側からの反発をはっきり証拠づける事実がいくつか指摘されている。

解説

新宮一成

本書に収録された『精神分析入門講義』は、第一次世界大戦のさなか、一九一五年の十月から翌一六年の三月までの冬学期になされた講義（第一部「失錯行為」、第二部「夢」）と、還暦を迎えた一九一六年の十月から翌一七年三月までの冬学期になされた講義（第三部「神経症総論」）にもとづき、フロイトが自ら精神分析の概要を体系的に述べた講義録である。各国語への翻訳も数多く出版され、フロイトの著作の中で最も広く読まれてきた作品と言えるだろう。

フロイトがウィーン大学でこの入門講義をおこなった時期を同時代の世界の動向に重ね合わせるならば、それはまさに第一次世界大戦の勃発の翌年からロシア革命の年にいたる期間であり、西洋世界が大きく変貌する時期にあたる。フロイトはこのような時期に、自らが創始した精神分析の知見をまとめ上げ、人々の前に示した。それは無意識というものが現実的に働きをもっているということを踏まえて、治療法としての精神分析の有効性から見えた人間精神の新しい姿を語るものであった。そしてこの世界大戦とスペイン風邪のパンデミックが過ぎ去ると、フロイトの思索は「死の欲動」論や「エス」への着目を含んだ次の段階に入ってゆくことになる。フロイトは世界大戦という破滅的局面に至りつつあった欧州の思想の流れを、無意識の側からつぶさに観察し記録することにより、思想史の変貌を人々の病歴の中に写し込んで、次の世に受け渡す役目を期せずして担うことになった。

そもそも第一次大戦勃発の地政学的な場所は、フロイトとその患者たちの生活の場所であるウィーンから遠くはなかった。バルカンに発したこの戦乱が彼らの生活と世界全体を巻き込んでいった政治的な経緯と思想的な転変については、岩波書店刊『フロイト全集』第十五巻所収の本作解題(新宮と鷲田清一氏の共著)に詳しいが、そこで時代背景部分を主に担当した鷲田氏によって指摘されていることの一つが、『入門講義』の出版年と、マルセル・デュシャンの『泉』という作品がニューヨークで発表された年が同じだということである。この作品は、男性用小便器に偽名のサインをして、背面を下にして寝かせて置いたものである。人々の美術史概念の中にある有名なアングルの作品『泉』を、冷酷な仕方で踏み倒し、人間の表象世界の成り立ちの不安定な深層に目を開かせた。

一方フロイトによって有名になり本書でもまとまり良く触れられている夢の象徴論の一つに、夢の中の水流は尿排泄象徴であるという指摘がある。尿排泄の刺激が体内にあるとき、人はその代わりに泉の水流を表象して、束の間の猶予を得て眠りを守ることができるのである。

人の表象世界や概念体系が安定的に社会の現実の構造に繋がれていれば、人の心も社会もそれとともに安泰であろうが、そうはいかない流動する現実が世界大戦というかつてない規模で人間世界に押し寄せていた。心と現実を対応させる象徴体系のぐらつきに、意外な角度から指摘されないとわれわれは気づかない。時代が第一次世界大戦において、この動揺を否応なく経験するのと並行して、十九世紀の世紀末から始まったフロイトの理論構築も、本書『精神分析入門講義』において、流動する心たちを糾合するかのように一つの結節点を迎えた。当時フロイト自身もすでに、内面的変容への模索を始めていた。それは、心の物理的基礎を求めての暗闘とも言える「メタサイコロジー」の試みが、『入門講義』に先立って、まるで深海の測深をするように幾度にもわたって行われていたことに窺われる(全集第十四巻参照)。しかしその一方でフロイトは、この入門講義を広い聴衆に向けて用意する必然性を感じてもいた。本講義は確かに、「入門」というにふさわしく、参照文献が少なく、一読すると簡潔平明な語り口である。しかし、論理の進行は極めて強靱であり、仮想の論敵との緊迫した対話がその著しい特徴となっている。あたかもフロイトは「入門講義」という場を借りて、右顧左眄することなく経験だけを頼りに、どれだけ一貫して考え抜けるかという根本的な課題に挑戦していたかのようである。すなわち、本書においては彼が、人の心に関する自分自身のこれまでの理論的獲得を、自ら試練にかけ、鍛え直している槌音が聞こえてくるのである。

振り返ってみると、フロイトはまず神経学者として出発したが、神経症の患者の治療に生活を賭けて開業医として真剣に取り組むようになって以来、患者たちの病める精神に著しく影響を受け、十九世紀の終わりには、心的外傷論を組み込んだ独自の神経症総論をすでに組み立てていた(全集第三巻参照)。しかし、神経症が病気であるゆえんの原因を解明するためには、それと対比させる正常の精神機能のモデルを持ち来たって、両者の差異がどの点にあり、それがどこから来るのかを見極めるという作業が必要である。フロイトはそのモデルをまず「夢」に求めた。患者たちが症状とともにしばしば夢を語ったからである。その結実が一九〇〇年の『夢解釈』(全集第四巻・第五巻)であったが、フロイトはすぐさま失錯行為、機知という別の対照項の探究にも乗り出した(『日常生活の精神病理学にむけて』(全集第七巻、および岩波文庫)、および『機知――その無意識との関係』(全集第八巻))。これら夢・失錯行為・機知は、神経症の背景を構成する心的な無意識全般の働きを映し出すものと見なされたのである。

気づかれるのは、本入門講義ではこの順序がちょうど逆になっているということだ。すなわち、まず失錯行為の説明から始まり(第一部)、次に夢解釈が語られ(第二部)、神経症の治療へと議論が進んでゆくのである(第三部)。このような展開の結果、最後の神経症論は、十九世紀末の自らの神経症論を根本的に改変したものとなった。この順序の逆転は、論理的必然として理解される。精神医学は経験科学である。まずは症状と臨床所見との豊富な経験から、起こっているものごとの正確な記述がおこなわれなくてはならない。そののち、原因の探究を含んだ理論が組み立てられるのである。したがって、初期のフロイトが病理的現象の相互関連を明らかにして疾患の種類を整理することから始め、病理現象の発生の道筋をたどるために夢や失錯行為、機知へと原因の探究を進めたのは当然であった。

しかし、理論は元来、原因から結果へと展開することができるべきものである。失錯行為は人間のすべてに起こる普遍的な現象である。それは現実に生じていることがらであり、しかも原理的な普遍性をもっている(本書第一部)。そこに睡眠という生理的状態が加わっただけで、誰でも経験することのできる不合理な心的状態である「夢」という経験が発生する(本書第二部)。これらは神経症と構造的に相同的な性質を持ち、無意識におけるこの相同性の認識は神経症の治療のための基礎となる。このようにして無意識というトポスが、心的活動全体の中に理論的、普遍的に組み込まれることになったのである。

本講義の中でフロイトは、失錯行為を紹介する際にも、夢を解釈する際にも、それが神経症症状の理解の前段階であるということを何回も告知する(たとえば第一五講、本書上巻)。第一次世界大戦という状況下において、患者の数は減り、新たな分析の機会は大きく削られた。しかしフロイトはその間にも、神経症という疾患を、ある種の因果論のもとに組み立て直すという仕事に怠りなく勤しんでいた。神経症は、遺伝に特異的原因があるのではない。失錯行為と夢とによってわれわれが垣間見ることになる「無意識」というものに、その原因が用意されているのだ。フロイトは念入りに、神経症の遺伝因説を論破して、新たな神経症の成因論を大規模に叙述してゆく(第三部)。フロイトの研究生活の順序が学的認識において逆向きに辿り直されることによって、この入門講義の神経症理論が、因果論的に整った形で記述されることになったのである。

それでは、フロイトの初期の心的外傷と性病因説からの、いったいどのような転回がここにあるのだろうか。無意識という、神経症の原因の位置を占めるものに関して、フロイトはどんなものをその場所に置こうとしたのであろうか。フロイトは『夢解釈』の中で、子どもたちの「死」の観念について詳しく語った。そして一九〇五年には、『性理論のための三篇』(全集第六巻)において、子どもたちの性認識と性生活について述べることになる。その記述はフロイトにしか書けない創見に溢れている。子どもたちの性生活は、決して大人のそれを単に未熟にしたようなものではない。ちょうど世界の諸民族が、それぞれの世界創造神話を有し、当該の民族の成員が多かれ少なかれその神話に頼って心的生活を送ってきているのと同様に、子どもたちはそれぞれに「人間はいったいどのようにして作られるのか」、「世界はなぜあるのか」という問題を考え、それを自分なりに解決して生きる。すなわち、自分の世界像を確立する。幼児はすでに四、五歳で、一つの世界観を抱えた一人前の小さな人間となるのである(第二三講、本書下巻)。そうであってみれば、その世界像が確立されたものであればあるだけ、成人したときの世界観との間で軋轢が生じざるを得ない――そうした軋轢をめぐる苦しい妥協形成こそ、神経症症状の核を為すものなのである。

子どもたち一人一人から見えていた世界の成り立ち、そういう記憶世界の掘り出し物にそれまで払われてこなかった興味を、フロイトは一気に萌出させ、それを神経症の原因の位置に置くことになった。そしてその掘り出し物こそ、フロイトの言う抑圧され無意識になったものなのである。幼児期の世界認識は大人の世界認識によって放逐されるが、やがて回帰して神経症を形成するのだ。われわれの歴史の大本のところには、いわばたしかに一つの《純粋なもの》が隠れている。それは、子どもとしてのわれわれの精神世界である。しかしそれは、期待されるような穢れなき純真さではなく実はエディプスコンプレクスという欲望の専制支配の世界であり、やがては大人の世界との戦争と妥協の末に、苦悶の生存へと変わる運命にある旧世界である。この歴史的推移のもつ重要性が、精神分析的な人間認識の要となるのである。

人間の本源的な純粋型としての子どもの精神が、心ない大人から課せられた外傷によって歪められ、それが神経症に繋がってゆくという考えが初期フロイトの神経症論の中にあったとすれば、『性理論のための三篇』を経た後の本入門講義における神経症論においては、その純粋な子どもこそ、まさにエディプスと言われる唯我的で「多形倒錯的」な世界の主なのである。外界からの影響を排した「純粋な」精神を子どもに求める思想的努力があるとすれば、そうした努力は、自らが警戒し、嫌悪し、排除さえもしているこのようなエディプス的主体を再発見し、自己矛盾と自己解体の苦痛に耐えて再び敢えてそこに跳び込むことへと至るであろう。先に触れた全集での解題で鷲田氏が指摘していたように、「純粋なるものへの希求」がフロイトの同時代精神であったのだとすれば、本源の純粋さへの自由落下こそ、フロイトが直観した同時代精神の苦しみの構造であったのかもしれない。本源的な《純粋子ども精神》のようなものは、フロイトによって一つの構造的矛盾へと送り返され、そこで再構成されるものとなった。この構造的矛盾の認識はフロイトの晩年に、その最も革新的な後継者となったメラニー・クラインの著作『子どもの精神分析』(一九三二年)の冒頭で宣言されることになる。見失われ憧れられていた純粋な子ども時代は、期待とはかなり異なる「小さな大人」の荒れ狂う心の姿で再発見されたのである。

実際フロイトは、本入門講義の始まった一九一五年に、重要な増補の詰まった『性理論のための三篇』の第三版を上梓している。入門講義を始めるにあたってフロイトが人々に訴えたかった神経症論の肝要な内実が、この幼児期の性理論という概念を原因論的に導入することにあると見ることができる。本講義の神経症成因論を象徴する「相補系列」の弁証法的な図式(第二三講、本書下巻)のアイディアも、『性理論のための三篇』の中ですでに、体質的(生物学的)なものと偶然的なものの間の関係として、くりかえしその輪郭が描き出されている。

総論的な言い方をすれば、神経症のさまざまな症状は、身体を携えた個別存在としての人間と、世界の偶然の出来事との間の、弁証法的な力関係の写像である。そして本入門講義で、幼児の世界を再構成したことによって、神経症を病む人間は単純な遺伝的劣等者ではなく、一つの歴史的存在として捉え直されることになった。成人すれば思い出せなくなる子ども時代の心性が無意識となって精神に留まり続け、人はその無意識から多大な影響を蒙りながら己の成長を紡ぐ。ところが歴史的存在としての自我は、無意識の持続的な作用のゆえに、自らの「家政の家長ですら」ない(第一八講、本書下巻)。そうした欠如的なあり方は、自己言及という論理的制約によって自己の真理を常に摑み損ねていなければならないこの時代以降の人間にとって、いかにもふさわしい苦しみの表現となった。それは、自分が見ている世界を見たままに書き記しながら、それゆえにこそ自分自身を書くことのできない、ウィトゲンシュタインの描いた独我論的主体(一九二一年)にも通じていくあり方である。

ちなみに、現代の精神医学の用語法においては、WHOによる国際分類の第十版で「神経症」の使用は痕跡的あるいは総論的にしか認められず、今世紀の第十一版ではその痕跡も消えた。また米国の分類では一九八〇年からそもそも「神経症」の語は消去されている。神経症と言われてきた疾患が事実としてこの世から消え去ったわけでもないのにこの語が消えた理由は、フロイトが確立し本入門講義で押し出した図式によって、「神経症」の概念が器質論者から見てあまりにもフロイト的なものになっていたからである。つまり、近年の生物学的で意識斉一主義的な精神医学がフロイトの影響を正統から排除するためには、用語それ自体を消去するしか方法がなかったということだ。

この排除によって、我が国においても、本入門講義の実地の成果と言える神経症の成因論(幼児期の性理論)が、臨床医の目から隠されることになった。現代では、精神分析を多少とも取り入れている精神科医であってさえ、とくにこの要素を忘れ去る傾向が強い。『夢解釈』で論じられている通り、この要素が最も端的に医師にも患者にも再認知されるのが「夢」という経路である。現実に、夢という現象には幼児期の経験が再現してくるにも拘わらず、現代の臨床において夢が置き去りにされやすいとすれば、やはり精神分析を取り巻くこのような近年の器質論優位の状況の圧力によると言えるだろう。だが、幼児期の逆境体験が子どもたちの発達の障害を招くことが改めて認識されてきている今日、子ども時代に「子どもの性」が「大人の性」によって制圧を蒙ってきた歴史そのものや、その影響を象徴的に保持し続けている夢現象を、人間の生の大切なアーカイヴとして扱う姿勢を、フロイトの読み直しによって再獲得することは、治療の基礎として決して無駄にはなるまい。

大人の都合によって制圧されてしまった子ども時代の心性を、たとえ思っていた純粋無垢なものとは違っていても、自分の一部として再認識するという考え方は、精神分析の治療指針への暗示でもある。本書には、入門という性格上、治療法が体系的に述べられているわけではない。しかし人に備わった想起する力を行使することによって、無意識になっている子ども時代の経験世界を自分の側に取り戻すことが、患者とフロイトの共同作業となっていることは、記述されている数々の事例からおのずと読み取れる。そしてその過程で出会われる幼年期からの思いがけない照射が、本書のそこここに書き記されている。これが精神分析における治癒への最初の一歩であるのだろう、と読者は想像がつくだろう。

本書『精神分析入門講義』から十五年を経てフロイトが病身を押して執筆した続編『続・精神分析入門講義』(全集第二十一巻)は、本書が第二八講で終わっているのを受けて、第二九講から始まる。ただしこれは現実の講義ではなく講義の形式をとった書物として一九三二年に書かれている。その「まえがき」で、フロイトは第一次世界大戦時代の正編である本書『精神分析入門講義』を振り返り、自ら次のように記している。「『精神分析入門講義』は、一九一五年から一六年の冬学期および一九一六年から一七年の冬学期の二期にまたがって、ウィーン大学医学部精神医学科の講義室で、全学部からのさまざまな聞き手を聴衆としてなされたものであった。前半は、ぶっつけ本番でなされ、その直後に書き下ろされたもの、後半は、この二期の間の夏にザルツブルクに滞在した折に書き起こされ、次の冬に、その文面通りに講じられたものである。その頃の私にはまだ、蓄音機なみの記憶の才があった」（全集第二十一巻、三頁）。この続編の中でも、子ども時代の経験からの無意識を抑圧しながらそれに支えられて意識的に生きている存在としての人間像は、正編から変わらずに受け継がれている。

だがその続編では、第一次世界大戦時の正編とは違い、「入門講義」の体裁を取りながらも、あえて問題を入門的に整理するという趣向は示していない。それは正編の人間観を変えるのではなく、まだ精神分析の枠内で扱われていなかった問題を扱うなどの補完的な意味づけでの続編であったからである。ここでフロイトはむしろ、再び生じつつあった危機的な歴史状況の中で、精神分析という人間への新たな視角から目撃した流動する歴史を、死に物狂いで書き記し、問題提起することを意図したように見える。『入門講義』の正編と続編を隔てる十五年の間に、フロイトは正編で確立した人間観を基にして、人間集団の心理や文明の心理的深層の問題に、多くの作品の中で切り込んでいた。幼児期から絶えず人間の中で働き続けている無意識は、成人の意識を左右して症状を産み出しているのみならず、知られざる同一化によって、均質性を押し出している集団や伝統を誇る文化の基層へも深く滲み出している。フロイトはそのことを見ないわけにはいかなくなった。彼は、人間が生き延びるために持つようになる「世界観」そのものに、鋭い疑いを向けるようになってゆくのだった。フロイトがこのような疑念を続編に書いたとき、彼はすでに癌の手術を受け、「人前で話すことのできない体」の状態になっていた。そしてこの年には、ナチスのドイツ支配が目前に迫っていた。

第一次世界大戦までにフロイトの掲げた灯りは個人の古層を照らしたが、その灯りがあたかも次の世界大戦をも照らし出すような悲観的なヴィジョンをもフロイトに与えたことを考え合わせれば、本書『精神分析入門講義』は、神経症を癒すための技術を広く伝えるべくウィーンの医学部の講義室で始められつつも、今ここにいるわれわれの足元をも、いつのまにか照らしていることに気づかされる。

（本「解説」は、全集第十五巻の「解題」を、紙幅にあわせて新宮が改稿したものである。）

書誌事項

本書はまず、一九一五年から一六年にかけておこなわれた講義が、一六年に「第一部　失錯行為」、「第二部　夢」という二分冊のかたちでヘラー社（ライプツィヒ－ウィーン）から刊行され、次に、一六年から一七年にかけておこなわれた講義が、一七年に「第三部　神経症総論」という標題で同社から刊行された。そして同年、この三部を一巻にとりまとめた、全二八講からなる現在の形で同社から刊行されている。

ただし出版の正確な日付については判然としない。フロイトは、一九一六年七月十四日付のザローメ宛ての手紙の中で、二日前に第一分冊を送ったと書いており、さらに七月二十七日付の手紙においても、それが彼女に好意的に受けとられたことを喜んでいると書いている。したがって、第一部が遅くとも七月上旬には刊行されていたのはたしかであろう。また第二部については、同年十二月十八日付のザローメ宛ての葉書の中で、『講義』の第二部を貴方宛にきょう送りました」と記しているから、この日までには刊行されていたことになる。

第三部の刊行については、ジョーンズは「春早い頃」には終わっていたとし、ストレイチーは五月に刊行されたと推定している。この本はドイツでは、フロイトの存命中だけでも五万部以上売れたとされる。

本書刊行後、数多くの翻訳がさまざまな国で刊行された。最も早かったのは一九一七年のオランダ語訳で、ついで一九二〇年にニューヨークのボニ&ライヴライト社から英語訳『精神分析一般入門』(*A General Introduction to Psychoanalysis*)が出る。これにはスタンリー・ホールの序文が付されているが、訳者名は不明である。一九二二年には、ロンドンのアレン&アンウィン社から『精神分析入門講義』(*Introductory Lectures on Psycho-Analysis*)という標題でジョウン・リヴィエールによる翻訳書が刊行され、これにはジョーンズによる序文が付されている。同二二年には、フランス語訳、イタリア語訳も出版され、以降、ロシア語訳(二一―二三年)、スペイン語訳(二三年)、ノルウェー語訳(二九年)、ヘブライ語訳(三〇年)、ハンガリー語訳(三二年)、セルビア―クロアチア語訳(三三年)、中国語訳(三三年)、ポーランド語訳(三五年)、チェコ語訳(三六年)がフロイト存命中に刊行され、ストレイチーの注記によれば、おそらくその頃までにポルトガル語訳、スウェーデン語訳も刊行されており、のちにアラビア語訳も出たようである。日本語訳も二〇年代に安田徳太郎訳『精神分析入門』上下巻(二六年、二八年)がアルスから刊行されて以降、岩波書店版『フロイト全集』に至るまで幾度も新たな翻訳が試みられてきている。

＊

本講義の訳出にあたっては、第一講から第四講を高田が、第五講から第一五講を新宮が、第一六講から第二二講を須藤が、第二三講から第二八講を道籏が担当した。訳注についても同様である。

精神分析入門講義(下)〔全2冊〕 フロイト著

2023年11月15日 第1刷発行

訳 者 高田珠樹 新宮一成
須藤訓任 道籏泰三

発行者 坂本政謙

発行所 株式会社 岩波書店
〒101-8002 東京都千代田区一ツ橋 2-5-5

案内 03-5210-4000 営業部 03-5210-4111
文庫編集部 03-5210-4051
https://www.iwanami.co.jp/

印刷 製本・法令印刷 カバー・精興社

ISBN 978-4-00-336423-9 Printed in Japan

索　　引

- 本索引は，岩波書店刊『フロイト全集』別巻に収録された「人名・神名索引」「事項索引」を元に作成した．なお，検索対象は本文と原注のみとした(訳注と解説は含めない)．
- 見出し語が直接本文になくても，深く関連することが明らかな個所については，当該頁を採録した場合がある．
- 項目配列は五十音順とする．(「事項索引」における例外については，後述．)
- ページ番号の冒頭にある「**上**」は本書上巻を，「**下**」は本書下巻を示す．
- 当該項目の内容が別項目に述べられている場合は，「➡」の記号で実際の記載項目を示す．当該項目と関連の深い別の項目については，「⇨」の記号で参照先項目を示す．
- 項目選択その他の詳細については，全集別巻の「まえがき」及び「凡例」を参照．

人名・神名索引

- 小説や劇の登場人物など架空の人名も含める.
- 原語は，ドイツ語圏以外の人名・神名も，フロイトの原文で用いているドイツ語で示す.
- 可能な範囲で簡単な人物紹介を付す.

ア　行

カ　行

サ　行

タ　行

ナ　行

ハ　行

マ　行

ヤ　行

ラ　行

事項索引

- 本索引は，岩波書店刊『フロイト全集』別巻に収録された「事項索引」から，本作『精神分析入門講義』に関わる個所のみを抽出したものである．見出し項目は本文庫で使用している訳語に揃えた．また，文庫収録にあたって，採録個所等に若干の訂正を加えた．
- 見出し項目は原則として，全集翻訳時に作成した「主要術語訳語対照表」を核とし，そこにGW第18巻『総索引』ならびにGW別巻収録の「事項索引」にある項目を取捨選択した上で加えて，構成されている．詳細については，全集別巻の「まえがき」及び「凡例」を参照．
- 重要項目の中には，使用頻度が高く，網羅的に登場個所を挙げても索引として有用ではないため，とくに主題となっている個所のみに絞ったものがある．
- GWの総索引は「読書案内」的な性格が強いことから，本索引も同様の性格を持つ．項目によっては，術語そのものが登場しなくても内容的な関連から拾われている個所がある．
- 原語が同じであっても，文脈から異なる日本語として訳されている場合は，「可動性/動き」のように「/」で区切ったり，「外傷[性]」のように[　]を用いたり，見出し語の最後に〔　〕を用いて掲示することで示す．
- ▶の印は，下位項目であることを示す．なお下位項目の順序については，原則として，上位項目の語が冒頭に来るものを先に，そうではないものを後にし，それぞれ五十音順とした．
- 「精神分析」と「夢」については，事項索引の最後に「独立索引」として掲載する．

ア　行

カ　行

サ 行

タ　行

ナ　行

ハ　行

マ　行

ヤ　行

ラ　行

ワ　行

●独立索引 1：精神分析

●独立索引 2：夢

読書子に寄す

――岩波文庫発刊に際して――

岩波茂雄

真理は万人によって求められることを自ら欲し、芸術は万人によって愛されることを自ら望む。かつては民を愚昧ならしめるために学芸が最も狭き堂宇に閉鎖されたことがあった。今や知識と美とを特権階級の独占より奪い返すことはつねに進取的なる民衆の切実なる要求である。岩波文庫はこの要求に応じそれに励まされて生まれた。それは生命ある不朽の書を少数者の書斎と研究室とより解放して街頭にくまなく立たしめ民衆に伍せしめるであろう。近時大量生産予約出版の流行を見る。その広告宣伝の狂態はしばらくおくも、後代にのこすと誇称する全集がその編集に万全の用意をなしたるか。千古の典籍の翻訳企図に敬虔の態度を欠かざりしか。さらに分売を許さず読者を繋縛して数十冊を強うるがごとき、はたしてその揚言する学芸解放のゆえんなりや。吾人は天下の名士の声に和してこれを推挙するに躊躇するものである。このときにあたって、岩波書店は自己の責務のいよいよ重大なるを思い、従来の方針の徹底を期するため、すでに十数年以前より志して来た計画を慎重審議この際断然実行することにした。吾人は範をかのレクラム文庫にとり、古今東西にわたって文芸・哲学・社会科学・自然科学等種類のいかんを問わず、いやしくも万人の必読すべき真に古典的価値ある書をきわめて簡易なる形式において逐次刊行し、あらゆる人間に須要なる生活向上の資料、生活批判の原理を提供せんと欲する。この文庫は予約出版の方法を排したるがゆえに、読者は自己の欲する時に自己の欲する書物を各個に自由に選択することができる。携帯に便にして価格の低きを最主とするがゆえに、外観を顧みざるも内容に至っては厳選最も力を尽くし、従来の岩波出版物の特色をますます発揮せしめようとする。この計画たるや世間の一時の投機的なるものと異なり、永遠の事業として吾人は微力を傾倒し、あらゆる犠牲を忍んで今後永久に継続発展せしめ、もって文庫の使命を遺憾なく果たさしめることを期する。芸術を愛し知識を求むる士の自ら進んでこの挙に参加し、希望と忠言とを寄せられることは吾人の熱望するところである。その性質上経済的には最も困難多きこの事業にあえて当たらんとする吾人の志を諒として、その達成のため世の読書子とのうるわしき共同を期待する。

昭和二年七月

《哲学・教育・宗教》〔青〕

- ソクラテスの弁明・クリトン　プラトン　久保勉訳
- ゴルギアス　プラトン　加来彰俊訳
- 饗宴　プラトン　久保勉訳
- テアイテトス　プラトン　田中美知太郎訳
- パイドロス　プラトン　藤沢令夫訳
- メノン　プラトン　藤沢令夫訳
- 国家　全二冊　プラトン　藤沢令夫訳
- プロタゴラス ―ソフィストたち　プラトン　藤沢令夫訳
- パイドン ―魂の不死について　プラトン　岩田靖夫訳
- アナバシス ―敵中横断六〇〇〇キロ　クセノポン　松平千秋訳
- アリストテレス ニコマコス倫理学　全二冊　高田三郎訳
- アリストテレス 形而上学　全二冊　出隆訳
- アリストテレス 弁論術　戸塚七郎訳
- アリストテレース詩学 ホラーティウス詩論　松本仁助・岡道男訳
- 物の本質について　ルクレーティウス　樋口勝彦訳
- エピクロス ―教説と手紙　出隆・岩崎允胤訳
- 生の短さについて　他二篇　セネカ　大西英文訳
- 怒りについて　他二篇　セネカ　兼利琢也訳
- エピクテトス 人生談義　全二冊　國方栄二訳
- 人さまざま　テオプラストス　森進一訳
- マルクス・アウレーリウス 自省録　神谷美恵子訳
- 老年について　キケロー　中務哲郎訳
- 弁論家について　全二冊　キケロー　大西英文訳
- キケロー書簡集　高橋宏幸編
- 平和の訴え　エラスムス　箕輪三郎訳
- 方法序説　デカルト　谷川多佳子訳
- 哲学原理　デカルト　桂寿一訳
- 情念論　デカルト　谷川多佳子訳
- パンセ　全三冊　パスカル　塩川徹也訳
- スピノザ 神学・政治論　全二冊　畠中尚志訳
- 知性改善論　スピノザ　畠中尚志訳
- スピノザ エチカ（倫理学）　全二冊　畠中尚志訳
- スピノザ 国家論　畠中尚志訳
- スピノザ往復書簡集　畠中尚志訳
- デカルトの哲学原理 ―附 形而上学的思想　スピノザ　畠中尚志訳
- スピノザ 神・人間及び人間の幸福に関する短論文　畠中尚志訳
- モナドロジー　他二篇　ライプニッツ　谷川多佳子・岡部英男訳
- 市民の国について　全二冊　ヒューム　小松茂夫訳
- 自然宗教をめぐる対話　ヒューム　犬塚元訳
- エミール　全三冊　ルソー　今野一雄訳
- 人間不平等起原論　ルソー　本田喜代治・平岡昇訳
- ルソー 社会契約論　桑原武夫・前川貞次郎訳
- 言語起源論 ―旋律と音楽的模倣について　ルソー　増田真訳
- ディドロ 絵画について　佐々木健一訳
- 道徳形而上学原論　カント　篠田英雄訳
- 啓蒙とは何か　他四篇　カント　篠田英雄訳
- 純粋理性批判　全三冊　カント　篠田英雄訳
- カント 実践理性批判　波多野精一・宮本和吉・篠田英雄訳
- 判断力批判　全二冊　カント　篠田英雄訳
- 永遠平和のために　カント　宇都宮芳明訳

プロレゴメナ　カント　篠田英雄訳
学者の使命・学者の本質　フィヒテ　宮崎洋三訳
シュライエルマッハー独白　木場深定訳
ヘーゲル政治論文集 全二冊　金子武蔵訳
哲学史序論 ―哲学と哲学史　ヘーゲル　武市健人訳
歴史哲学講義 全二冊　ヘーゲル　長谷川宏訳
法の哲学 ―自然法と国家学の要綱　ヘーゲル　上妻精・佐藤康邦・山田忠彰訳
学問論　シェリング　西川富雄・藤田正勝監訳
自殺について 他四篇　ショウペンハウエル　斎藤信治訳
読書について 他二篇　ショウペンハウエル　斎藤忍随訳
知性について 他四篇　ショーペンハウエル　細谷貞雄訳
不安の概念　キェルケゴール　斎藤信治訳
死に至る病　キェルケゴール　斎藤信治訳
体験と創作 全二冊　ディルタイ　柴田治三郎・小牧健夫訳
眠られぬ夜のために 全二冊　ヒルティ　草間平作・大和邦太郎訳
幸福論 全三冊　ヒルティ　草間平作・大和邦太郎訳
悲劇の誕生　ニーチェ　秋山英夫訳

ツァラトゥストラはこう言った 全二冊　ニーチェ　氷上英廣訳
道徳の系譜　ニーチェ　木場深定訳
善悪の彼岸　ニーチェ　木場深定訳
この人を見よ　ニーチェ　手塚富雄訳
プラグマティズム　W・ジェイムズ　桝田啓三郎訳
宗教的経験の諸相 全二冊　W・ジェイムズ　桝田啓三郎訳
日常生活の精神病理　フロイト　高田珠樹訳
純粋現象学及現象学的哲学考案 全二冊　フッセル　池上鎌三訳
デカルト的省察　フッサール　浜渦辰二訳
愛の断想・日々の断想　ジンメル　清水幾太郎訳
ジンメル宗教論集　深澤英隆編訳
笑い　ベルクソン　林達夫訳
道徳と宗教の二源泉　ベルクソン　平山高次訳
時間と自由　ベルクソン　中村文郎訳
ラッセル教育論　安藤貞雄訳
ラッセル幸福論　安藤貞雄訳
存在と時間 全四冊　ハイデガー　熊野純彦訳

学校と社会　デューイ　宮原誠一訳
民主主義と教育 全二冊　デューイ　松野安男訳
我と汝・対話　マルティン・ブーバー　植田重雄訳
アラン幸福論　神谷幹夫訳
アラン定義集　神谷幹夫訳
天才の心理学　E・クレッチュマー　内村祐之訳
英語発達小史　H・ブラッドリ　寺澤芳雄訳
日本の弓術　オイゲン・ヘリゲル述　柴田治三郎訳
ことばのロマンス ―英語の語源　ウィークリー　寺澤芳雄・出淵博訳
ヴィーコ学問の方法　上村忠男・佐々木力訳
国家と神話 全二冊　カッシーラー　熊野純彦訳
天才・悪　ブレンターノ　篠田英雄訳
人間の頭脳活動の本質 他一篇　ディーツゲン　小松摂郎訳
プラトン入門　R・S・ブラック　内山勝利訳
反啓蒙思想 他二篇　バーリン　松本礼二編
マキアヴェッリの独創性 他三篇　バーリン　川出良枝編
ロシア・インテリゲンツィヤの誕生 他五篇　バーリン　桑野隆編

論理哲学論考　ウィトゲンシュタイン　野矢茂樹訳
自由と社会的抑圧　シモーヌ・ヴェイユ　冨原眞弓訳
根をもつこと　全二冊　シモーヌ・ヴェイユ　冨原眞弓訳
重力と恩寵　シモーヌ・ヴェイユ　冨原眞弓訳
全体性と無限　全二冊　レヴィナス　熊野純彦訳
啓蒙の弁証法　—哲学的断想　M・ホルクハイマー　T・W・アドルノ　徳永恂訳
ヘーゲルからニーチェへ　十九世紀思想における革命的断絶　全二冊　レーヴィット　三島憲一訳
統辞構造論　付『言語理論の論理構造』序論　チョムスキー　福井直樹　辻子美保子訳
統辞理論の諸相　方法論序説　チョムスキー　福井直樹　辻子美保子訳
快楽について　ロレンツォ・ヴァッラ　近藤恒一訳
古代懐疑主義入門　判断保留の十の方式　J・アナス　J・バーンズ　金山弥平訳
ニーチェ　みずからの時代と闘う者　ルドルフ・シュタイナー　高橋巖訳
フランス革命期の公教育論　コンドルセ他　阪上孝編訳
フレーベル自伝　長田新訳
旧約聖書　創世記　関根正雄訳
旧約聖書　出エジプト記　関根正雄訳
旧約聖書　ヨブ記　関根正雄訳

旧約聖書　詩篇　関根正雄訳
新約聖書　福音書　塚本虎二訳
文語訳　新約聖書　詩篇付
文語訳　旧約聖書　全四冊
キリストにならいて　トマス・ア・ケンピス　大沢章　呉茂一訳
聖アウグスティヌス　告白　全二冊　服部英次郎訳
アウグスティヌス　神の国　全五冊　服部英次郎　藤本雄三訳
新訳　キリスト者の自由・聖書への序言　マルティン・ルター　石原謙訳
キリスト教と世界宗教　シュヴァイツェル　鈴木俊郎訳
水と原生林のはざまで　シュヴァイツェル　野村実訳
コーラン　全三冊　井筒俊彦訳
エックハルト説教集　田島照久編訳
ムハンマドのことば　ハディース　小杉泰編訳
新約聖書外典　ナグ・ハマディ文書抄　荒井献　大貫隆　小林稔　筒井賢治　編訳
後期資本主義における正統化の問題　ハーバーマス　山田正行・金慧訳
シンボルの哲学　—理性、祭礼、芸術のシンボル試論　S・K・ランガー　塚本明子訳

ジャック・ラカン　精神分析の四基本概念　全二冊　ジャック＝アラン・ミレール編　小出浩之　新宮一成　鈴木國文　小川豊昭　訳
精神と自然　生きた世界の認識論　グレゴリー・ベイトソン　佐藤良明訳
人間の知的能力に関する試論　全二冊　トマス・リード　戸田剛文訳
開かれた社会とその敵　全四冊　カール・ポパー　小河原誠訳

《東洋思想》〔青〕

- 易経 全二冊　高田真治・後藤基巳 訳
- 論語　金谷治 訳注
- 孔子家語　藤原正 校訳
- 孟子 全二冊　小林勝人 訳注
- 老子　蜂屋邦夫 訳注
- 荘子 全四冊　金谷治 訳注
- 新訂 孫子　金谷治 訳注
- 荀子 全二冊　金谷治 訳注
- 韓非子 全四冊　金谷治 訳注
- 史記列伝 全五冊　司馬遷／小川環樹・今鷹真・福島吉彦 訳
- 春秋左氏伝 全三冊　小倉芳彦 訳
- 塩鉄論　曾我部静雄 訳註
- 千字文　小川環樹・木田章義 注解
- 大学・中庸　金谷治 訳注
- 仁学 —清末の社会変革論—　譚嗣同／西順蔵・坂元ひろ子 訳注
- 章炳麟集 —清末の民族革命思想—　西順蔵・近藤邦康 編訳
- 梁啓超文集　岡本隆司・石川禎浩・高嶋航 編訳
- マヌの法典　田辺繁子 訳
- ガンディー獄中からの手紙　森本達雄 訳
- ウパデーシャ・サーハスリー —真実の自己の探求—　シャンカラ／前田専学 訳

《仏教》〔青〕

- ブッダのことば —スッタニパータ—　中村元 訳
- ブッダの真理のことば 感興のことば　中村元 訳
- 般若心経・金剛般若経　中村元・紀野一義 訳註
- 法華経 全三冊　坂本幸男・岩本裕 訳注
- 日蓮文集　兜木正亨 校注
- 浄土三部経 全二冊　中村元・早島鏡正・紀野一義 訳註
- 大乗起信論　宇井伯寿・高崎直道 訳注
- 臨済録　入矢義高 訳注
- 碧巌録 全三冊　入矢義高・溝口雄三・末木文美士・伊藤文生 訳注
- 無門関　西村恵信 訳注
- 法華義疏 全二冊　聖徳太子／花山信勝 校訳
- 往生要集 全二冊　源信／石田瑞麿 訳注
- 教行信証　親鸞／金子大栄 校訂
- 歎異抄　金子大栄 校注
- 正法眼蔵 全四冊　道元／水野弥穂子 校注
- 正法眼蔵随聞記　懐奘 編／和辻哲郎 校訂
- 道元禅師清規　大久保道舟 訳注
- 一遍上人語録 —付 播州法語集—　大橋俊雄 校注
- 南無阿弥陀仏 —付 心偈—　柳宗悦
- 蓮如上人御一代聞書　稲葉昌丸 校訂
- 日本的霊性　鈴木大拙／篠田英雄 校訂
- 新編 東洋的な見方　鈴木大拙／上田閑照 編
- 大乗仏教概論　鈴木大拙／佐々木閑 訳
- 浄土系思想論　鈴木大拙
- 神秘主義 キリスト教と仏教　鈴木大拙／坂東性純・清水守拙 訳
- 禅の思想　鈴木大拙
- ブッダ最後の旅 —大パリニッバーナ経—　中村元 訳
- 仏弟子の告白 —テーラガーター—　中村元 訳
- 尼僧の告白 —テーリーガーター—　中村元 訳

ブッダ神々との対話 ―サンユッタ・ニカーヤⅠ 中村元訳
ブッダ悪魔との対話 ―サンユッタ・ニカーヤⅡ 中村元訳
禅林句集 足立大進校注
ブッダが説いたこと ワールポラ・ラーフラ 今枝由郎訳
ブータンの瘋狂聖ドゥクパ・クンレー伝 ゲンドゥン・リンチェン編 今枝由郎訳
梵文和訳 華厳経入法界品 梶山雄一・丹治昭義・津田真一・田村智淳・桂紹隆 訳注

《音楽・美術》〔青〕

ベートーヴェンの生涯 ロマン・ロラン 片山敏彦訳
音楽と音楽家 シューマン 吉田秀和訳
レオナルド・ダ・ヴィンチの手記 全二冊 杉浦明平訳
ゴッホの手紙 全三冊 硲伊之助訳
ロダンの言葉抄 高村光太郎訳 高田博厚・菊池一雄編
ビゴー日本素描集 清水勲編
ワーグマン日本素描集 清水勲編
河鍋暁斎戯画集 山口静一・及川茂編
葛飾北斎伝 飯島虚心 鈴木重三校注
ヨーロッパのキリスト教美術 ―十二世紀から十八世紀まで 全二冊 エミール・マール 柳宗玄・荒木成子訳
近代日本漫画百選 清水勲編
蛇儀礼 ヴァールブルク 三島憲一訳
セザンヌ ガスケ 與謝野文子訳
日本洋画の曙光 平福百穂
映画とは何か 全二冊 アンドレ・バザン 野崎歓・大原宣久・谷本道昭訳
漫画 坊っちゃん 近藤浩一路
漫画 吾輩は猫である 近藤浩一路
ロバート・キャパ写真集 ICPロバート・キャパ・アーカイブ編
北斎 富嶽三十六景 日野原健司編
日本漫画史 ―鳥獣戯画から岡本一平まで 細木原青起
世紀末ウィーン文化評論集 ヘルマン・バール 西村雅樹編訳
ゴヤの手紙 全二冊 大高保二郎・松原典子編訳
丹下健三建築論集 豊川斎赫編
丹下健三都市論集 豊川斎赫編
ギリシア芸術模倣論 ヴィンケルマン 田邊玲子訳
堀口捨己建築論集 藤岡洋保編

《日本思想》〔青〕

- 風姿花伝（花伝書） — 世阿弥／野上豊一郎・西尾実 校訂
- 五輪書 — 宮本武蔵／渡辺一郎 校注
- 養生訓・和俗童子訓 — 貝原益軒／石川謙 校訂
- 貝原益軒 大和俗訓 — 石川謙 校訂
- 日本水土考・水土解弁・増補華夷通商考 — 西川如見／飯島忠夫・西川忠幸 校訂
- 蘭学事始 — 杉田玄白／緒方富雄 校註
- 島津斉彬言行録 — 牧野伸顕 序
- 塵劫記 — 吉田光由／大矢真一 校注
- 兵法家伝書 付 新陰流兵法目録事 — 柳生宗矩／渡辺一郎 校注
- 長崎版 どちりな きりしたん — 海老沢有道 校註
- 農業全書 — 宮崎安貞 編録／貝原楽軒 刪補／土屋喬雄 校訂
- 仙境異聞・勝五郎再生記聞 — 平田篤胤／子安宣邦 校注
- 茶湯一会集・閑夜茶話 — 井伊直弼／戸田勝久 校注
- 西郷南洲遺訓 附 手抄言志録及遺文 — 山田済斎 編
- 文明論之概略 — 福沢諭吉／松沢弘陽 校注
- 新訂 福翁自伝 — 富田正文 校訂

- 学問のすゝめ — 福沢諭吉
- 福沢諭吉教育論集 — 山住正己 編
- 福沢諭吉家族論集 — 中村敏子 編
- 福沢諭吉の手紙 — 慶應義塾 編
- 新島襄の手紙 — 同志社 編
- 新島襄 教育宗教論集 — 同志社 編
- 新島襄自伝 —手記・紀行文・日記 — 同志社 編
- 植木枝盛選集 — 家永三郎 編
- 日本の下層社会 — 横山源之助
- 中江兆民 三酔人経綸問答 — 桑原武夫・島田虔次 訳・校注
- 中江兆民評論集 — 松永昌三 編
- 憲法義解 — 伊藤博文／宮沢俊義 校註
- 日本風景論 — 志賀重昂／近藤信行 校訂
- 日本開化小史 — 田口卯吉／嘉治隆一 校訂
- 新訂 蹇蹇録 —日清戦争外交秘録 — 陸奥宗光／中塚明 校注
- 茶の本 — 岡倉覚三／村岡博 訳
- 武士道 — 新渡戸稲造／矢内原忠雄 訳

- 新渡戸稲造論集 — 鈴木範久 編
- キリスト信徒のなぐさめ — 内村鑑三
- 余はいかにしてキリスト信徒となりしか — 内村鑑三／鈴木範久 訳
- 代表的日本人 — 内村鑑三／鈴木範久 訳
- 後世への最大遺物・デンマルク国の話 — 内村鑑三
- ヨブ記講演 — 内村鑑三
- 足利尊氏 — 山路愛山
- 徳川家康 全二冊 — 山路愛山
- 豊臣秀吉 全二冊 — 山路愛山
- 妾の半生涯 — 福田英子
- 三十三年の夢 — 宮崎滔天／島田虔次・近藤秀樹 校注
- 善の研究 — 西田幾多郎
- 続思索と体験・『続思索と体験』以後 — 西田幾多郎
- 西田幾多郎哲学論集 II —論理と生命 他四篇 — 上田閑照 編
- 西田幾多郎哲学論集 III —自覚について 他四篇 — 上田閑照 編
- 西田幾多郎歌集 — 上田薫 編
- 西田幾多郎講演集 — 田中裕 編

岩波文庫の最新刊

谷川俊太郎選
永瀬清子詩集
妻であり母であり農婦であり勤め人であり、それらすべてでありつづけることによって詩人であった永瀬清子(一九〇六―九五)の、勁い生命感あふれる決定版詩集。
〔緑二三一―一〕 定価一一五五円

フロイト著/高田珠樹・新宮一成・須藤訓任・道籏泰三訳
精神分析入門講義(上)
第一次世界大戦のさなか、ウィーン大学で行われた全二八回の講義。入門書であると同時に深く強靱な思考を伝える、フロイトの代表的著作。(全二冊)
〔青六四二―二〕 定価一四三〇円

ヴィンチェンツォ・ヴィヴィアーニ著/田中一郎訳
ガリレオ・ガリレイの生涯 他二篇
ガリレオの口述筆記者ヴィヴィアーニが著した評伝三篇。数多あるガリレオ伝のなかでも最初の評伝として資料的価値が高い。間近で見た師の姿を語る。
〔青九五五―一〕 定価八五八円

カール・ポパー著/小河原誠訳
開かれた社会とその敵
第二巻 にせ予言者―ヘーゲル、マルクスそして追随者(下)
マルクスを筆頭とする非合理主義を徹底的に脱構築したポパーは、合理主義の立て直しを模索する。はたして歴史に意味はあるのか。懇切な解説を付す。(全四冊)
〔青N六〇七―四〕 定価一五七三円

……今月の重版再開……

今西祐一郎校注
蜻蛉日記
定価一一五五円
〔黄一四―一〕

ポオ作/八木敏雄訳
黄金虫 アッシャー家の崩壊 他九篇
定価一二二一円
〔赤三〇六―三〕

岩波文庫の最新刊

フロイト著／高田珠樹・新宮一成・須藤訓任・道籏泰三訳
精神分析入門講義(下)
精神分析の概要を語る代表的著作。下巻には第三部「神経症総論」を収録。分析療法の根底にある実践的思考を通じて、人間精神の新しい姿を伝える。(全二冊)
〔青六四二-三〕 定価一四三〇円

イリイチ著／玉野井芳郎・栗原 彬訳
シャドウ・ワーク
家事などの人間にとって本来的な諸活動を無払いの労働〈シャドウ・ワーク〉へと変質させた、産業社会の矛盾を鋭く分析する。現代文明への挑戦と警告。
〔白二三二-一〕 定価一一一〇円

ロゲルギスト著／松浦 壮編
精選 物理の散歩道
談論風発。議論好きな七人の物理仲間が発表した科学エッセイから名作を精選。旺盛な探究心、面白がりな好奇心あふれる一六篇を収録する。
〔青九五六-一〕 定価一一一〇円

川村晃生・柏木由夫・伊倉史人校注
金葉和歌集
天治元年(一一二四)、白河院の院宣による五番目の勅撰和歌集。撰者は源俊頼。歌集の奏上は再度却下され、三度に及んで嘉納された。平安後期の変革時の歌集。改版。
〔黄三〇-一〕 定価一四三〇円

……今月の重版再開……

南波 浩校注
紫式部集
—付 大弐三位集・藤原惟規集—
定価八五八円 〔黄一五-八〕

ベーコン著／桂 寿一訳
ノヴム・オルガヌム(新機関)
定価一〇七八円 〔青六一七-二〕

定価は消費税10%込です

2023.11